« NI UNE CHANCE, NI UNE MALÉDICTION… »

PAR
STÉPHANE SIMON

En choisissant de consacrer 160 pages à l'immigration, sans fard, *Front Populaire*, notre revue, brise un nouveau tabou. C'est ainsi, nous n'avons jamais tremblé à l'idée de choquer les bonnes âmes et faire parler, y compris dans notre dos. Depuis le premier jour, nous nous intéressons au réel et écrivons pour vous plutôt que pour flatter le microcosme, quoi qu'il en dise et quoi qu'il nous en coûte. Nous avons choisi depuis le 18 juin dernier, date de notre lancement, de constater, d'étudier, de commenter, de proposer, plutôt que de privilégier la connivence et l'idéologie. Le débat argumenté, le journalisme de combat, c'est notre façon de penser la vie intellectuelle. Pour ce quatrième numéro, nous poursuivons sur cette ligne et ouvrons grand nos colonnes à ce sujet réputé explosif. Et tant pis si depuis des années, les médias et les Français sont invités à se taire sur ce thème.

En choisissant de parler « des immigrations » et non pas de l'immigration, de ne pas essentialiser, d'écrire que l'immigration n'est « ni une chance, ni une malédiction », *Front Populaire* invite à sortir de la camisole idéologique et à comprendre que le sujet vaut mieux que les utopies simplistes voulues par les valets de la démocratie néolibérale ou les identitaires les plus déterminés.

Notre audace va révolter car en dépassant les lignes des partis, nous heurtons l'*homo ideologicus* qui a colonisé de vastes pans de la vie publique et de la scène médiatique. Celui-ci diabolise, vitupère et préfère dissimuler par exemple l'état de notre économie, de nos quartiers, de nos dépendances, les troubles de l'opinion, les inquiétudes culturelles, les peurs civilisationnelles plutôt que de voir débattue par le peuple la politique migratoire. Pas plus que l'*homo ideologicus* ne veut voir les Français choisir souverainement.

Le ciel est lourd, gris en ce moment pour les libertés qui sont régulièrement passées à tabac et repoussées. Chacun a pu voir la liberté d'expression reculer. L'éden libertarien qu'était le web révèle de plus en plus le visage affreux des GAFAM qui travaillent sournoisement à la gouvernance mondiale éclairée par une élite non représentative. Chacun a pu voir que même un président en exercice n'était pas à l'abri de voir couper son compte sur les réseaux sociaux, suivant « des conditions générales d'utilisation » illisibles et incompréhensibles, même pour les personnes les mieux renseignées.

En lisant ces pages, vous en saurez bien plus et vous aurez raison de penser que vous avez le droit de penser et choisir par et pour vous-même. Ceux qui vous disent que le sujet de l'immigration n'est pas discutable sont les mêmes qui pensent venu le temps de l'homme nouveau et qu'il n'est pas non plus négociable. Dans ce domaine comme dans d'autres, le progressisme autoproclamé n'est pas toujours un progrès. ◆

FP
N°4
PRINTEMPS
2021

UNE POLITIQUE DE CIVILISATION

Qu'elle soit de droite ou de gauche, la philosophie de l'Histoire en France est imprégnée de mythologie marxiste qui emprunte sa logique au christianisme : un paradis aux origines, la société d'abondance ; un péché originel, la création de la propriété privée ; une vie peccamineuse, la misère du plus grand nombre ; l'espoir d'un salut via la venue de deux messies, Marx pour la théorie, Lénine pour l'action ; le sang versé pour la rédemption, la révolution ; l'espoir d'un monde débarrassé du mal, la société socialiste ; la parousie permettant l'avènement et le règne de la justice sur terre, le communisme réalisé. Voilà pourquoi Alain Badiou, le dernier dinosaure marxiste-léniniste français, version maoïste, aime tant saint Paul !

Il faut dépasser cette lecture simpliste et simplette afin de pouvoir produire enfin à nouveau une philosophie de l'Histoire digne de ce nom. Car l'idéalisme judéo-chrétien repris et augmenté par l'idéalisme marxiste-léniniste, sous couvert de matérialisme dialectique, voilà qui a failli. De part et d'autre, christianisme ou léninisme, cette course à l'utopie a tué des millions d'hommes. La théocratie, même quand Dieu est un humain divinisé puis embaumé, l'impérialisme qui veut la domination de l'idéologie sur tous les continents, le colonialisme qui est destruction des autres civilisations pour les remplacer par la religion de l'homme nouveau, l'inquisition qui détruit toute résistance ou toute opposition, les prétendues guerres justes pour imposer sa loi à d'autres pays par les armes, y compris sous forme de croisades, tout cela procède d'un même schéma idéaliste qui croit moins au réel qu'aux idées, qui préfère l'idéologie à la réalité, la doctrine aux faits, le texte au monde, le verbe aux gens.

« L'IDÉALISME JUDÉO-CHRÉTIEN REPRIS ET AUGMENTÉ PAR L'IDÉALISME MARXISTE-LÉNINISTE, SOUS COUVERT DE MATÉRIALISME DIALECTIQUE, VOILÀ QUI A FAILLI. DE PART ET D'AUTRE, CHRISTIANISME OU LÉNINISME, CETTE COURSE À L'UTOPIE A TUÉ DES MILLIONS D'HOMMES. »

Il va de soi que dans la perspective marxiste, on ne saurait penser en termes de civilisations, au pluriel, car chez les tenants de la faucille et du marteau, on raisonne en termes de globe à recouvrir d'un drapeau rouge. Il ne saurait donc y avoir de civilisations diverses, multiples, hétérogènes, variées, vivantes donc, mais juste des rapports de force entre des structures – la lutte des classes, la dialectique néo-hégélienne maître/esclave, la tension entre prolétariat et bourgeoisie, le capitalisme et le marxisme. En ce sens, le moment structuraliste du marxisme a mis à jour le fantasme qui le travaille au cœur : c'est une religion sécularisée dans laquelle la structure invisible mais toute-puissante, architectonique, tient le rôle du Saint-Esprit.

A-t-on encore besoin de cette pensée magique ? Non. Ce schéma a fait son temps et l'on ne peut penser la question des civilisations si l'on reste englué dans cette fiction de la parousie. Il faut démarxiser Hegel, qui exprime dans sa *Philosophie de l'Histoire* et dans ses cours repris sous le titre *La Raison dans l'Histoire*, des idées utiles pour penser cette question à nouveaux frais. Je n'entrerai pas dans le détail qui fait de ses thèses un providentialisme luthérien, ce qui devient évident quand on comprend que, sous sa plume, l'Idée, l'Esprit, la Raison ou le Concept qui s'incarnent dans l'Histoire sont en réalité Dieu qui s'incarne dans l'Histoire car chez le philosophe allemand, l'Idée, l'Esprit, le Concept, la Raison sont des noms de Dieu.

Je retiens que la linéarité hégélienne, il reste en cela chrétien, se double chez lui de la dynamique d'un mouvement de cette ligne qui s'inscrit sur un schéma dont l'abscisse figure le temps et l'ordonnée la puissance de la civilisation. La ligne commence à un point proche de zéro, elle grimpe lentement, elle connaît un point d'acmé, puis entame une chute avant disparition et remplacement par une autre civilisation. C'est ce que j'ai nommé dans *Décadence*[1], pour en faire l'histoire, « le temps de la vigueur », celui de la montée en force de la civilisation, (naissance, croissance, puissance) et « le temps de l'épuisement », celui de sa chute (dégénérescence, sénescence, déliquescence).

Ce schéma vitaliste concerne tout ce qui est : de l'infiniment petit du ciron de

[1]Onfray M., *Décadence*, éd. Flammarion, 2017.

Pascal à l'infiniment grand de la pluralité des mondes de la physique quantique, en passant par l'être humain. Il concerne donc les civilisations car, de la même manière qu'avec un univers ou le virus du Covid-19, les lois du vivant concernent tout ce qui est.

Les civilisations se sont succédé jusqu'à nous. Il y eut une civilisation préhistorique dont on sait hélas si peu de choses, puis des civilisations sur lesquelles on est un peu plus renseignés, même si beaucoup d'autres ont existé et ont disparu sans laisser de traces. Assur, Akkad, Sumer, Babylone, l'Égypte, les Phéniciens, les Étrusques, les Carthaginois, la Grèce, Rome, les Celtes, l'Europe sont autant de stations sur le chemin vitaliste des civilisations ayant constitué le monde tel qu'il est à ce jour. Il n'y a plus rien des Hittites ou des Scythes, des Nabatéens et des Varègues depuis longtemps et, dans peu de temps, au regard des civilisations – un demi-millénaire c'est peu –, il ne restera plus grand-chose de l'Europe, juste une trace qui demeurera dans une autre civilisation qui pourrait bien être la dernière : celle du transhumanisme. Son commerce d'organes et d'utérus, sa légitimation des infanticides intra-utérins dans le ventre de la mère[2], sa négation de toute nature humaine et de toute biologie sexuée, sa confusion des identités, sa réduction de tout ce qui existe à du culturel, donc à ce qui peut être changé, laisse entrevoir vers quels horizons nihilistes elle se dirige. Au départ, avant de devenir une civilisation, son heure généalogique est toujours présentée comme une barbarie. Lire ou relire *Contre les chrétiens* de Celse…

> « LA CIVILISATION JUDÉO-CHRÉTIENNE, REVUE ET CORRIGÉE PAR LES LUMIÈRES, AVAIT FINI PAR GÉNÉRER DES VALEURS ET DES VERTUS LAÏQUES, RÉPUBLICAINES. LA FIN DE CETTE CIVILISATION ABOLIT CES VALEURS ET CES VERTUS. C'EST LA DÉFINITION MÊME DU NIHILISME. NOUS Y PATAUGEONS. »

Nous nous trouvons très exactement au temps de jonction de ce tuilage historique : la fin inéluctable de la civilisation judéo-chrétienne et les premiers vagissements d'une civilisation transhumaniste. Il y a donc dans notre histoire des tensions entre ce qui ne veut pas mourir et ce qui veut vivre, entre les « conservateurs » et les « progressistes », entre les nostalgiques et les mélancoliques, pour qui hier génère des émotions proustiennes, et les futuristes, pour qui la référence excitante et roborative est moins *À la recherche du temps perdu* que *1984* de George Orwell et *Le Meilleur des mondes* d'Aldous Huxley.

Au XXe siècle, le général de Gaulle seul a pris le parti d'une politique de civilisation. Il était en cela complice d'André Malraux, qui eut sur ces questions des intuitions de haute volée et des réflexions d'une immense justesse. C'est à l'occasion de Mai 1968 que l'un et l'autre comprennent que le craquement est civilisationnel. Ce mouvement n'est d'ailleurs pas que parisien, il est mondial : l'Allemagne et les États-Unis, la Hollande et l'Italie, la Pologne, mais aussi l'Inde, le Mexique et le Japon. Il est mondial, mais dans des pays où règne la civilisation du moteur. Notre monde a changé avec l'apparition du moteur, a dit de Gaulle. J'ajouterai : et de l'électricité. Le vieux monde de Virgile, où l'on se déplace au pas d'un homme ou d'un cheval, dans lequel on se lève et se couche avec le soleil selon le rythme millénaire de la nature, ce monde-là est mort. C'est celui qui correspond à la disparition des campagnes. On peut désormais vivre la nuit comme le jour, on peut se déplacer à la vitesse d'un avion (jadis supersonique avec le sublime Concorde…), certes, on va

FP
N°4
PRINTEMPS
2021

[1]Sur proposition socialiste, un amendement de loi a été voté dans la nuit du 31 août au 1er août 2020, qui autorise une injection létale dans le cordon ombilical d'un foetus jusqu'à neuf mois de grossesse dans le cas où la mère ferait reconnaître que sa "détresse psychosociale" compromet son projet d'enfant. Un être humain n'est donc plus qu'un projet et un projet, ça se met à la poubelle.

sur la Lune mais, dit le général à Malraux, qui le rapporte dans *Les Chênes qu'on abat*: « Pourquoi conquérir la Lune, si c'est pour s'y suicider ? » En effet...
De Gaulle et Malraux ne voulaient pas d'un monde où on s'affranchissait de la nature et de ses contraintes, mais pour se retrouver devant soi sans savoir quoi faire de soi. Un monde sans valeurs est une jungle dans laquelle les plus forts asservissent les plus faibles, les plus gros dévorent les plus petits, les plus venimeux mordent les plus fragiles. La civilisation judéo-chrétienne, revue et corrigée par les Lumières, avait fini par générer des valeurs et des vertus laïques, républicaines. La fin de cette civilisation abolit ces valeurs et ces vertus. C'est la définition même du nihilisme. Nous y pataugeons.
Le général de Gaulle savait que l'on n'arrête pas la chute d'une civilisation mais qu'on peut du moins en ralentir l'effondrement. Ce fut tout le sens de son action politique. C'est ainsi qu'il faut essayer de comprendre ce propos du général rapporté par Alain Peyrefitte dans *C'était de Gaulle*, une déclaration devenue la muleta des déconstructeurs de l'Occident : « C'est très bien qu'il y ait des Français jaunes, des Français noirs, des Français bruns. Ils montrent que la France est ouverte à toutes les races et qu'elle a une vocation universelle. Mais à condition qu'ils restent une petite minorité. Sinon, la France ne serait plus la France. Nous sommes quand même avant tout un peuple européen de race blanche, de culture grecque et latine et de religion chrétienne. Qu'on ne se raconte pas d'histoires ! Les musulmans, vous êtes allés les voir ? Vous les avez regardés avec leurs turbans et leurs djellabas ? Vous voyez bien que ce ne sont pas des Français ! »
La France définie comme « un peuple européen de race blanche, de culture grecque et latine et de religion chrétienne », voilà qui ne peut être entendu sans hurlements par ceux qui, comme Michel Houellebecq le fit savoir à France Inter (09/11/2010), estiment que « la France est un hôtel, pas plus ». Pour l'engeance racialiste et déconstructionniste qui attend l'arme au pied, de Gaulle est donc raciste, xénophobe, islamophobe, c'est dire s'il mérite la même haine que le maréchal Pétain !
De Gaulle estime en effet que la France n'est pas un hôtel mais un pays millénaire et qu'il pourrait cesser un jour de l'être pour être ingéré puis digéré par des pays porteurs d'autres civilisations : celle du dollar américain, celle du goulag soviétique, or il ne voulait ni l'une ni l'autre. Depuis sa mort, nous vivons selon les principes de la première – et de plus en plus... Mais également sous une nouvelle menace : celle de la charia. Or il ne voulait rien tant qu'une France insoumise à ce qui n'était pas elle.

Il faut lire en regard de ces considérations un propos de Malraux sur l'islam. Cet homme qui fut un génial penseur des civilisations n'est pas suspect de xénophobie ou de racisme, encore moins d'islamophobie. En 1960, il crée chez Gallimard une remarquable collection, L'Univers des formes, pour rendre justice à toutes les civilisations de la planète. Quarante-deux titres sont parus. L'un qui se serait nommé *Le Monde de l'islam* n'a pas vu le jour à cause de la mort du penseur qui estimait donc que l'islam était une civilisation à égalité de dignité avec les autres. Ce qui n'empêche pas de penser les relations que ce monde entretient avec les autres civilisations.
Que disait Malraux de l'islam ? On me pardonnera de citer longuement, mais il le faut pour l'intelligence du propos. Ce texte date du 3 juin 1956 : « La nature d'une civilisation, c'est ce qui s'agrège autour d'une religion. Notre civilisation est incapable de construire un temple ou un tombeau. Elle sera contrainte de trouver sa valeur fondamentale, ou elle se décomposera. C'est le grand phénomène de notre époque que la violence de la poussée islamique. Sous-estimée par la plupart de nos contemporains, cette montée de l'islam est analogiquement comparable aux débuts du communisme du temps de Lénine. Les conséquences de ce phénomène sont encore imprévisibles. À l'origine de la révolution marxiste, on croyait pouvoir endiguer le courant

par des solutions partielles. Ni le christianisme, ni les organisations patronales ou ouvrières n'ont trouvé la réponse. De même aujourd'hui, le monde occidental ne semble guère préparé à affronter le problème de l'islam. En théorie, la solution paraît d'ailleurs extrêmement difficile. Peut-être serait-elle possible en pratique si, pour nous borner à l'aspect français de la question, celle-ci était pensée et appliquée par un véritable homme d'État. Les données actuelles du problème portent à croire que des formes variées de dictature musulmane vont s'établir successivement à travers le monde arabe. Quand je dis "musulmane", je pense moins aux structures religieuses qu'aux structures temporelles découlant de la doctrine de Mahomet. Dès maintenant, le sultan du Maroc est dépassé et Bourguiba ne conservera le pouvoir qu'en devenant une sorte de dictateur. Peut-être des solutions partielles auraient-elles suffi à endiguer le courant de l'islam, si elles avaient été appliquées à temps. Actuellement, il est trop tard ! Les misérables ont d'ailleurs peu à perdre. Ils préféreront conserver leur misère à l'intérieur d'une communauté musulmane. Leur sort sans doute restera inchangé. Nous avons d'eux une conception trop occidentale. Aux bienfaits que nous prétendons pouvoir leur apporter, ils préféreront l'avenir de leur race. L'Afrique noire ne restera pas longtemps insensible à ce processus. Tout ce que nous pouvons faire, c'est prendre conscience de la gravité du phénomène et tenter d'en retarder l'évolution. »

Tous ceux qui se refusent de penser et qui préfèrent l'anathème instruiront des procès médiatiques en sorcellerie car penser l'être et la nature puis l'avenir d'une civilisation, qui plus est de la civilisation islamique, c'est aujourd'hui *de facto* se ranger du côté du mal ! Peu importent les bûchers de l'Inquisition… Que dit Malraux, dès 1936 ?
Que toute civilisation se construit autour d'un texte sacré, que la nôtre est épuisée, qu'il lui faudrait trouver une valeur fondamentale. On sait que chez Malraux, c'est la question de la transcendance, qu'à défaut, elle se décomposera – nous y sommes – que le problème de l'époque, c'est « la violence de la poussée islamique » – quarante ans avant la révolution iranienne – que cette violence qui pose problème n'est vue par personne, qu'un homme d'État, peut-être, pourrait s'y atteler mais que, pour l'heure, ça n'est pas le cas, que l'islam politique va se développer en générant des dictatures dans le monde arabe, que les musulmans pauvres préféreront régler leurs problèmes entre eux, hors coopération avec la civilisation judéo-chrétienne, que tout cela adviendra et qu'il est seulement possible d'en retarder l'échéance.

Un penseur important, aussi peu suspect lui aussi de xénophobie, de racisme, de fanatisme antireligieux que le chrétien Jacques Ellul, porte le même diagnostic sur le rôle de l'islam dans le conflit de civilisation annoncé avec raison par Samuel Huntington dans *Le Choc des civilisations* en 1996 – sous les crachats de l'intelligentsia parisienne bien sûr… Ellul médite sur la thèse de l'historien britannique des civilisations Arnold Toynbee pour laquelle le défi s'avère le moteur de toute histoire. Il estime ce schéma pertinent pour penser notre situation - même si le texte que je vais citer est extrait de *Ce que je crois*, et qu'il date de 1987 ! On me pardonnera une seconde longue citation, mais elle le mérite elle aussi.

Le défi ? « C'est le cas de l'Europe aujourd'hui en face de l'islam, qui est certainement la plus grave menace qu'elle ait connue depuis les grandes invasions du VIIe au Xe siècle. Mais quand je considère la France, bien plus qu'une incapacité à répondre à un défi, je rencontre une sorte de volonté suicidaire. Dans sa tête pensante, la France est prête à accueillir ce qui va l'anéantir, elle s'y livre, que ce soit d'un côté à la culture américaine et à l'américanisation de la nourriture, des jeux, des mœurs, de l'économie, que ce soit de l'autre côté au communisme (mais celui-ci a perdu sa partie) ou, plus gravement, à l'islamisation sous prétexte de la défense des travailleurs immigrés. *Quos perdere vult, Jupiter dementat*[3]. La France est folle d'amour pour ce qui va l'égorger (sic !). Bien entendu, toute parole

[3] « Jupiter commence par rendre fou ceux qu'il veut perdre. »

contre l'islam est un horrible sacrilège, car on ne manque pas de mettre en avant le pauvre malheureux travailleur maghrébin qui est venu relever l'économie française, en même temps que la vocation éternelle de la France, pays d'accueil. En réalité, c'est toute l'Europe qui, en présence des divers défis qui lui sont portés, fait preuve d'une pulsion suicidaire inconsciente. Tout en rejetant ses conclusions, il faut constater que finalement aujourd'hui, c'est Oswald Spengler, auteur du *Déclin de l'Occident*, qui a raison. Toutes ces attitudes en face du défi annoncent le déclin par incapacité du groupe social à trouver une réponse adéquate ou par ignorance du danger. Mais il arrive, et cela nous est arrivé souvent, que la réponse adéquate, la parade soit trouvée, alors le groupe social s'enrichit, se développe, se complexifie, et plus il absorbe de défis ainsi, plus il devient vivant. Mais le défi au sens de Toynbee n'est pas la seule provocation que le groupe ait à subir. » Ellul propose de trouver réponse et parade adéquates en estimant, il a raison, que ce travail enrichirait le groupe.

« L'ARRIVÉE MASSIVE DE POPULATIONS ATTIRÉES EN FRANCE ET TRAITÉES COMME DU BÉTAIL DANS NOTRE PAYS EST INDIGNE D'UN PROJET CIVILISATIONNEL ISSU DES LUMIÈRES, MAIS IL EST BIEN DIGNE DU PROJET MAASTRICHTIEN. »

L'immigration s'avère en effet un défi de civilisation qui se pose à qui entend penser plus vastement la politique qu'en termes d'élection ou de réélection d'une personne, d'une faction, d'un parti, d'intérêts. Depuis la mort du général de Gaulle, tous ceux qui lui ont succédé l'ont instrumentalisée afin de faire avancer un projet de société qui est aussi de civilisation, celui de la cause européiste qui s'avère le premier temps d'une révolution mondialiste qui vise le règne sans partage du capitalisme : l'arrivée massive de populations attirées en France et traitées comme du bétail dans notre pays est indigne d'un projet civilisationnel issu des Lumières, mais il est bien digne du projet maastrichtien.

L'exploitation de la main-d'œuvre étrangère issue de l'immigration massive contribue à la radicalisation des luttes de classes entre les pauvres, elle génère racisme et xénophobie, elle détruit les acquis sociaux, elle permet une paupérisation prodigieuse, elle « babélise » la cité, elle sape les valeurs judéo-chrétiennes et républicaines, elle entretient l'appel d'air qui, au prix de leurs vies, attire des migrants dans un monde où il ne leur est offert que vie nue et sauvagerie de la jungle, elle salit la spiritualité intime et privée des musulmans qui, eux-mêmes ou leurs enfants, s'engouffrent par ressentiment dans l'islamisme politique, elle tue deux civilisations, celle de qui vient, celle de qui accueille, au profit non pas d'une civilisation nouvelle, au contraire de ce qu'annonce le projet de créolisation *(voir l'article de Michel Onfray p. 70, NDLR)*, elle détruit les pays d'origine vidés de leurs forces actives, elle les prive de la dignité apportée par l'autonomie et l'indépendance, la souveraineté et le pouvoir sur son destin, car les pays qui perdent leurs bras et leurs énergies, leurs cerveaux et leurs forces vives, vivent subventionnés par les envois d'argent de migrants pauvres qui s'appauvrissent plus encore, et nul ne peut vivre noblement de l'aumône.

Qui peut vouloir ce crime contre l'humanité qu'est l'immigration instrumentalisée par le capitalisme, quand il utilise cette armée de nouveaux misérables au profit de son projet d'abolir les pays et les nations afin de transformer la planète en vaste supermarché où tout pourrait se louer, se vendre, s'acheter ? Y compris la vie des plus démunis, surtout la vie des plus démunis – ce qui s'avère déjà le cas avec ces migrants réduits à la vie nue ? Pas moi.◆

SOMMAIRE

CONTRIBUTEURS

HISTOIRE

RÉHABILITER L'ASSIMILATION

ENTRETIEN AVEC

RAPHAËL DOAN

PAR

RÉGIS DE CASTELNAU

Dans son dernier essai, *Le Rêve de l'assimilation – De la Grèce antique à nos jours,* Raphaël Doan, jeune prodige de la politique, se penche sur la conception de l'assimilation au sein de six civilisations distinctes : la Grèce antique, l'Empire romain, le monde arabe médiéval, la France d'avant la décolonisation, le Japon colonial et les États-Unis. Un panorama percutant et érudit, dont chaque page nous renvoie aux problèmes qui agitent la société française contemporaine.

DR

Raphaël Doan
Normalien et énarque, cet agrégé de lettres classiques est premier adjoint au maire du Pecq (78). Ses deux premiers essais sont appelés à devenir des classiques : *Quand Rome inventait le populisme* (éd. du Cerf, 2019) et *Le Rêve de l'assimilation – De la Grèce antique à nos jours* (éd. Passés/Composés, 2021).

F.P. : Qu'est-ce qui vous a incité à l'écriture de ce livre et quels sont les objectifs que vous poursuivez ?

RAPHAËL DOAN : C'est d'abord le sentiment que l'assimilation est au cœur de plusieurs débats brûlants de la société française – l'immigration, l'identité, l'islam, la laïcité – sans qu'elle fasse jamais l'objet d'une véritable réflexion. Certains la condamnent catégoriquement, d'autres refusent de prononcer le mot, d'autres encore se contentent de regretter le temps où l'on assimilait les étrangers, mais sans expliquer en quoi cela consistait concrètement. Comment procédait cette fameuse assimilation ? Était-elle efficace ? Qu'est-ce qui a réussi et qu'est-ce qui a échoué ? Je me suis dit que cela méritait une vraie analyse en repartant d'exemples historiques variés. Or, jamais personne n'avait proposé une étude globale de l'assimilation dans l'Histoire. Mon objectif était de permettre au lecteur de se faire une idée de ce qu'a été l'assimilation à différentes époques et sur différents continents, puis de juger si cette pratique mérite d'être réhabilitée ou non.

F.P. : Vous présentez successivement six civilisations qui ont selon vous « l'avantage d'illustrer chacune une facette singulière de l'assimilation ». Ne serait-ce pas aussi parce qu'elles permettent plus facilement de renvoyer aux problèmes aigus auxquels nous sommes aujourd'hui confrontés ?

RAPHAËL DOAN : Oui, bien sûr. Il y a deux raisons de faire de l'Histoire : soit par pure curiosité, celle de se plonger dans un monde totalement révolu – et c'est parfaitement légitime –, soit pour essayer d'éclairer nos propres problèmes, ce que j'essaye de faire dans ce livre. Il ne s'agit pas de dire que le passé se répète, car les circonstances ne sont jamais les mêmes. Mais je suis persuadé que les citoyens et les gouvernants gagnent à connaître les expériences passées pour résoudre les problèmes nouveaux qui se posent. Et plus le spectre qu'on balaie est large, plus on peut en tirer des leçons générales. En étudiant des civilisations aussi différentes que la cité athénienne et la France de la Belle Époque, on est mieux à même de déceler ce qui, dans l'assimilation, fonctionne universellement ou, à l'inverse, ce qui constitue toujours un obstacle.

F.P. : Comment définissez-vous l'assimilation ?

RAPHAËL DOAN : On peut la définir très simplement comme la pratique qui consiste à exiger de l'étranger qu'il se conforme aux manières de vivre de la population d'accueil. Cette exigence peut prendre la forme de contraintes, d'incitations ou d'un mélange des deux. On ne s'assimile pas tout seul, sans contrainte ni pression sociale ; il faut que le pouvoir en place ait une volonté d'assimiler. L'assimilation n'est donc pas une simple acculturation, qui est le phénomène par lequel une population adopte spontanément des usages étrangers par simple contact. Par exemple, nous sommes influencés par la culture américaine, par les films de Hollywood ou les produits de McDonald's, mais il ne s'agit pas d'une assimilation : les États-Unis ne veulent pas faire de nous des Américains complets ! On doit aussi distinguer l'assimilation de l'intégration : cette dernière renvoie seulement à la capacité d'un étranger à se faire une place dans la société d'accueil, à trouver un travail et des conditions de vie correctes, mais sans forcément adopter tous les us et coutumes de la société majoritaire. L'assimilation est beaucoup plus exigeante, c'est une métamorphose de fond en comble qui touche à la vie quotidienne.

F.P. : Vous reliez la politique d'assimilation des Romains à un moyen d'asseoir leur empire. Mais vous montrez aussi que cela peut aussi constituer un idéal. Est-il possible de trancher entre les deux stratégies ?

RAPHAËL DOAN : Le premier et le plus immédiat des avantages de l'assimilation, c'est l'unité culturelle. Machiavel recommandait de ne gouverner que des provinces dont les mœurs sont suffisamment proches, parce qu'il est plus facile d'y régner en paix. Même les penseurs libéraux du XIXe siècle, comme John Stuart Mill, jugeaient qu'une démocratie doit nécessairement partager une culture commune ; sans cela, la dislocation du pays en communautés séparées empêcherait le fonctionnement adéquat des institutions représentatives. Mais dans certains cas, une civilisation assimile non seulement pour unifier sa population, mais aussi parce qu'elle est convaincue de sa propre supériorité culturelle. Selon ce point de vue, assimiler l'étranger, c'est lui faire le cadeau d'accéder à une culture supérieure. C'est ce que pensait la France de la Troisième République dans ses colonies : elle se sentait un « devoir de civilisation ». Ce n'est plus ce que nous pensons : nous ne considérons plus que notre civilisation est meilleure que les autres. Chez les Romains, il y avait un peu des deux sentiments : leur réflexe premier était de favoriser l'unité

« QUAND COLBERT ENTREPREND DE “FRANCISER” LES INDIENS D’AMÉRIQUE, IL N’ENVISAGE PAS UN INSTANT QU’UN QUELCONQUE FACTEUR ETHNIQUE LES EMPÊCHE DE DEVENIR PARFAITEMENT FRANÇAIS. »

DR

culturelle (d'ailleurs, la légende de l'origine de Rome évoque le regroupement de populations éparses qui ont fusionné pour fonder le peuple romain, sous l'égide de Romulus), mais ils pouvaient aussi avoir le sentiment, surtout chez ces barbares de Celtes, de leur apporter ce qu'ils appelaient « l'humanité », par exemple en interdisant les sacrifices humains. À vrai dire, même aujourd'hui, nous avons encore ce réflexe sur un point précis : celui de l'égalité entre les hommes et les femmes. Nous considérons sincèrement que c'est la marque d'une société civilisée, et c'est pourquoi quand nous prenons des mesures assimilatrices, c'est souvent en lien avec ce sujet.

F.P. : Vous écrivez que la France, se considérant comme la fille de l'Empire romain, revendique une conception de l'assimilation résumée par le fameux adage : « À Rome fait comme les Romains. » Est-ce si simple ?

RAPHAËL DOAN : L'idée que la France est l'héritière de Rome a longtemps irrigué notre philosophie politique, depuis le Moyen Âge. Il n'est donc pas étonnant qu'au XIXe siècle, quand l'assimilation devient une politique systématique et théorisée, les juristes fassent explicitement référence au modèle romain. De fait, il y a un point commun important entre la civilisation romaine et la civilisation française, c'est qu'elles sont toutes deux franchement universalistes : « Rien de ce qui est humain ne m'est étranger », disait le Latin Térence. Elles ont donc toutes deux une facilité à considérer que l'étranger, quelle que soit son origine, sa couleur de peau ou ses caractéristiques physiques, peut parfaitement devenir un semblable. En outre, ce sont des sociétés qui accordent une place importante au droit, notamment à la notion juridique de personne, inventée par les Romains. La personne permet de distinguer le rôle que joue un individu dans la société de ses caractéristiques corporelles. Pour un Romain, si vous avez la citoyenneté romaine, vous êtes un Romain, et peu importe à quoi vous ressemblez : ce qui compte, c'est votre statut social. Il en va de même chez un Français. Quand Colbert entreprend de « franciser » les Indiens d'Amérique, il n'envisage pas un instant qu'un quelconque facteur ethnique les empêche de devenir parfaitement français.

F.P. : Concernant la France métropolitaine vous citez Jules Michelet, qui rappelait que l'unité de la France n'avait pas été « le simple résultat de la conquête des provinces », mais l'effet d'une « action sociale et politique » qui fit céder « l'influence du sol du climat, de la race ». Cela reviendrait-il à dire que *l'assimilation à la française* est un choix directement politique, autrement dit plus pragmatique qu'on ne le croit, comme le montre l'adoption du droit du sol à la fin du XIXe siècle, qui était censé permettre au pays de mieux affronter démographiquement le moment venu l'Allemagne ?

RAPHAËL DOAN : Oui, l'histoire de l'assimilation française commence par l'assimilation de la France à elle-même : la francisation des Français eux-mêmes ! Les Bretons, les

DR

« NOUS DISONS AUX JEUNES ISSUS DE L'IMMIGRATION QU'ILS DOIVENT ÊTRE FIERS DE LEURS RACINES ET DE LEURS DIFFÉRENCES, CE QUI EST UNE ATTITUDE ANTIASSIMILATRICE. AU PASSAGE, C'EST CE QUE FAISAIT ÉGALEMENT LE RÉGIME DE VICHY. »

Provençaux, les Alsaciens et les autres ont été rendus français par un travail séculaire dont l'impulsion était donnée par l'État. Cela ne commence pas seulement sous la République : l'Ancien Régime s'intéressait déjà beaucoup aux manières de vivre de ses sujets et à leur homogénéisation. Mazarin avait fondé le collège des Quatre-Nations pour éduquer ensemble les jeunes gentilshommes issus des territoires réunis à la France, et Louis XIV ordonnait aux habitants de Perpignan d'abandonner l'habit espagnol pour lui préférer la mode à la française. Au XVIIIe siècle, Diderot jugeait que la France était le pays le plus homogène d'Europe, et il employait le mot « assimiler ». La République n'a fait qu'accélérer et systématiser ce processus. On peut citer deux outils principaux : les enquêtes administratives préalables à la naturalisation, pour les immigrés, qui étaient extrêmement précises et exigeantes, et bien sûr l'école, qui transmettait une culture commune et punissait par exemple les élèves parlant le patois.

F.P. : Pourquoi l'assimilation est-elle devenue un tabou ?

RAPHAËL DOAN : On a progressivement renoncé à l'assimilation au moment où l'on a cru que nous n'en aurions plus besoin : dans les années 1970, alors que la décolonisation venait de s'achever et qu'on mettait un terme à l'immigration de travail. Il y avait aussi des raisons morales et philosophiques : on n'osait plus employer un terme lié à l'époque coloniale et qui supposait de se conformer à un groupe majoritaire et uniforme, alors qu'on valorisait au contraire de plus en plus la différence, la singularité, l'originalité. Or, l'immigration s'est poursuivie, et nous voyons aujourd'hui qu'effectivement, le défaut d'assimilation d'une partie des populations d'origine maghrébine pose problème. Pourquoi ce défaut d'assimilation ? D'abord, nous n'osons plus exiger l'assimilation. Nous disons au contraire aux jeunes issus de l'immigration qu'ils doivent être fiers de leurs racines et de leurs différences, ce qui est une attitude antiassimilatrice – au passage, c'est ce que faisait également le régime de Vichy dans les colonies parce qu'il s'opposait de toutes ses forces à leur assimilation. Mais nous leur tenons ce discours alors même que nous leur envoyons des signaux en sens contraire : en interdisant le voile à l'école, en freinant la construction de mosquées, en parlant d'interdire le burkini, nous exigeons implicitement d'eux qu'ils se mettent à nous ressembler. Cette schizophrénie ne peut qu'entraîner une grande confusion chez ces jeunes gens, qui ne comprennent pas que toutes ces mesures ne sont pas faites pour les humilier mais au contraire pour les accueillir dans notre sphère culturelle. Ensuite, nous avons laissé se constituer des territoires où la concentration de populations immigrées est trop importante pour permettre leur assimilation. Quand un enfant se retrouve dans une classe où tous les autres élèves sont également issus de l'immigration, il n'y a aucune chance qu'il s'assimile au reste de la société française : il faut un minimum de mixité sociale pour réussir l'assimilation. Si ces conditions (difficiles) sont réunies, on peut espérer que l'assimilation soit un succès.

F.P. : La diabolisation de l'assimilation ne répond-elle pas à la vision néolibérale du monde que veut nous imposer le capital ? La pression américaine sur notre pays est à cet égard très importante, et dispose chez nous de relais puissants. N'y a-t-il pas là la volonté d'imposer l'impuissance des peuples en les divisant en communautés antagoniques ?

RAPHAËL DOAN : Je ne suis pas sûr qu'il s'agisse d'une stratégie... mais c'est sans doute que je n'ai pas de formation marxiste ! Plus sérieusement, je ne pense pas que le modèle multiculturel soit instrumentalisé de la sorte ; je pense simplement qu'il correspond très bien à une certaine philosophie, née d'ailleurs dans des milieux plutôt antilibéraux, qui valorise la singularité de l'individu plutôt que la conformité au reste du groupe. Les États-Unis eux-mêmes souffrent beaucoup des divisions causées par l'abandon de leur propre tradition assimilatrice, qui a eu l'énorme défaut d'être fermée aux minorités noire et amérindienne. En France, leur influence se fait sentir chez certaines élites intellectuelles, mais je trouve que nous continuons collectivement d'avoir une répugnance instinctive au modèle multiculturel. Au Canada, il paraît tout à fait normal qu'une policière porte le voile ; en France, cela choquerait à peu près tout le monde. Nous sommes l'un des seuls pays à avoir passé des lois du type de celles de 2004 sur le voile à l'école ou de 2010 sur la burqa ; elles appartiennent à la plus pure tradition assimilatrice, même si le mot en est absent. Cela a beaucoup scandalisé les Anglo-Saxons, alors que la loi de 2004 a été votée à la quasi-unanimité par l'Assemblée nationale ! Le réflexe assimilateur français est toujours bien ancré, et je ne pense pas que l'influence américaine parviendra à le déloger réellement. Le président de la République, qui a commencé son mandat en penchant plutôt, sur ces sujets, du côté anglo-saxon, le termine par une loi sur le séparatisme qui fait hurler la presse américaine...

F.P. : À vous lire, l'assimilation des immigrés musulmans en France est tout à fait jouable. Ne péchez-vous pas par naïveté ?

RAPHAËL DOAN : Je ne crois pas du tout que l'islam représenterait un obstacle insurmontable à l'assimilation. Effectivement, ce qu'on appelle aujourd'hui le monde arabe est constitué de populations – notamment berbères – qui ont été assimilées à la culture arabo-musulmane, après les conquêtes des VIIe et VIIIe siècles. Cette culture a elle-même été largement influencée par des populations conquises, notamment perse et grecque. L'islam ne constitue donc pas un bloc hermétique et inamovible. Un bon exemple de cette malléabilité, c'est ce qu'ont fait la Turquie et l'Iran au XXe siècle : Mustafa Kemal d'un côté, les Pahlavi de l'autre, ont voulu occidentaliser leurs pays à marche forcée et n'y sont pas mal parvenus, surtout en Turquie. On connaît les fameuses photos des rues de Téhéran ou d'Istanbul avec des jeunes femmes en cheveux et en minijupe dans les années 1960, qui sont le résultat de cette espèce d'autoassimilation. Et il s'agissait de pays entièrement musulmans depuis des siècles ! Je ne vois pas pourquoi la France, dans des conditions beaucoup plus favorables, n'y parviendrait pas, à la condition qu'il y ait une forte volonté politique. D'ailleurs, il y a beaucoup de cas individuels de musulmans parfaitement assimilés à la culture française, c'est une banalité de le dire, ce qui prouve bien que l'islam en soi ne pose pas de problème irrémédiable. Tout notre problème vient de notre difficulté à assimiler des groupes de populations qui sont majoritaires dans certains territoires donnés. Dans tous les efforts d'assimilation que j'étudie dans le livre, l'échec vient le plus souvent de l'incapacité à sortir l'étranger de son propre milieu : si nous n'avons pas réussi à franciser les Indiens d'Amérique, c'est parce qu'il n'y avait quasiment aucun Français chez eux pour leur montrer l'exemple. Combattre la communautarisation géographique devrait donc être la première étape – à condition d'assumer vraiment notre politique d'assimilation. ◆

POLITIQUE

QUE FAIRE POUR UNE FRANCE SOUVERAINE EN MATIÈRE D'IMMIGRATION

PAR

GEORGES KUZMANOVIC

En matière d'immigration, il n'existe hélas pas de chemin strictement vertueux, magique, qui ne léserait personne. Armés de ce constat, il faut tenter de répondre de la manière la plus raisonnable et décente aux différents volets du problème, guidés par le souci d'efficacité et l'intérêt général. Le président du mouvement République souveraine résume ici ses propositions.

« Ce que nous ne voulons pas, c'est que le capital international aille chercher la main-d'œuvre sur les marchés où elle est la plus avilie, humiliée, dépréciée, pour la jeter sans contrôle et sans réglementation sur le marché français, et pour amener partout dans le monde les salaires au niveau des pays où ils sont le plus bas. C'est en ce sens, et en ce sens seulement, que nous voulons protéger la main-d'œuvre française contre la main-d'œuvre étrangère, non pas je le répète, par un exclusivisme chauvin mais pour substituer l'internationale du bien-être à l'internationale de la misère. »
Jean Jaurès, discours pour un socialisme douanier, 17 février 1894.

L'immigration fait partie des sujets centraux pour les Français, comme l'attestent tous les sondages. C'est pourtant un sujet sulfureux qu'il n'est pas aisé d'aborder. À gauche, il est traité soit comme un tabou (on fait l'autruche) soit à travers un prisme strictement moral. De nombreux représentants du « camp du bien » adhèrent ainsi à l'idéologie *no borders*, dévoiement du concept de l'internationalisme. De leur point de vue, la liberté de circulation est fondamentale et les pays devraient accueillir sans restriction tous ceux qui souhaitent entrer et demeurer sur leur territoire. Comme le souligne le philosophe Jean-Claude Michéa, pour une grande partie de la gauche, l'immigré a remplacé le prolétaire comme figure de l'opprimé à défendre.

Le paradoxe de la situation vient de ce que les partisans de cette position (voir les listes de signataires des pétitions allant en ce sens, comme celle de Mediapart-Politis-Regards titrée : « Manifeste pour l'accueil des migrants ») appartiennent le plus souvent aux classes moyennes supérieures et éduquées. Protégées, dans leur pays et partout sur le globe, par des frontières sociales et symboliques portatives (capital économique, social et culturel) qui les séparent des populations plus fragiles, les élites mondialisées n'ont en effet nul besoin des frontières matérielles pour être à l'abri de toute conséquence des vagues migratoires. Elles peuvent donc se donner bonne conscience en adhérant à cette idéologie qui se veut altruiste et pour laquelle l'immigration est une forme de progrès en soi. Bien plus grave, la gauche est depuis de nombreuses années acquise à l'idée que la citoyenneté et le sentiment d'appartenance nationale pouvaient être distincts, et que *Français* n'avait d'autre signification que : *de nationalité légale française*.

À droite, l'immigration fait l'objet d'un double discours. Une partie de la droite *progressiste*, à l'image de la majorité des milieux d'affaires, est paradoxalement en accord avec la gauche *sociétale* sur les questions d'immigration, comme le prouvent les recommandations du syndicat du patronat européen BusinessEurope ou, en France, le président du Mouvement des entreprises de France, Geoffroy Roux de Bézieux. Au sein de la droite *conservatrice*, l'immigration est au contraire massivement rejetée, et sou-

« UNE PARTIE DE LA DROITE PROGRESSISTE EST PARADOXALEMENT EN ACCORD AVEC LA GAUCHE SOCIÉTALE SUR LES QUESTIONS D'IMMIGRATION. AU SEIN DE LA DROITE CONSERVATRICE, L'IMMIGRATION EST AU CONTRAIRE MASSIVEMENT REJETÉE. »

vent traitée à l'aune exclusive des différences religieuses et culturelles – la figure de l'immigré y sert régulièrement de bouc émissaire pour des maux dont l'origine est tout autre. Aussi y suscite-t-elle des propositions électoralistes excessives et le plus souvent impraticables: arrêter entièrement l'immigration économique, interdire le regroupement familial, réduire drastiquement l'accueil des réfugiés, traquer et éconduire les immigrés clandestins – et bien sûr les priver de tout soutien financier et médical. Le sujet reste pourtant très peu travaillé, demeurant à l'état de slogan. Ainsi, le Rassemblement national, dont ces recettes constituent le fonds de commerce malgré le changement incessant du programme, ne mentionne jamais le coût exorbitant, notamment en matière d'effectifs policiers, qu'imposerait à l'État une politique cohérente d'identification et d'expulsion des clandestins, ni les moyens de pression diplomatique intense que cela supposerait de déployer. Pour commencer, l'immigration économique telle que la France l'a connue dans les années 1960-1970 n'existe quasiment plus. Elle a été remplacée par deux phénomènes majoritaires distincts: d'une part, le regroupement familial, d'autre part, le travail détaché. Une autre catégorie est la population de migrants en transit entre des pays comme le Pakistan et le Royaume-Uni. Enfin, les réfugiés politiques constituent un cas à part: la France a toujours été une terre hospitalière pour eux; cependant, les dossiers déboutés ne sont que rarement suivis d'effet, fabriquant ainsi automatiquement de l'immigration clandestine.

Ces différentes catégories de population immigrée impliquent à l'évidence des réponses particulières.

Il convient aussi de distinguer la manière dont les immigrés s'intègrent à la société française. Certaines catégories, par exemple ceux qui viennent étudier, ne font ainsi jamais l'objet d'hostilité. D'autres, comme les travailleurs clandestins ou les travailleurs détachés, représentent un objet d'inquiétude pour les catégories populaires confrontées au chômage, car le travail immigré contribue à assécher le marché de l'emploi tout en y imposant des normes salariales et des conditions de travail dégradées en renforçant l'armée de réserve du capital. Mais les personnes elles-mêmes, travailleuses et respectueuses des règles, suscitent rarement l'animosité des citoyens français.

Les dernières vagues de ressortissants des pays d'Afrique s'intègrent quant à elles plus difficilement. Certes, les immigrés originaires du Maghreb sont nombreux à s'être parfaitement fondus dans la société française, fournissant bien des exemples de réussite sociale. Mais une autre partie, arrivée ultérieurement, est restée bloquée dans des « quartiers » qui ressemblent de plus en plus à des ghettos rongés par le chômage endémique, dû principalement aux politiques néolibérales imposées par l'Union européenne. Le modèle d'assimilation à la française y est bien en panne, le modèle anglo-saxon basé sur le multiculturalisme ayant pris l'ascendant. Massivement importé en France via la production culturelle américaine (films, séries, musique) ou par un certain champ universitaire, ce modèle est défendu dans le débat public par deux types de promoteurs: les milieux islamistes, qui voient d'un bon œil la montée de l'identification religieuse et culturelle au détriment de l'identification nationale; et les militants d'extrême gauche, qui voient dans le triomphe du multiculturalisme une revanche sur la domination des autochtones et le supposé racisme d'État.

Il convient donc d'aborder la question de l'immigration autrement, en acceptant qu'il soit vain d'espérer s'en sortir avec pour seul guide la morale, et en gardant en tête que, dans les années et les

> «
> **UNE GESTION RAISONNABLE DU PHÉNOMÈNE MIGRATOIRE EXIGE DE ROMPRE TANT AVEC LE MORALISME DE GAUCHE QU'AVEC LES OUTRANCES DE DROITE POUR DÉTERMINER CE QUE LA COMMUNAUTÉ NATIONALE PEUT SE PERMETTRE.**
> »

décennies à venir, les flux migratoires ont toutes les chances de s'intensifier, en raison de l'explosion démographique des pays sous-développés – la population africaine doublera en trente ans pour atteindre 2,5 milliards en 2050 – et du dérèglement climatique. Toute réflexion politique sur le sujet doit prendre cette perspective en compte, sous peine d'être très vite frappée d'obsolescence.

IMMIGRATION ET **ASSIMILATION**

Les deux problèmes, l'immigration et l'assimilation, doivent être traités séparément. Si la première implique de s'intéresser aux conditions de possibilité d'un bon accueil (on ne peut pas décemment accepter que les demandeurs d'asile campent dans des bidonvilles porte de la Chapelle, qu'ils soient livrés au chômage ou condamnés à être exploités, dégradant les conditions d'emploi des travailleurs français), la seconde nécessite de refonder notre modèle d'intégration républicaine, dans une action de long terme. Ramener l'immigration à un niveau économiquement supportable pour notre pays et freiner la communautarisation de la société est une urgence vitale si l'on veut éviter que les tensions, d'ores et déjà palpables, n'évoluent vers une hostilité assumée.

POUR UNE **FRANCE SOUVERAINE** EN MATIÈRE D'IMMIGRATION

Une gestion raisonnable du phénomène migratoire exige de rompre tant avec le moralisme de gauche qu'avec les outrances de droite pour déterminer ce que la communauté nationale peut se permettre, pour chaque type d'immigration, en conciliant au mieux l'intérêt de sa population – principe primordial – et impératifs moraux.
Pour commencer, dans ce domaine comme dans tous les autres, pouvoir mener une politique migratoire conforme aux intérêts de la nation suppose de proclamer la primauté de la Constitution française sur les lois et les traités internationaux, et donc de sortir de l'Union européenne telle qu'elle est construite aujourd'hui. Sans ce préalable, toute une série de décisions sont tout simplement impossibles à prendre au niveau national.
Ensuite, voici une série de mesures concrètes que la République souveraine propose comme base de discussion :

• **Fin du système de travailleurs détachés** et démantèlement du système Schengen. Retour au contrôle souverain des frontières. Mise en place de mesures temporaires pour certains secteurs d'intérêt national en manque de main-d'œuvre, comme la construction navale par exemple, le temps que des filières d'emploi nationales soient opérationnelles. Pour cela, il convient d'estimer les besoins en main-d'œuvre annuellement, secteur par secteur, faciliter les mobilités interrégions à l'intérieur de la France et financer des formations pour les chômeurs français dans les métiers en tension. Ces mesures ne peuvent faire sens qu'avec une politique économique protectionniste.

• **Régularisation des immigrés clandestins** présents sur le sol national. Étant entendu qu'il est impossible de simplement les laisser être (et augmenter en nombre) mais qu'il est tout aussi impossible de les renvoyer dans leur pays d'origine, la seule solution consiste à les régulariser, à l'exception des criminels, tout en s'efforçant d'éviter tout effet d'appel d'air. En effet, seule une régularisation massive est à même d'enlever à cette armée de réserve du capital le rôle malheureux qu'elle joue actuellement sur le marché du travail, privant les travailleurs légaux d'une partie des moyens de pression sur le patronat. Pour que cette régularisation exceptionnelle ne soit pas perçue comme une invitation à l'immigration incontrôlée, elle doit être accompagnée d'une politique de limitation des nouvelles entrées : contrôle strict des frontières, accueil des demandeurs d'asile dans des Centres d'accueil de demandeurs d'asile (CADA) le temps d'analyser leur dossier, recentrage de l'Aide médicale d'État (AME) sur les maladies infectieuses et les urgences, meilleur partage d'informations entre les différents services de l'État et mise en œuvre effective des Obligations de quitter le territoire français (OQTF). Parallèlement, il faut se donner les moyens de mettre en place des lois sévèrement punitives contre les entreprises et particuliers qui embauchent des clandestins, en augmentant substantiellement le nombre d'inspecteurs du travail. La répression doit également concerner les clients des entreprises concernées, pour éviter que les grands groupes ne se déchargent du problème sur leurs sous-traitants.

• **Instauration d'un statut de résident permanent**, sous condition d'emploi, d'intégration au tissu social, de casier judiciaire vierge et de réussite d'un examen évaluant le niveau de maîtrise de la langue, des institutions et de l'histoire de France. Ce statut pourra être demandé au terme de dix ans de résidence. L'acquisition de la nationalité française, qui imposera une prestation de serment à la nation, devra devenir un choix motivé, fera l'objet d'un examen particulier et supposera l'exemplarité. Instauration d'une limite au renouvellement des titres de séjour à dix ans maximum, sauf obtention du statut de résident permanent. Instauration d'un quota annuel de titres de séjour, avec évaluation nationale des dossiers et classement selon le mérite (comme un concours à places limitées).

• **Moratoire immédiat sur le regroupement familial**, sauf pour les réfugiés. Pas d'automatisme dans l'acquisition de la nationalité française par le mariage.

• **Action de long terme sur les causes des mouvements migratoires** via une diplomatie cohérente : accords de réadmission avec les pays d'origine des migrants illégaux, fin du régime d'exception dérogatoire en matière d'immigration pour l'Algérie, développement des aides au départ volontaires, soutien aux projets économiques durables dans les pays de départ. Une telle action suppose de poursuivre la lutte contre la Françafrique et de remettre en cause les traités de libre-échange, en particulier ceux imposés par l'UE aux pays ACP (Afrique-Caraïbes-Pacifique) au travers des APE (Accords de partenariat économique), véritables machines à paupériser les pays en voie de développement, qui privent les pays d'Afrique des matières premières tout en les empêchant de construire un modèle agricole et social viable. Pour la France comme pour d'autres pays occidentaux, les avantages de ces traités ne pèsent pas lourd face aux inconvénients considérables auxquels les expose l'explosion des flux migratoires. Un changement de paradigme serait, de fait, mutuellement profitable aux peuples du Nord et du Sud. En effet, si la gauche s'imagine que c'est en promouvant l'accueil inconditionnel des immigrés qu'elle se montre morale, les pays de départ attendent par-dessus tout une politique internationale qui leur permettrait de garder leur jeunesse chez eux – cette leçon de Thomas Sankara est plus que jamais d'actualité, tant il est insupportable à tout internationaliste véritable de voir les pays déjà riches et puissants accaparer les cerveaux qui font cruellement défaut aux pays d'origine des immigrés diplômés.

> «
> LES PAYS DE DÉPART ATTENDENT PAR-DESSUS TOUT UNE POLITIQUE INTERNATIONALE QUI LEUR PERMETTRAIT DE GARDER LEUR JEUNESSE CHEZ EUX. CETTE LEÇON DE THOMAS SANKARA EST PLUS QUE JAMAIS D'ACTUALITÉ.
> »

• **Pression sur les pays de départ pour les contraindre à maîtriser leurs flux sortants**. Lutte contre l'utilisation des diasporas par les gouvernements de ces pays à des fins politiques et contre toute subversion d'origine étrangère en France (interdiction des associations communautaires ou de nationalité étrangère à but politique, passant si besoin par une réforme du droit des associations) et en particulier la Turquie, qui les utilise comme véritable levier de politique extérieure (on l'a vu avec les Loups gris) en sus de menacer l'Europe d'une vague migratoire incontrôlée. L'aide au développement, mais aussi l'aide militaire de la France seront strictement corrélées à la politique des pays récipiendaires en défaveur des migrations et, en Afrique, au contrôle de leur démographie.

• **Pression pour que les pays de départ retirent la natio-**

nalité aux binationaux qui le demandent. Lorsqu'on choisit de devenir français, on doit pouvoir cesser d'être autre chose.

• **Lutte acharnée contre les réseaux de passeurs.** Ceux-ci se rapportent au crime organisé transnational et contribuent non seulement à la déstabilisation des pays de départ, mais à celle de la France. Ils représentent un problème de défense nationale, y compris pour leur rôle de facilitateurs d'actions terroristes (trafic d'armes, déplacements clandestins, etc.), et doivent être mis hors du cadre légal ordinaire.

• **Expulsion immédiate des étrangers condamnés par la justice** au terme de leur peine.

• **Maintien de la gratuité de l'accès à l'enseignement supérieur** pour les étudiants étrangers, mais sur dossier et à condition d'un examen d'entrée. L'université est en effet un puissant vecteur de rayonnement et d'influence, et l'augmentation des frais d'inscription pour les étrangers détourne d'ores et déjà certains brillants éléments de nos universités. Il n'y a d'ailleurs pas de lien fort entre études en France et immigration ; au contraire, la multiplication des diplômés d'universités françaises est un facteur de développement pour leurs pays d'origine, mais aussi une chance pour la France de mettre en place des partenariats d'avenir.

Ces mesures non exhaustives doivent être combinées à une vraie politique de la nationalité. Tout est à construire en matière d'assimilation des immigrés, un domaine dramatiquement laissé à l'abandon au terme de décennies de propagande mondialiste qui ont délégitimé la notion même de patrie. Il faut faire des Français et pas uniquement des citoyens d'une République désincarnée ; il faut convaincre ceux qui arrivent sur notre sol à s'intégrer en endossant, comme l'ont fait leurs prédécesseurs, les lois, mais aussi la culture de leur pays d'accueil. Cela ne pourra fonctionner que si la population de ce pays d'accueil est elle-même convaincue de l'intérêt et de la valeur de sa culture. En d'autres termes, pour être réellement efficace, la politique de la nationalité devra s'adresser non seulement aux immigrés mais aussi à l'ensemble de la population, Français depuis deux ou trois générations, ou depuis toujours. À côté d'une législation cohérente, c'est tout un imaginaire qu'il faut réhabiliter, à travers l'école, la pratique du pouvoir et une production artistique volontariste : celui où la patrie n'est pas un mot honteux, mais un idéal à défendre et à construire ensemble.◆

Georges Kuzmanovic
Ancien élève de l'université Panthéon-Sorbonne, de l'École normale supérieure de Paris et du Massachusetts Institute of Technology (États-Unis), il a œuvré dans l'humanitaire (au Rwanda, au Mali, en République démocratique du Congo et en France auprès des sans-abris) avant de rejoindra l'armée puis de travailler en entreprise en France et à l'international depuis une quinzaine d'années. Il mène parallèlement une activité politique : ancien secrétaire national de La France insoumise en charge des questions internationales et de défense, il a quitté cette formation en 2018 pour fonder le mouvement République souveraine, dont il est le président.

LE VRAI-FAUX DE

FP
N°4
PRINTEMPS
2021

AFFIRMATION 1

LA FRANCE EST **SOUVERAINE** EN MATIÈRE D'IMMIGRATION

VRAI ET FAUX

LES FAITS : selon la règle européenne du « principe d'attribution », l'immigration relève du volet « espace de liberté, de sécurité et de justice » de l'Union européenne (UE), lui-même rattaché à la catégorie des « compétences partagées[1]», lesquelles peuvent être exercées par les États membres dans la mesure où l'UE n'exerce pas la sienne[2]. Or, la Cour de justice de l'Union européenne s'est emparée du sujet, en s'autorisant de l'article 8 de la Convention européenne des droits de l'homme (sur le droit à la « vie privée et familiale ») pour s'opposer à des expulsions d'étrangers[3]. D'un point de vue juridique, c'est donc plutôt faux, mais d'un point de vue politique, la volonté d'indépendance suffirait.

1. Les compétences partagées sont définies par l'article 4 du Traité de fonctionnement de l'Union européenne (TFUE). 2. Article 2-2 du TFUE, qui fait dire à Armel Précheul : « Les pouvoirs qui sont demeurés dans les compétences des États et la manière dont ils en font usage sont soumis au respect d'un ordre juridique supérieur, celui de l'Union européenne » in *Le Traité de Lisbonne. La Constitution malgré nous ?* éd. Cujas, 2008. 3. Arrêt Moustaquim c./Belgique (février 1991) ou Mehmi c./France (09/1997)

AFFIRMATION 2

IL EXISTE UN **SHOPPING** DE L'ASILE EN EUROPE

VRAI

LES FAITS : la députée européenne macronienne Nathalie Loiseau avait été critiquée en 2018 pour avoir prononcé cette formule. C'était un mauvais procès. Car si la notion peut paraître choquante, elle est employée dans le monde anglo-saxon depuis les années 2000 *(asylum shopping)*. Le terme n'a certes pas de définition juridique, mais on le trouve dans les documents officiels de la Commission européenne[1]. À noter qu'on a pu parler également de « tourisme de l'asile », qui caractérise un abus des procédures par des étrangers circulant librement dans l'espace Schengen et déposant des demandes d'asile un peu partout, en fonction des conditions d'accueil. Le règlement de Dublin III (2013) a mis fin à la légalité de cette pratique.

1. « Glossaire 2.0 sur l'asile et les migrations » (Commission européenne, janvier 2012)

L'IMMIGRATION

PAR **CÉLINE PINA** ET **MAXIME LE NAGARD**

AFFIRMATION 3

LE **TAUX D'ÉLOIGNEMENT** DES DÉBOUTÉS DU DROIT D'ASILE EST FAIBLE EN FRANCE

VRAI

LES FAITS : c'est l'un des angles morts de la politique migratoire française. Mais des sources solides confirment ce fait. La Cour des comptes a par exemple acté qu'entre 2009 et 2013, le taux d'exécution des Obligations de quitter le territoire français (OQTF) s'est élevé à 6,8 % sur un échantillon de population représentant 74 % de déboutés du droit d'asile[1]. Si l'on articule le taux extrêmement faible d'exécution des OQTF avec les procédures de recours engagées par les demandeurs d'asile, « 96 % des personnes déboutées resteraient en France », estime l'institution de la rue Cambon. Ce faible taux d'éloignement des déboutés du droit d'asile est une des raisons de l'attractivité de la France.

1. Référé sur l'accueil et l'hébergement des demandeurs d'asile (juillet 2015)

AFFIRMATION 4

LE « **GRAND REMPLACEMENT** » EST UNE NOTION D'EXTRÊME DROITE

VRAI ET FAUX

LES FAITS : cette expression a été popularisée dans les années 2010 par l'écrivain identitaire Renaud Camus (ancien membre du Parti socialiste). On peut en faire une notion d'extrême droite au sens où elle n'est utilisée dans le débat public que par ce qu'on appelle la « mouvance identitaire », qui en valide les présupposés. En revanche, en toute rigueur, ce n'est pas Renaud Camus qui a inventé ce concept. Le terme anglais de *replacement migration* (en français : « migration de remplacement ») a été introduit en 2000 par les experts en projection démographique de l'Organisation des Nations unies (ONU)[1], au sujet du vieillissement de la population des pays occidentaux et du recours massif à l'immigration pour maintenir une population active. Il s'agit donc d'une instrumentalisation politique d'une notion démographique préexistante.

1. « Migration de remplacement : est-ce une solution pour les populations en déclin et vieillissantes ? » (ONU, mars 2000)

AFFIRMATION 5

LES IMMIGRÉS SONT MOINS **INSTRUITS** QUE LE RESTE DE LA POPULATION FRANÇAISE

VRAI ET FAUX

LES FAITS : les diverses études[1] d'envergure tendent à montrer que les enfants d'immigrés sont proportionnellement moins diplômés que l'ensemble des Français. Pour autant, ce propos est à nuancer concernant les immigrés eux-mêmes. Une récente étude[2] indique qu'une part non négligeable des étrangers établis en France est diplômée du supérieur. C'est le cas par exemple de 27,4 % des Sénégalais présents sur notre sol (contre 26,8 % des Français natifs). L'étude laisse apparaître que ce sont souvent les plus diplômés qui ont l'opportunité d'immigrer, et non les plus démunis.

1. Source : notamment « Enquête Trajectoires et origines » (INED et INSEE, 2008-2009) . 2. Mathieu Ichou, « Population et sociétés », n° 541 (INED, février 2017)

AFFIRMATION 6

LES IMMIGRÉS ONT UN TAUX D'**EMPLOI** INFÉRIEUR AUX FRANÇAIS NON IMMIGRÉS

VRAI

LES FAITS : en 2015, une étude internationale[1] a estimé à 57 % la proportion des immigrés d'âge actif titulaires d'un emploi en France. En 2019, un rapport officiel français[2] a confirmé ces données par tranche d'âge. En 2018, dans la tranche des 25-54 ans, le taux d'emploi des immigrés était de 65 % contre 83 % dans la même tranche d'âge chez les non-immigrés. Cela pourrait paraître une évidence, mais il s'agit plutôt d'une spécificité française. L'étude de 2015 montre en effet que l'écart d'activité entre les immigrés et les non-immigrés est supérieur en France par rapport à la moyenne des pays de l'OCDE.

1. « Les indicateurs de l'intégration des immigrés 2015 : trouver ses marques » (OCDE et Commission européenne, août 2015). 2. « L'impact de l'immigration sur le marché du travail, les finances publiques et la croissance » (France Stratégie, juillet 2019)

AFFIRMATION 7

LA FRANCE S'EST CONSTRUITE PAR L'AGRÉGATION DE PEUPLES **HÉTÉROGÈNES**

VRAI ET FAUX

LES FAITS : les peuplades qui ont forgé la France avant l'ère moderne sont issues de mélanges. Ce fait est historiquement indiscutable et indiscuté. Du reste, la notion d'origine pure est un fantasme. Même l'historien Jacques Bainville, pourtant maurrassien, le note : « Le peuple français est un composé. C'est mieux qu'une race, c'est une nation.[1] » En revanche, il n'y a pratiquement pas eu d'immigration en métropole (si ce n'est de façon extrêmement résiduelle) jusqu'au milieu du XIXe siècle. Cela oblige à considérer l'existence au long cours d'une substance française.

1. Jacques Bainville, *Histoire de France* (éd. Fayard, 1924)

AFFIRMATION 8

L'IMMIGRATION **FAMILIALE** EST MARGINALE

FAUX

LES FAITS : c'est l'inverse ! Parmi les quatre grands types d'immigration délimités pour circonscrire le phénomène (économique, familial, étudiant et humanitaire), l'immigration familiale est de loin la plus importante. En 2018[1], elle concerne 91 017 ressortissants étrangers de pays tiers (hors Espace économique européen) contre, par ordre décroissant, 83 700 étudiants, 50 537 humanitaires et 33 675 économiques. Les données provisoires[2] de 2019 indiquent, pour l'immigration familiale, une stabilisation autour de 90 000 titres de séjours délivrés, soit environ 33 % du total.

1. Source ministère de l'Intérieur (DGEF-DSED/AGDREF).
2. Leschi Didier : *Ce Grand Dérangement*, éd. Gallimard, 2020

AFFIRMATION 9

IL N'Y A AUCUN MOYEN DE **CALCULER** LE NOMBRE DE CLANDESTINS SUR LE SOL FRANÇAIS

VRAI ET FAUX

LES FAITS : le recensement exact du nombre de clandestins est par définition impossible. En revanche, on peut faire une estimation à partir des données sur l'Aide médicale d'État (AME). En 2018, on en a dénombré 318 106 bénéficiaires. Or, selon une étude récente[1], seule la moitié des migrants en situation irrégulière éligible à l'AME utilisent ce dispositif. En transposant à l'échelle nationale, donc en multipliant par deux le nombre de 2018, on obtient environ 600 000 clandestins potentiels.

1. Étude Premiers pas (Institut de recherche et documentation en économie de la santé et université de Bordeaux, novembre 2019)

AFFIRMATION 10

LA VAGUE MIGRATOIRE ACTUELLE EST MOINS IMPORTANTE QUE CELLE DES **ANNÉES 60**

FAUX

LES FAITS : entre1960 et 1966, la France a délivré 1 257 651 titres de séjour[1] à des étrangers, dont plus de la moitié (636 955) étaient d'origine européenne. En lissant ces données, cela fait une moyenne d'environ 180 000 titres de séjours par an. Ce chiffre est par la suite longtemps resté inégalé, mais il est largement dépassé depuis une dizaine d'années. On a ainsi dénombré 258 929 titres délivrés en 2018 et 277 406 en 2019. La France est ainsi devenue le premier pays d'accueil pour les demandeurs d'asile en Europe, avec 132 614 demandes reçues en 2019 (y compris mineurs accompagnants et réexamens[2]).

1. Source ministère de l'Intérieur. 2. Sources ministère de l'Intérieur et Office français pour les réfugiés et les apatrides (OFPRA)

AFFIRMATION 11

L'EUROPE LAISSE MOURIR LES MIGRANTS EN **MÉDITERRANÉE**

FAUX

LES FAITS : en raison de leur forte charge émotionnelle, certains épisodes récents de l'actualité (la crise migratoire de 2015, le refus du ministre de l'Intérieur Matteo Salvini d'accueillir le navire *Aquarius* en 2018...) ont tronqué la réalité des chiffres. Au total, entre 2016 et 2020, les quatre grosses opérations de sauvetage en mer financées par l'Union européenne, Thémis, Poséidon, Indalo et Sophia ont permis de secourir 536 605 personnes en Méditerranée, pour 13 705 décès[1]. Ce sont 13 705 morts de trop, mais le pourcentage de vies protégées (97,5 %) est substantiel.

1. Données Frontex et Organisation internationale pour les migrations (OIM)

AFFIRMATION 12

IL EST ILLÉGITIME ET STIGMATISANT DE PARLER DE « **VAGUE MIGRATOIRE** »

FAUX

LES FAITS : si la formule ne peut se départir d'une portée symbolique potentiellement polémique, elle n'est pas illégitime, au sens où l'immigration n'est pas un phénomène historique continu sur le territoire français. Dès lors, on peut parler de « vagues migratoires » ou de « vague d'immigration », qui permettent de qualifier les phases d'accélération rapide. Plusieurs découpages sont du reste proposés pour borner ce type de phases, qui servent d'outils aux démographes aussi bien qu'aux historiens[1].

1. Gérard Noiriel in "Regards croisés sur l'économie" n° 8, éd. La Découverte, 2010

DÉMOGRAPHIE

STATISTIQUES OFFICIELLES

DES PROGRÈS, MAIS PEUT MIEUX FAIRE !

PAR

MICHÈLE TRIBALAT

FP

En France, le débat sur l'immigration étrangère demeure très pollué par une difficulté constante à se représenter le phénomène au moyen de quelques statistiques simples, comme le font les pays du nord de l'Europe avec leurs registres de population. Pourtant, nos statistiques officielles, malgré leurs imperfections manifestes, ont fait ces dernières années quelques progrès.

En 1993, le ministère de l'Intérieur a introduit une application informatique centralisée dénommée AGDREF (Application de gestion des dossiers de ressortissants étrangers en France), censée harmoniser l'enregistrement des procédures dans les préfectures jusqu'à la fabrication du titre de séjour. Conçue pour améliorer la gestion, cette application centrale permettait aussi, malgré ses raideurs, de produire des statistiques établies selon des normes identiques dans toutes les préfectures. Une grande partie des petits cahiers sur lesquels les agents compilaient des données ont ainsi pu être éliminés. Nous disposons donc à présent du nombre des premiers titres de séjour délivrés chaque année aux personnes tenues d'en détenir pour séjourner en France. Mais au fil du temps, le champ des pays concernés s'est rétréci, d'abord en 2004 (lorsque les pays de l'Union européenne ont été dispensés de l'obligation de détenir un titre de séjour), puis, au fil des élargissements de l'Union. Les données ainsi produites aujourd'hui ne portent donc pas sur l'ensemble de l'immigration étrangère en France, mais sur celles en provenance de pays tiers à l'Espace économique européen et à la Suisse. Elles donnent une idée des entrées en France à travers la délivrance des premiers titres de séjour, tout en sachant que l'étranger qui reçoit le titre a pu arriver en France avant l'année de délivrance du titre. C'est le cas, par exemple, des mineurs qui ne sont pas astreints, comme en Suède, à détenir un titre de séjour et n'en auront un qu'à leur majorité ou à l'âge de seize ans s'ils souhaitent travailler, sauf s'ils ont acquis la nationalité française en même temps que leurs parents d'ici là. Les mineurs isolés dont on parle tant ne sont donc pas comptés via l'AGDREF lors de leur arrivée. Les demandeurs d'asile non plus, tant qu'ils n'ont pas obtenu un titre de séjour, soit comme réfugié à l'issue du traitement de la demande d'asile, soit à un autre titre, souvent celui de membre de famille, plus tardivement.

Depuis quelques années, le ministère de l'Intérieur rend publique des tableaux sur la délivrance de premiers titres de séjour selon un calendrier bien précis : en janvier de l'année n, il donne une première estimation pour l'année n-1 et le chiffre définitif de l'année n-2 ; en juin, il publie les données provisoires pour l'année n-1, en principe assez proches du chiffre définitif. Il met en ligne également des données sur les demandeurs d'asile. Suite aux demandes pressantes d'Eurostat, la France

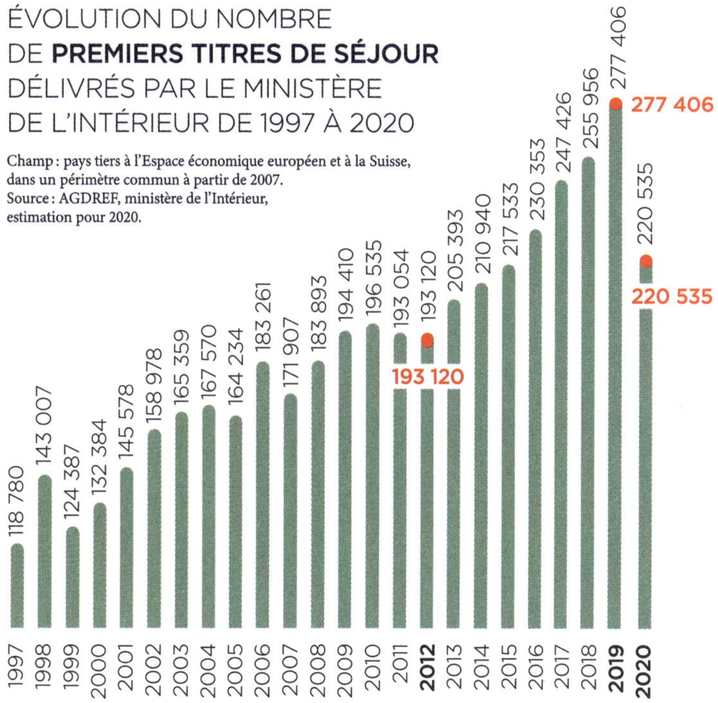

ÉVOLUTION DU NOMBRE DE **PREMIERS TITRES DE SÉJOUR** DÉLIVRÉS PAR LE MINISTÈRE DE L'INTÉRIEUR DE 1997 À 2020

Champ : pays tiers à l'Espace économique européen et à la Suisse, dans un périmètre commun à partir de 2007.
Source : AGDREF, ministère de l'Intérieur, estimation pour 2020.

a dû récemment améliorer les données sur ce sujet et a mis en place un nouveau système d'information (le SI Asile). Ces changements de pied et le manque de coordination entre le ministère de l'Intérieur et l'OFPRA (Office français de protection des réfugiés et apatrides) ne facilitent ni la clarté des chiffres ni l'établissement de séries temporelles cohérentes sur l'asile.

Malgré les progrès réalisés avec l'introduction de l'AGDREF, les statistiques sont donc limitées par le champ des procédures administratives. Ce qui amène souvent les plus audacieux à combler ces défauts par des estimations plus ou moins sophistiquées. La plus sophistiquée est certainement celle de l'Institut national d'études démographiques (INED) qui a accès à une version anonymisée du fichier AGDREF. Il retient les premiers titres de séjour d'une durée de validité d'au moins 364 jours, auxquels il ajoute les mineurs nés à l'étranger à qui l'on a délivré un document de circulation lorsque le besoin de faciliter leurs déplacements s'est fait sentir, sans rapport avec l'année d'entrée en France. Pour les moins sophistiquées, on trouve les calculs de coin de table de ceux qui ajoutent d'autres données à celles publiées par le ministère de l'Intérieur sur les premiers titres de séjour. Par exemple, un nombre de demandeurs d'asile et des chiffres glanés sur les mineurs isolés, alors qu'ils seront, dans les deux cas, pour une bonne partie d'entre eux, comptés dans les années suivantes lors de la délivrance d'un titre de séjour. Ce faisant, ils seront comptés deux fois. L'un de ces artificiers n'est autre que François Héran, professeur au Collège de France et ancien directeur de l'INED.

Le plus raisonnable est de consentir aux insuffisances constitutives des données produites par le ministère de l'Intérieur qui, si elles ne cernent qu'imparfaitement le nombre d'entrées en France chaque année, peuvent donner une idée de l'évolution temporelle de celles en provenance de pays tiers à l'Espace économique européen et à la Suisse. Le nombre de premiers titres de séjour délivrés depuis 1997 en France métropolitaine est à la hausse avec deux paliers (2003-2005 et 2009-2012), mais sans interruption de 2013 à 2019. Avec la pandémie, ce nombre de premiers titres de séjour a chuté de 20,5 %, passant ainsi de 277 106 en 2019 à 220 535 en 2020. Mais il se situe à un niveau un peu supérieur à celui enregistré en 2015 *(figure page précédente)*. Par ailleurs, l'INSEE exploite les informations des EAR (Enquêtes annuelles de recensement) pour estimer le flux d'immigration, en distinguant les entrées des immigrés de celles des *non-immigrés*. La dernière estimation connue porte sur 2018, avec un nombre d'entrées d'immigrés de 273 000. Il s'agit cette fois de tous les immigrés, sans restriction sur les origines. Par différence avec le solde migratoire estimé à 203 000, il en déduit un nombre d'immigrés ayant quitté le territoire en 2018 à 70 000.

QUELLES **AMÉLIORATIONS STATISTIQUES** SERAIENT ENVISAGEABLES ?

Une prise en compte des mineurs supposerait de délivrer un document fabriqué par l'AGDREF à leur arrivée en France. Il pourrait s'agir d'un document de circulation comme celui qui est délivré à la demande des parents, si la France ne souhaitait pas étendre aux mineurs la délivrance d'un titre de séjour, comme le fait la Suède. Ce document serait remis à l'Aide sociale à l'enfance (ASE),

« UNE MEILLEURE COOPÉRATION MÉTHODOLOGIQUE ENTRE LE MINISTÈRE DE L'INTÉRIEUR, L'INED, L'INSEE ET L'OFPRA PERMETTRAIT SANS DOUTE DE TROUVER DES ACCORDS ÉVITANT LA MULTIPLICITÉ DE CHIFFRES QUI RENFORCE, DANS L'OPINION COMME DANS LES MÉDIAS, UN SENTIMENT D'À-PEU-PRÈS. »

REPRÉSENTATION DU **PHÉNOMÈNE MIGRATOIRE PAR GÉNÉRATION ET NATIONALITÉ** EN FONCTION DU DROIT FRANÇAIS SUR TROIS GÉNÉRATIONS

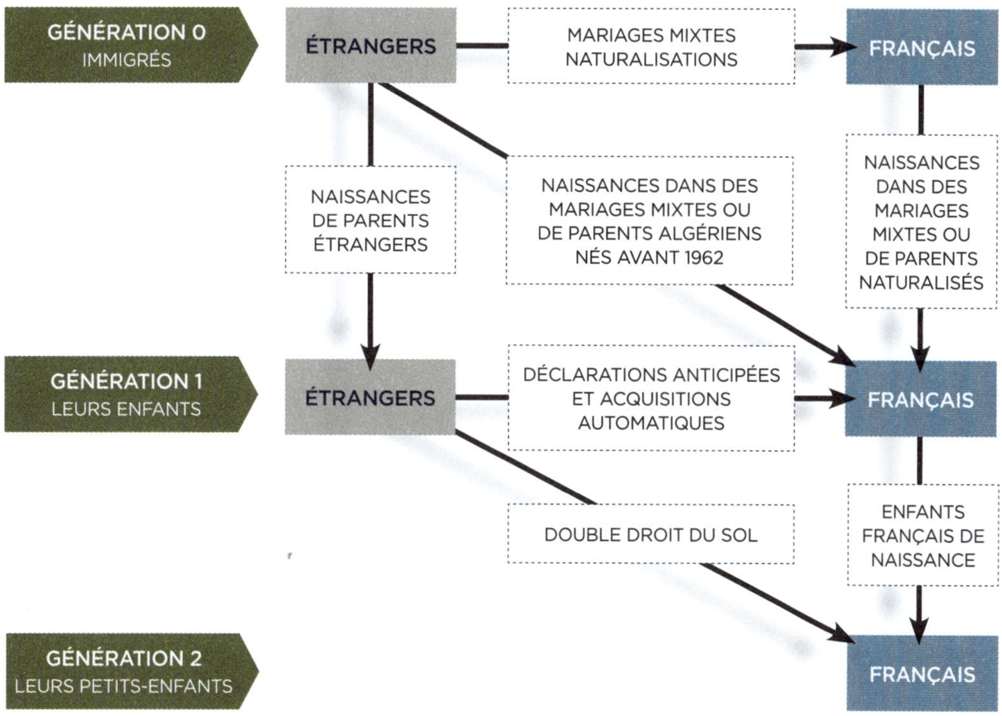

s'agissant des mineurs isolés qui lui sont confiés. Quant aux demandeurs d'asile, il n'y a pas grand-chose à faire pour les inclure sans doubles comptes. En revanche, le service statistique du ministère de l'Intérieur pourrait établir une statistique sur les contacts en préfecture, que ceux-ci aboutissent ou non à la délivrance d'un titre de séjour. Une meilleure coopération méthodologique entre le ministère de l'Intérieur, l'INED, l'INSEE (Institut national de la statistique et des études économiques) et l'OFPRA permettrait sans doute de trouver des accords évitant la multiplicité de chiffres qui renforce, dans l'opinion comme dans les médias, un sentiment d'à-peu-près. La présentation de données à la fois pour la France entière et la France métropolitaine permettrait de constituer des séries temporelles cohérentes.

UNE **RÉFORME INACHEVÉE** DE LA PRODUCTION DE DONNÉES SUR LES POPULATIONS D'ORIGINE ÉTRANGÈRE

Un pas considérable a été franchi lors de l'abandon progressif par l'INSEE d'une production statistique uniquement focalisée sur le nombre d'étrangers résidant en France et leurs caractéristiques. J'entrepris, dans la seconde moitié des années 1980, d'en convaincre l'INED et l'INSEE. Ces statistiques faussaient la compréhension du phénomène migratoire. La figure ci-dessus met à plat le processus migratoire en termes de générations et montre l'inadéquation d'une analyse « étrangers *versus* Français ». Il s'agissait d'isoler ceux qui sont venus en France comme étrangers (les immigrés), quelle que soit leur nationalité actuelle, de ceux qui sont leurs descendants nés en France. Progressivement, l'INSEE s'est fait à l'idée de produire régulièrement des statistiques sur les immigrés (génération zéro). Il lui fallait simplement exploiter autrement les données de recensements puis des EAR. L'INSEE a même consenti récemment à établir une série temporelle annuelle 2006-2017 par pays de naissance détaillé.

Compte tenu des imperfections de l'enregistrement des flux d'entrées, l'évolution de la proportion d'immigrés fournit un très bon substitut. La figure ci-dessous représente à quel taux moyen annuel s'est accrue la proportion d'immigrés depuis l'après-guerre. Elle permet de trancher la question de savoir si le régime migratoire des années 2000 est en retrait par rapport à celui des années 60, comme on l'écrit ou l'entend dire trop souvent. Rappelons simplement ce qu'en disait un document préparatoire au débat parlementaire sur l'immigration professionnelle fourni par le DSED (Département des statistiques, des études et de la documentation du ministère de l'Intérieur) en avril 2013 : « Si la France a connu au siècle dernier deux grandes vagues d'immigration (durant les deux expansions économiques majeures de l'entre-deux-guerres et des Trente Glorieuses), elle n'est plus à proprement parler un très grand pays d'immigration. » En fait, la vague migratoire qui démarre avec le XXIe siècle n'a rien à envier à celle de la période 1945-1975. La proportion d'immigrés s'est même accrue plus fortement sur le dernier lustre de la décennie 2010 qu'elle ne l'avait fait au cours de cette séquence. Ces deux vagues migratoires ont été séparées par vingt-cinq ans de stagnation. Est-ce à dire qu'il ne s'est rien passé pendant ce quart de siècle ? Certainement pas, puisque c'est pendant cette période que les immigrés d'origine européenne sont devenus minoritaires *(figure à droite)*. En 1975, 67 % des immigrés provenaient encore d'Europe. En 1999, ce n'était plus le cas que de 45 %. L'effacement européen s'est ensuite poursuivi (35,5 % en 2017) au profit des autres continents, principalement l'Afrique et tout particulièrement l'Afrique hors Maghreb (2,4 % en 1975, 15, 4 % en 2017).

Si l'INSEE a introduit assez facilement la catégorie « immigrés » dans sa production statistique, il a été plus réticent à collecter les informations sur le pays et la nationalité de naissance des parents afin de quantifier la génération des nés en France d'au moins un parent immigré *(génération 1 sur la figure page précédente)*. Il a vraiment commencé à

« DU FAIT D'UNE IMMIGRATION ANCIENNE EN FRANCE, LES DESCENDANTS DIRECTS SONT EN FAIT PLUS NOMBREUX QUE LES IMMIGRÉS EUX-MÊMES. CETTE DOMINATION EST PLUS MARQUÉE POUR LES COURANTS MIGRATOIRES ANCIENS. »

ÉVOLUTION DU **TAUX D'ACCROISSEMENT** MOYEN ANNUEL **DE LA PROPORTION D'IMMIGRÉS DEPUIS L'APRÈS-GUERRE** EN FRANCE MÉTROPOLITAINE

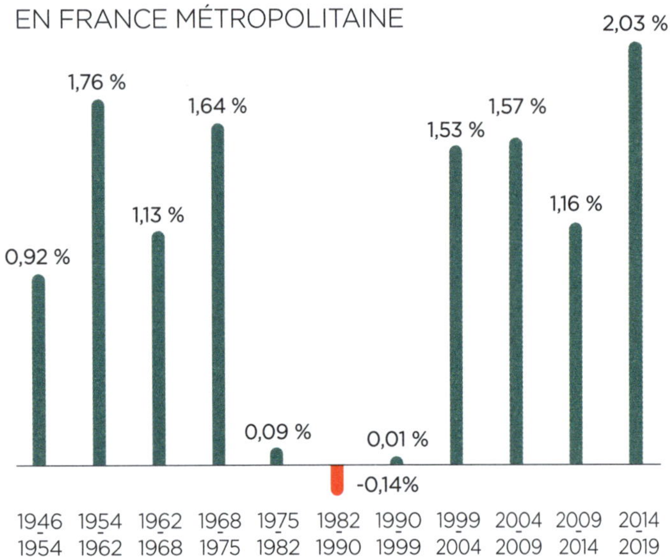

Source : INSEE • Lecture : de 1946 à 1954, la proportion d'immigrés s'est accrue de 0,92 % en moyenne par an.

ÉVOLUTION DE LA **COMPOSITION PAR PAYS DE NAISSANCE** DES IMMIGRÉS DEPUIS 1975

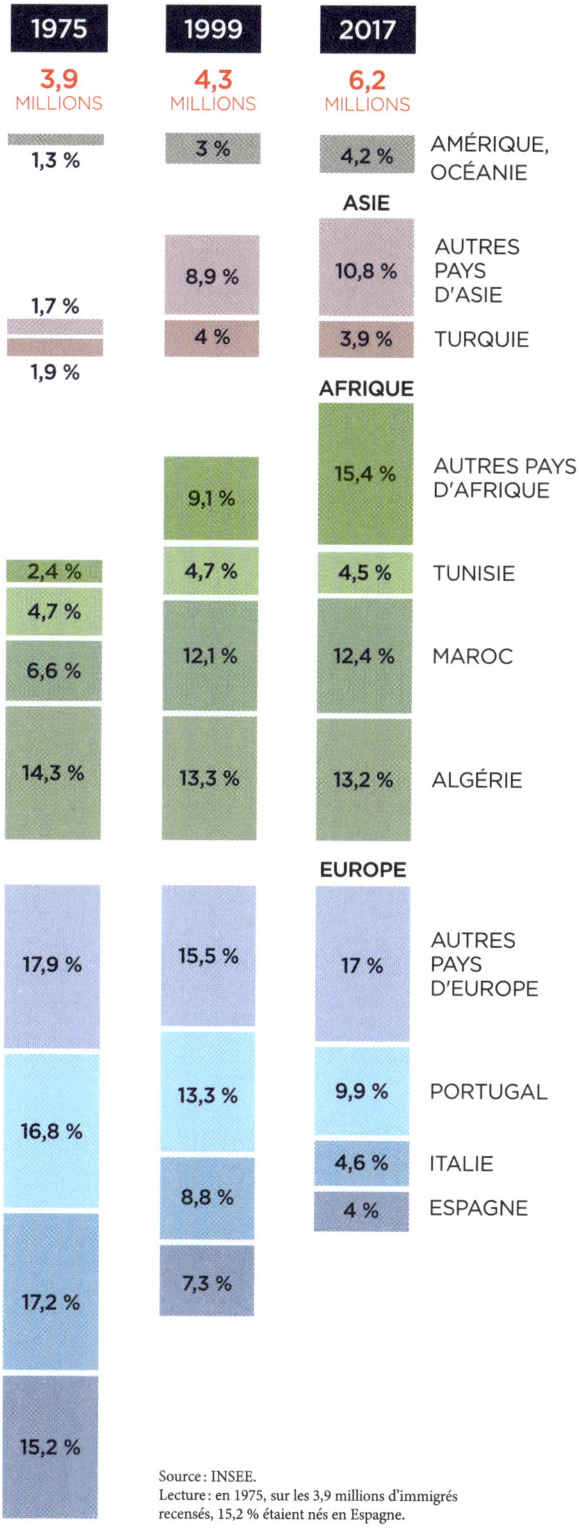

Source : INSEE.
Lecture : en 1975, sur les 3,9 millions d'immigrés recensés, 15,2 % étaient nés en Espagne.

s'y mettre dans la deuxième moitié des années 2000, en introduisant ces questions dans ses grandes enquêtes, à l'exception, malheureusement, des EAR. Les tableaux qu'il met en ligne sur les « descendants d'immigrés » sont tirés, pour les quinze ans et plus, de l'enquête « Emploi » réalisée auprès des ménages ordinaires. L'INSEE complète son estimation en y ajoutant les moins de quinze ans à partir des enfants vivant au foyer des parents recensés dans les EAR. Le champ est un peu plus restreint que celui des tableaux sur la population immigrée (ménages ordinaires vs tous ménages). C'est sans doute pourquoi l'INSEE présente séparément les données sur les immigrés et celles sur les descendants directs d'immigrés, sans se risquer à les additionner et à constituer une série temporelle. Il laisse à d'autres le soin de faire ces additions qui, précisons-le, sous-estiment très légèrement la génération née en France et son poids. Comme l'INSEE ne s'embarrasse pas de produire ces données sur le même champ géographique (France entière pour les immigrés, France hors Mayotte pour les enfants d'immigrés), il faut les harmoniser soi-même sur la France hors Mayotte ! Le tableau page suivante présente cette synthèse. En 2019, 21,4 % des personnes vivant en France seraient ainsi d'origine étrangère. Du fait d'une immigration ancienne en France, les descendants directs sont en fait plus nombreux que les immigrés eux-mêmes. Cette domination est plus marquée pour les courants migratoires anciens. Il y a ainsi trois fois plus de personnes nées en France d'au moins un parent immigré d'Italie que d'immigrés de cette même origine. En revanche, les descendants d'Afrique hors Maghreb sont encore un peu moins nombreux que les immigrés de même origine. Peu enclins à s'installer durablement, les immigrés nés en Chine sont trois fois plus nombreux que leurs descendants directs.

QUELLES **AMÉLIORATIONS STATISTIQUES** SERAIENT SOUHAITABLES ?

Le bricolage actuel à partir de l'enquête « Emploi » de l'INSEE n'est pas satisfaisant. Introduire des questions sur le pays et la nationalité de naissance des parents dans les EAR serait la solution si le dénombrement, fonction première d'un recensement, faisait encore partie des priorités de l'INSEE. Ce n'est pas le cas. Il a consenti à inscrire ces questions dans ses autres enquêtes lorsque l'argument moral de la lutte contre les discriminations l'a emporté. En 2007, la CNIL (Commission nationale de l'informatique et des libertés) avait pourtant autorisé l'INSEE, à ce motif, à le faire dans ses EAR, pourvu que l'acceptabilité publique soit acquise et que la protection des données soit garantie. Ce qu'ont prouvé toutes les enquêtes déjà réalisées. Pourtant, le CNIS (Conseil national de l'information statistique), où l'INSEE est lourdement représenté, continue de s'y opposer. Ses arguments ressemblent étrangement à ceux qu'opposait l'INSEE à l'introduction des questions utiles dans ses autres enquêtes vingt ans auparavant, « risque de générer des tensions ». S'y ajoute l'obsession du moment : « Pour repérer explicitement les discriminations, un questionnaire de type recensement, forcément court, n'est jamais assez riche. » Pour le CNIS, la disponibilité de données locales sur le sujet ne paraît pas être une nécessité non plus, alors que les exploitations faites par Bernard Aubry et moi-même sur les moins de 18 ans au foyer des

POPULATION D'ORIGINE ÉTRANGÈRE
SUR DEUX GÉNÉRATIONS EN 2019 EN FRANCE

PAYS	IMMIGRÉS	NÉS EN FRANCE D'AU MOINS UN PARENT IMMIGRÉ	TOTAL	% DANS LA POPULATION TOTALE FRANÇAISE
EUROPE	2 234 000	3 130 000	5 364 000	8 %
ESPAGNE	241 000	521 000	762 000	1,1 %
ITALIE	285 000	862 000	1 147 000	1,7 %
PORTUGAL	604 000	659 000	1 263 000	1,9 %
AUTRES PAYS DE L'UE À 28	761 000	872 000	1 633 000	2,2 %
AUTRES PAYS D'EUROPE	342 000	216 000	558 000	0,8 %
AFRIQUE	3 013 000	3 475 000	6 488 000	9,7 %
ALGÉRIE	846 000	1 207 000	2 053 000	3,1 %
MAROC	802 000	964 000	1 766 000	2,6 %
TUNISIE	303 000	384 000	687 000	1 %
AUTRES PAYS D'AFRIQUE	1 062 000	920 000	1 982 000	3 %
ASIE	987 000	744 000	1 731 000	2,6 %
TURQUIE	251 000	312 000	563 000	0,8 %
CAMBODGE, LAOS, VIETNAM	159 000	153 000	312 000	0,5 %
CHINE	113 000	37 000	150 000	0,2 %
AUTRES PAYS D'ASIE	464 000	242 000	706 000	1,1 %
AMÉRIQUE, OCÉANIE	364 000	300 000	664 000	1 %
ENSEMBLE	6 598 000	7 649 000	14 247 000	21,4 %

Champ : France entière hors Mayotte • Source : INSEE • Lecture : En 2019, 5,3 millions de personnes étaient originaires d'Europe, soit 8 % de la population, dont 2,2 millions d'immigrés et 3,1 millions de personnes nées en France d'au moins un parent immigré.

ÉVOLUTION DE LA **PROPORTION DE JEUNES DE MOINS DE 18 ANS D'ORIGINE ÉTRANGÈRE** SUR DEUX GÉNÉRATIONS **DANS LES COMMUNES D'ÎLE-DE-FRANCE** D'AU MOINS 25000 HABITANTS OÙ CETTE PROPORTION DÉPASSAIT 65 % EN 2017

	1968	1975	1982	1990	1999	2006	2011	2017 EN %
LA COURNEUVE	21,6	34,5	37,9	54,8	64,7	74,6	77,4	80,1
CLICHY-SOUS-BOIS	21,9	30,4	42	60,7	68,9	79,7	80,6	78,1
AUBERVILLIERS	23,5	35,3	42,4	53,4	63,3	74	77,6	78
PIERREFITTE-SUR-SEINE	11,8	30,4	34,2	47	63,8	71	72,5	77,3
GRIGNY	23,1	19,3	31,7	48,9	55,6	69,3	72,7	74,5
GARGES-LÈS-GONESSE	30,1	38,7	45,8	51,4	65,7	72,2	72,1	74,4
VILLIERS-LE-BEL	21	22,2	36,5	44	58,4	67,6	67,5	74,3
SAINT-DENIS	28,3	37,1	44,8	52,4	60,7	70,4	72,2	72,4
BOBIGNY	17,4	29	36,9	45,8	58,9	68,9	72,1	71,9
LE BLANC-MESNIL	19,6	26,2	32,2	39	44,6	57,9	65,8	70,9
VILLENEUVE-SAINT-GEORGES	9,1	15,8	22,3	31,1	45,5	59,4	62,3	69,8
ÉPINAY-SUR-SEINE	11,9	22	33,5	46,2	56	67	67,3	69,7
SARCELLES	19,5	25,4	39,6	52,3	61,5	67	67,4	69,5
GOUSSAINVILLE	14,4	28,6	34,9	42,5	50,2	60,1	65,8	69
SEVRAN	18,6	30,2	30,5	40,2	49,9	62,2	66,2	69
BONDY	16,1	22,2	32,4	41,5	53,6	62,8	67,8	68,5
NOISY-LE-SEC	15,7	24,1	30,7	35,6	46,2	54,1	61,5	65,4
MANTES-LA-JOLIE	9,8	31,7	46,6	61,4	65	64,6	63,9	65,2
AULNAY-SOUS-BOIS	16,3	28,1	39	49,6	55,4	57,7	62,3	65
LES MUREAUX	17,8	29,2	45	52,8	58,4	62,3	64,4	65
STAINS	21,4	24,2	32,4	46,2	58,2	65,9	70,5	65

Source : données élaborées par Bernard Aubry à partir des fichiers détail des EAR mis en ligne par l'INSEE.

parents ont montré l'utilité de disposer de telles données pour décrire des concentrations locales. Le tableau ci-dessus représente ainsi l'évolution de la proportion de jeunes de moins de 18 ans d'origine étrangère dans les communes de l'Île-de-France d'au moins 20 000 habitants où cette proportion dépassait 60 % en 2011.

Dernier point d'amélioration : l'INSEE devrait toujours présenter ses données sur trois champs géographiques – France métropolitaine, France entière, France entière hors Mayotte – afin d'éviter aux utilisateurs des bricolages supplémentaires.◆

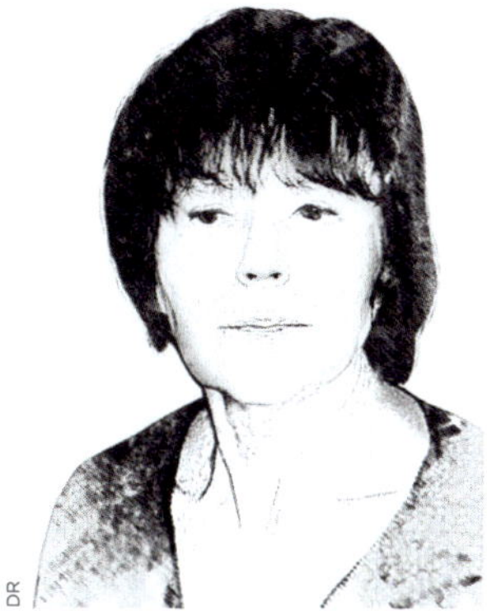

Michèle Tribalat
Démographe, elle a travaillé jusqu'en 2015 à l'Institut national d'études démographiques (INED) sur l'immigration étrangère et l'assimilation. C'est à elle que l'on doit notamment la définition de la catégorie « immigré » et le recours à la filiation pour l'étude par génération de la population d'origine étrangère, désormais d'usage courant dans les statistiques officielles. On peut la lire régulièrement sur son blog tribalatmichele.fr. Son dernier ouvrage : *Statistiques ethniques, une querelle bien française* (éd. L'Artilleur, 2016).

SOCIÉTÉ

VOYAGE AU BOUT DU MALAISE FRANÇAIS

PAR

BARBARA LEFEBVRE

On dit parfois de certaines œuvres qu'elles étaient en avance sur leur temps. Tel est le cas de *Voyage au centre du malaise français* du sociologue Paul Yonnet, qui n'a pas rencontré son public lors de sa sortie en 1993. En le relisant presque trente ans plus tard, Barbara Lefebvre a le sentiment qu'en matière migratoire, il aurait décillé les yeux de bien des politiques et "experts" s'il avait été compris à l'époque, quand il était encore temps.

Voyage au centre du malaise français du sociologue Paul Yonnet est de ces œuvres oubliées à redécouvrir. Publié en 1993 chez Gallimard dans la collection *Le Débat* (du nom de la revue à laquelle l'auteur contribuait régulièrement[1]), ce voyage porte un sous-titre, *L'antiracisme et le roman national*, expliquant probablement pourquoi le livre fut violemment désapprouvé par la doxa intellectuelle parisienne. Ce qui était analysé par Yonnet, les perspectives tracées pour les décennies à venir, mettait directement en cause la responsabilité de ceux qui dominaient la vie politique, médiatique et intellectuelle de ces années 1990. Leur règne durait déjà depuis une décennie et ne commencerait à être contesté qu'au début des années 2000, jusqu'à se réduire aujourd'hui à quelques puissantes niches universitaires et politico-médiatiques. Si l'on compare le débat public actuel à celui des décennies 1980-2000, on peut convenir que la pluralité des opinions s'exprime davantage de nos jours. La taxinomie de l'opprobre (« faire le jeu de », « rappeler les pages sombres de notre histoire récente », « réacs », « populistes », etc.) dont fit usage pendant longtemps le gauchisme culturel (lequel ne saurait être confondu avec la gauche comme matrice politique) persiste, abondamment gonflée par les furieux réseaux sociaux, mais ce chantage intellectuel n'impressionne plus que les peureux ou les carriéristes, soucieux de « ne pas désespérer » ce qu'il reste de Saint-Germain-des-Prés, c'est-à-dire plus grand-chose.

L'IMMIGRÉ, CE NOUVEL **AGENT HISTORIQUE** QUI RÉGÉNÉRERAIT LA SOCIÉTÉ FRANÇAISE.

La gauche morale des années 1980-1990 distribuait avec fermeté les bons et mauvais points, et n'avait qu'un objet de mesure (« l'indice de proximité au fascisme ») et un mètre étalon bien de chez nous : Jean-Marie Le Pen. Être relié au lepénisme – souvent de façon absolument malhonnête intellectuellement – constituait le baiser de la mort. Et si, comme Yonnet, vous veniez de la gauche, l'excommunication de la sainte famille intellectuelle parisienne vous était fatale. C'est ainsi que Laurent Joffrin tua *Voyage au centre du malaise français*, trois semaines avant sa publication, dans un article de janvier 1993 du *Nouvel Observateur* dont il était un des directeurs de rédaction. Intitulé « Quand l'intelligentsia soutient Le Pen », celui qui est aujourd'hui à la tête du groupusculaire mouvement politique *Engageons-nous* rapprochait les propositions radicales du Front national (FN) de l'époque en matière d'immigration avec les analyses de Yonnet. Il était scandalisé que le sociologue démontre le rôle délétère des professionnels de l'antiracisme associatif en plein essor, principalement SOS Racisme (officine à la neutralité relative puisqu'elle était pour ainsi dire une filiale du gouvernement socialiste). Pour Yonnet, ce nouvel antiracisme institutionnalisé avait pour projet sociopolitique la destruction de l'identité française commune, attractive, capable d'intégrer, voire assimiler, les immigrés et leurs descendants comme elle l'avait fait jusque-là. Selon son ami sociologue Jean-Pierre Le Goff, Paul Yonnet était naïf dans la mesure où « il n'avait pas mesuré la force de ces gens-là » qui allaient le lepéniser.

L'ordre moral médiatique reposait alors sur deux piliers : l'humanitaire et l'antiracisme, ce que Yonnet analyse fort bien. La nébuleuse associative produite à partir de la victoire de François Mitterrand en 1981 allait transformer en festivité tout engagement politique, donnant naissance à ceux que Joffrin nomma avec admiration la « génération morale » dans un ouvrage paru en 1987. Ce barnum médiatique s'empara ainsi de « la faim en Afrique » (qui a dû disparaître par miracle puisqu'on ne la chante plus), sans regarder toutefois de trop près la conduite de certains *French doctors* dans les camps de réfugiés d'Afrique, d'Asie

[1] Sous la direction de Pierre Nora et Marcel Gauchet.

ou de Haïti. On faisait la fête en dénonçant le racisme et les inégalités sociales, on mobilisa Coluche, Daniel Balavoine et tout ce que le showbiz comptait de belles âmes pour faire la morale aux 55 millions de Dupont Lajoie qui s'ignoraient. Ceux-ci pouvaient néanmoins s'absoudre, soit en portant un petit badge distinctif pour s'auto-identifier, soit grâce à une nouvelle forme de lettres d'indulgences : des dons déductibles des impôts auprès des nouveaux rentiers de la « discrimination raciale » et de la « misère sociale », reconnus d'utilité publique. En 2021, ces pratiques sont toujours vivaces, de sorte que le racisme et les inégalités sociales se portent bien, merci pour eux !

Que disait Paul Yonnet d'aussi inaudible en 1993 ? Quelles incohérences politiques, quels errements de l'intelligentsia française mettait-il en relief pour réveiller le courroux de la gauche morale ? Quels sombres horizons annonçait-il pour que la doxa exige que soit éteinte la lumière d'une intelligence sociologique ? *Voyage au centre du malaise français* était son deuxième ouvrage, après *Jeux, modes et masses* paru en 1985. Avant cela, il avait publié des articles sur ces objets d'étude de prédilection : le sport, la musique (rock et jazz), la société des loisirs. La méthode sociologique de Yonnet relevait de ce qu'il appelait la « participation observante » : son analyse se fondait sur sa propre expérience, sur ce qu'il avait directement observé. Il était donc logiquement sensible à l'évolution intellectuelle, sociale et politique de sa génération, celle de 1968. À l'instar de ses amis Le Goff et Gauchet, il allait l'analyser avec la précision d'un entomologiste.

Cette génération arrive au pouvoir à partir de 1981, dans le sillage de Mitterrand qui n'appartient en rien à la génération soixante-huitarde mais saura l'utiliser, sinon l'instrumentaliser à son profit[2]. Déçus que le prolétariat ouvrier ne les ait pas suivis, les acteurs politiques et intellectuels de 68 cherchent à cet *agent historique* de la révolution marxiste un remplaçant qui viendrait régénérer la société française. Ils le trouvent dans la figure de l'immigré, qui a l'avantage dans les années 1990 de coller à celle de l'ancien colonisé du Maghreb puis de l'Afrique subsaharienne. Cette substitution ouvrier/immigré se cristallise avec la gauche au pouvoir. Si la régénération française passe par l'immigré et ses enfants (qui doivent être maintenus dans un statut d'*enfants d'immigrés* pour que la mécanique fonctionne), il faut donc remettre en cause radicalement les récits que la société française a élaborés au fil du temps afin de se donner une identité commune dont chacun se sente suffisamment honoré pour avoir envie de la transmettre.

C'est ici que Paul Yonnet établit clairement cette nécessaire nuance entre antiracisme et néoantiracisme, qu'un Joffrin ne peut pas mesurer à l'époque. Il ne s'agit pas de nier l'utilité de combattre le racisme, mais de voir comment cette lutte antiraciste des années 1980-1990, incarnée par SOS Racisme, s'insère dans un projet sociétal de destruction d'un récit identitaire commun. Pour Yonnet, le néoantiracisme n'aspire pas à « gérer la diversité humaine » en réduisant les préjugés qui font le lit des actes racistes, ni à lutter efficacement contre les discriminations ethnoraciales, mais à réaliser « la promesse d'une harmonie panraciale et multiculturelle à la française ». Pour cela, il faut se débarrasser du « principe de l'assimilation républicaine qui avait doté la France d'une remarquable mécanique d'absorption des étrangers qu'elle voulait inclure et qui souhaitaient s'inclure, mécanique non sans reproches ni ratés sans doute, mais qui avait mis le pays à l'abri des déchirures et des autarcies communautaires à l'américaine ».

«

IL NE S'AGIT PAS DE NIER L'UTILITÉ DE COMBATTRE LE RACISME, MAIS DE VOIR COMMENT CETTE LUTTE ANTIRACISTE DES ANNÉES 1980-1990, INCARNÉE PAR SOS RACISME, S'INSÈRE DANS UN PROJET SOCIÉTAL DE DESTRUCTION D'UN RÉCIT IDENTITAIRE COMMUN.

»

[2] En 2003, Yonnet a publié un portrait psychopolitique de Mitterrand visant à sa démythification (*Mitterrand le phénix*, éd. de Fallois).

Dans ces années 1990, Yonnet perçoit avec justesse qu'en rejoignant ces organisations qui ont fait du racisme leur rente financière, politique et morale, les « antiracistes sincères » vont se trouver piégés, contribuant à produire ce contre quoi ils pensent lutter : le racialisme. L'auteur de *Voyage au centre du malaise français* montre comment ces associations ont « rendu légaux les concepts d'appartenance raciale ou ethnique » et ainsi réintroduit comme fondamental le concept de race que l'antiracisme d'hier (celui de l'abolitionnisme et de l'anticolonialisme, contre l'antisémitisme, contre l'apartheid) avait voulu rendre caduque. Les néoantiracistes ne veulent pas d'une société indifférente à la dissemblance raciale, à la différence religieuse, à l'orientation sexuelle, ils aspirent à une société de consentement à l'autoségrégation.

Bien avant les analyses de politologues actuels, Yonnet souligne combien l'affirmation du « droit à la différence comme philosophie indépassable de la pratique sociale est le fruit d'une double décomposition parallèle, celle de l'espérantisme prolétaro-marxiste et celle de la catholicité française ». Il critique « l'adhésion au principe des droits de l'homme » comme seul élément de définition de l'identité française, car cet unique principe justifierait la dissolution du fait national au nom d'une identité supérieure abstraite : le citoyen-monde vivant dans un pays transformé en « mosaïque panethnique ».

Avec trente ans d'avance, Yonnet analyse les contours de notre époque en démontrant que « l'antiracisme n'est pas moins identitariste que le nationalisme » puisque les « identités de remplacement » des différents groupes ethniques cohabitant en France ne sont rien d'autre qu'un discours identitaire mimétique du discours identitaire nationaliste. Et Yonnet de poser la question plus que jamais d'actualité : « Comment l'antiracisme est-il devenu le champ fertile d'épanouissement des identitarismes ? ».

Nous observons aujourd'hui la conception racialiste de la nation de nos boutiquiers antiracistes qui, sur le modèle américain, passent leur temps à classer les individus en fonction de leur couleur de peau, leur religion, leur origine ethnique, au prétexte que ce classement permettrait de rendre visible des discriminations invisibles ! En classant, on verse promptement dans l'essentialisme. En classant, on nie le métissage ; et comme le soulignera Yonnet plus tard, le slogan « Black-Blanc-Beur » de 1998 est typiquement hérité de la taxinomie raciale américaine qui exclue le métissage. En effet, le métis n'entre pas dans la vision panraciale des rapports sociaux, il échappe à toutes les classifications, sauf à se rattacher lui-même exclusivement à l'un de ses héritages culturels ou phénotypiques. Or, pour Yonnet, la nation – et la France plus que toutes les autres – est un creuset dans lequel se mélangent des civilisations, des cultures, des origines pour produire un ensemble unique. La nation est l'exact opposé de l'identitarisme racial et il évoquait d'ailleurs l'antisémitisme de Céline pour éclairer cette idée. Pour l'auteur de *Bagatelle pour un massacre*, les juifs sont « hystériquement nationalistes et pas assez racialistes », c'est pourquoi Céline admire Hitler qui, selon lui, remettra de l'ordre dans les races désorganisées sous l'effet du métissage juif (Hitler accusait les juifs d'avoir « importé le sang nègre en Europe »). Céline ne perçoit pas le pangermanisme derrière le racialisme nazi, à la différence de Bernanos qui quitte l'Europe car il a compris que le nazisme et les fascismes signifient « la guerre d'assaut des races contre les nations ». Nous en sommes encore aujourd'hui à expliquer que seule la nation, dans son unité souveraine, demeure le cadre politique et socioculturel qui protège un peuple

« LES NÉOANTIRACISTES NE VEULENT PAS D'UNE SOCIÉTÉ INDIFFÉRENTE À LA DISSEMBLANCE RACIALE, À LA DIFFÉRENCE RELIGIEUSE, À L'ORIENTATION SEXUELLE, ILS ASPIRENT À UNE SOCIÉTÉ DE CONSENTEMENT À L'AUTOSÉGRÉGATION. »

des fractures identitaires, des guerres civiles. Quand la nation se délite sous l'effet d'un État velléitaire inféodé à des puissances financières et une autorité supranationale, le peuple est renvoyé à la conflictualité de ses différences et ses exclusivismes particuliers.

DE L'OFFRE DE TRAVAIL À **L'OFFRE DE DROIT**

Cette évolution de l'antiracisme vers le néoantiracisme est étroitement liée aux nouvelles modalités de l'immigration d'après les Trente Glorieuses. La généralisation du principe de regroupement familial, transformant l'immigration de travail en immigration de peuplement, a modifié « l'axe organisateur de l'immigration d'une offre de travail en offre de droits », écrit Paul Yonnet. À partir des années 1990, l'immigration extra-européenne commence à prendre le pas sur l'immigration européenne, et le discours ambiant, encouragé par l'élargissement européen et l'avènement de l'Union européenne, va être désormais marqué par le lien entre antiracisme et immigrationnisme. Ne pas être raciste c'est être pour l'immigration. Critiquer les politiques d'immigration (flux, politiques publiques d'intégration, gestion des sans-papiers, contrôle du droit d'asile) revient à exprimer une opinion raciste. On ne compte plus, depuis trente ans, les intellectuels ou journalistes venus de la gauche qui ont été excommuniés pour avoir souligné les ratés de l'intégration et l'instrumentalisation de l'antiracisme pour justifier l'absence de volonté d'une réduction des flux migratoires. Au cours des décennies 1980-1990, la stratégie mitterrandienne de mise en valeur de la figure diabolique du FN produira ses effets. Les propositions sur l'immigration excessives et irréalistes de Le Pen, entourées d'effluves antisémites récurrents, rendent impossibles le débat rationnel et rigoureux sur l'immigration, ce qui arrange toute la classe politique, chacun tenant la posture idéologique afférente à son camp. D'ailleurs le président Jacques Chirac ne se risquera jamais véritablement sur ce terrain, quant à son successeur Nicolas Sarkozy, il en parlera beaucoup pour se faire élire, mais n'en fera rien une fois élu, sinon pour inventer un ministère Moulin à vent (de l'Identité nationale) qui produira un débat national sans queue ni tête.

Doit-on s'étonner que les années 1990-2000 du néoantiracisme triomphant soient aussi celles du retour de l'antisémitisme en actes ? Paul Yonnet souligne, dès 1993, combien l'instrumentalisation de l'histoire de Vichy et de l'extermination des juifs d'Europe a servi à justifier le projet de destruction du *roman national*. Sous couvert de la moraline du *devoir de mémoire* (qui lui aussi a ses rentiers institutionnels), l'histoire des Français juifs se voit réécrite pour les transformer en étrangers chez eux. À l'instar des travaux du sociologue Shmuel Trigano, Yonnet parle à juste titre d'une volonté « d'externaliser les juifs de la nation française » en les affublant du « statut imaginaire d'immigrés ». Les juifs sont ainsi exclus du roman national pour les bienfaits de la cause antiraciste, qui leur enjoint de ne plus se définir comme des Français comme les autres, au motif que la France de Vichy en a fait des sous-citoyens et a participé au génocide. Il leur faut encore un régime d'exception ! Yonnet revient longuement dans son ouvrage sur le rôle de Bernard-Henri Lévy et son *Idéologie française* (éd. Grasset, 1981) dans ce mouvement d'extraction des juifs de France de leur histoire nationale[3]. Concomitamment et de façon logique, depuis les années 1990, la Shoah s'est vue dépolitisée et décontextualisée pour servir à toutes les manipulations idéologiques et partisanes. La moindre idée dérogeant aux règles de la doxa antiraciste se voit comparer aux lois de Nuremberg ou à la déportation vers Birkenau ; nos défenseurs de la cause des sans-papiers sont ainsi coutumiers de l'indigne comparaison entre déportation et expulsion administrative, sans oublier nos palestinophiles béats qui parlent de Gaza comme d'un camp de concentration à ciel ouvert. La déculturation historique de masse aidant, on se mit dans ces années 1990 à juger l'Histoire sans la connaître, sans vouloir en explorer les complexités. L'anachronisme est la condition même de l'existence de la pensée postmoderne acquise au présentisme. D'où la cascade de lois mémorielles dans les années 1990-2000. « Les heures sombres de notre histoire » planaient au-dessus de toutes les têtes, sauf au-dessus de celles des antisémites qui, à partir des années 2000, se mirent à attaquer, menacer, assassiner des juifs à Paris, à Bagneux, à Toulouse, à Créteil, à Marseille… Mais ces Français juifs-là et ces antisémites-là n'intéressent pas les néoantiracistes, aucun des deux n'entre dans leur référentiel. Le juif victime ne vote plus à gauche depuis quelque temps et a le tort de soutenir Israël (objet de désinformation massive en France dans la décennie 1990-2000), l'antisémite est un enfant de colonisé qui se revendique de l'islam, religion des opprimés, pour justifier ses actes. On est à front renversé, le néoantiraciste en perd son latin ; Houria Bouteldja l'aidera à retrouver sa boussole avec son essai *Les Blancs, les juifs et nous* (éd. La Fabrique, 2016) !

LE ROMAN **NÉOANTIRACISTE**

Le *roman national* qui unit, quitte à simplifier, fut donc abandonné prioritairement dans l'espace public fondateur de la citoyenneté : l'école. On tenta, au milieu des années 1990, de construire des programmes d'histoire du secondaire en déployant le *roman européen*, mais la greffe n'a jamais pris. Progressivement, par petites touches et dans l'indifférence générale, nous voyons advenir le *roman national des minorités*, fait

« NOS DÉFENSEURS DE LA CAUSE DES SANS-PAPIERS SONT COUTUMIERS DE L'INDIGNE COMPARAISON ENTRE DÉPORTATION ET EXPULSION ADMINISTRATIVE. »

[3] Sur ce livre et son auteur, on lira utilement l'article ravageur de Pierre Nora *Un idéologue bien de chez nous* dans la revue *Le Débat*, 1981/6, n°13.

de multiples souffrances, de vains combats, de revendications amères, de repentance mémorielle. Ce nouveau récit collectif catégorise souvent les acteurs historiques de façon binaire, divise et polarise, exalte les minorités de tous types et conspue les majorités. Il invente un nouveau panthéon institutionnel qui reflète la doxa du moment, celle que l'on retrouve dans l'ouvrage collectif dirigé par le médiéviste Patrick Boucheron, dont la position académique de professeur au Collège de France en dit long sur l'influence idéologique[4]. Le Français devient une ethnie parmi d'autres au sein d'un pays qui n'a plus de nation que le nom, c'est le paradoxal retour du « Gaulois » mais sans l'héroïsme ou l'esprit de résistance inventé par les idéologues assimilateurs de la troisième République. Paul Yonnet avait identifié ce processus dès 1993, au lendemain du référendum sur Maastricht : « Une France qui a détruit son roman national entre dans une Europe qui n'est pas près d'en avoir un, autonome. » Il voyait dans cette friche historico-mémorielle un espace de développement pour « l'identité culturelle » qui viendrait remplacer le roman national. Selon le sociologue, « moins il y aura de nations, plus il y aura recours à l'identité française, une identité mode de vie, ethnographique, sacralisée en même temps que muséographiée ». Il avait raison de prédire que l'intégration européenne, par la dissolution définitive de souveraineté qu'elle induirait, ne ferait qu'accentuer « cette dichotomie entre nation politique et identité-mode de vie ».

Voyage au centre du malaise français mérite d'être lu (ou relu) afin de mesurer d'une part le douloureux chemin parcouru et, d'autre part, qu'il y eut des intellectuels pour tenter de nous dissuader de l'emprunter. Hélas, l'ouvrage n'est plus disponible, pas même sur des sites de vente en ligne où, symbole de sa rareté, on peut en trouver un exemplaire d'occasion à plus de 100 euros ! Une reparution nous semble indispensable, ne serait-ce que pour montrer aux jeunes intellectuels combien certains ouvrages éclairent avant l'heure des réalités que voilaient le déni et le confort bien-pensant de leur époque. Cet ouvrage aurait pu constituer en 1993 un petit tremblement de terre intellectuel, mais le poids du milieu parisien s'exerça pour tuer ce livre et dénigrer son auteur. Soutenu par les intellectuels Pierre Nora, Marcel Gauchet, Éric Conan et son ami de toujours Jean-Pierre Le Goff, Paul Yonnet revint à ses sujets de prédilection, le sport et la musique, qui illustraient son attrait et sa sensibilité envers la culture populaire. À sa mort, en 2011, une large part des observations « prédictives » qu'il avait faites au début des années 1990 faisait enfin consensus chez ceux qui, sans verser dans une nostalgie réactionnaire, estiment qu'il reste quelque chose à sauver de la nation française avant qu'elle ne soit définitivement engloutie dans le marécage maastrichtien et les sables mouvants racialistes. ◆

[4] *Histoire mondiale de la France* (éd. Seuil, 2017) en collaboration avec Nicolas Delalande, Florian Mazel, Yann Potin et Pierre Singaravelou.

Barbara Lefebvre
Diplômée de l'université Panthéon-Sorbonne (Paris) et ancienne professeure d'histoire-géographie dans le secondaire, elle est l'une des lanceuses d'alerte ayant signé en 2002 l'ouvrage collectif *Les Territoires perdus de la République* (éd. Mille et une nuits), sur la progression de l'islamisme dans les quartiers populaires. Chroniqueuse sur LCI et RMC, elle a publié de nombreux essais, dont le dernier, *C'est ça la France. Qu'a-t-on fait pour mériter cela ?* a paru chez Albin Michel en 2019.

JUSTICE

JURISPRUDENCE

DU DROIT *DE* L'IMMIGRATION AU DROIT *À* L'IMMIGRATION

PAR

PHILIPPE PRIGENT

S'il existe un droit *de* l'immigration, que les tribunaux sont chargés d'interpréter, l'intervention continue du juge administratif depuis une trentaine d'années a abouti à la création d'un droit *à* l'immigration. Un phénomène à rebours de la volonté du Parlement français souverain, et qui s'explique moins par les textes internationaux que par les décisions judiciaires du Conseil d'État.

En cette période de pandémie, alors qu'on le voit justifier tant de mesures liberticides, on peut légitimement se demander si le droit à l'immigration est conçu par ses promoteurs comme devant primer sur celui de la santé, de l'économie et de la protection des libertés publiques. Par une ordonnance du 21 janvier dernier, le Conseil d'État vient de répondre résolument oui à cette question. En effet, il a suspendu l'application d'un décret qui interrompait la délivrance des visas de regroupement familial. Le principal danger qu'entendait prévenir ce texte était l'apparition de nouveaux variants plus dangereux que le virus initial, potentiellement portés par les demandeurs de visa.

Peu importe ce danger, estime donc le Conseil d'État, pour qui le droit au regroupement familial prime sur (1) la santé des Français, (2) leurs libertés publiques (un virus variant étant de nature à justifier de nouvelles assignations à résidence) et (3) l'économie nationale (les nouvelles restrictions sanitaires aggravant la récession).

Cette décision récente illustre tout à la fois la puissance exceptionnelle de la juridiction administrative suprême en matière de droit de l'immigration et son attachement farouche au droit des étrangers à s'installer en France. Selon les magistrats du Palais-Royal, la liberté d'aller et venir (confinement ou couvre-feu), la liberté d'entreprendre (fermeture de nombreux commerces dont les librairies) et la liberté de culte, entre autres, peuvent être sacrifiés face à l'impératif sanitaire, mais pas le droit d'immigrer.

On a coutume de dire que les droits européens (droits de la Cour de justice de l'Union européenne et droits de la Cour européenne dite des droits de l'homme) contraignent la France, malgré ses lois et ses règlements internes, à accueillir de très nombreux immigrés au motif que les juges seraient enclins à préférer le droit international. Cette affirmation est fondée mais elle est aussi trompeuse. Fondée, car le juge administratif invoque de plus en plus les textes internationaux pour écarter le droit français. Trompeuse, car il n'a pas attendu le droit international pour favoriser l'immigration massive par de nombreux choix purement internes. Voilà le dernier avatar d'une longue évolution qui fait apparaître toute la finesse juridique des juges du Palais-Royal.

POLITIQUE DU **FAIT ACCOMPLI**

Commençons par une question apparemment technique mais révélatrice : la prime au fait accompli, au détriment de la légalité.

La régularisation est un mécanisme procédural permettant de rendre conforme à la loi une situation initialement illégale. Cette faveur n'a rien d'automatique et dans la plupart des cas, le juge administratif refuse la régularisation. Par exemple, le justiciable qui demande la condamnation d'une personne publique à lui payer une certaine somme d'argent doit avoir au préalable tenté d'obtenir ce paiement par voie amiable. Faute d'avoir procédé à cette formalité, il perdra son procès *au fond*, même si la personne publique lui doit bel et bien la somme demandée.

Le Conseil d'État adopte néanmoins une vision bien plus créative et généreuse en matière migratoire. Dans l'avis n° 359622 rendu le 22 août 1996, il a illustré ainsi son raisonnement : « Il ne peut exister un *droit à la régularisation*, expression contradictoire en elle-même ; la régularisation, par définition, est accordée dans l'hypothèse où le demandeur d'un titre de séjour ne bénéficie pas d'un droit, sinon il suffirait qu'il le fasse valoir [...]. Il est d'autant plus utile que le gouvernement exerce, dans les situations où ce droit est en cause, l'examen individuel qui lui incombe de toute façon que les mesures de régularisation éventuelles cessent alors de relever de l'opportunité pour se situer sur le terrain de la légalité. »

Ainsi, à en croire cet avis, le droit à régularisation ne pouvait pas exister. Et en même temps, force était de constater qu'il s'appliquait dans de nombreuses situations pour contraindre l'autorité administrative à accorder un titre de séjour à une personne qui résidait illégalement en France au nom du fait accompli. Le Conseil d'État a ainsi expressément jugé que l'illégalité de l'entrée sur le territoire n'empêchait pas un immigré illégal de se prévaloir de sa présence de fait (décision du 16 octobre 1998 n° 147141). Indépendamment même du droit de fond, la prime à la méconnaissance de la loi est particulièrement efficace pour favoriser l'installation durable des étrangers en France.

Une prime d'autant plus efficace que les immigrés illégaux connaissant peu ou prou cette règle savent donc que l'illégalité de l'entrée sur le territoire est en substance indifférente. Or, une règle de droit n'existe réellement que si elle est assortie d'une sanction en cas de méconnaissance.

DROIT À **L'IMMIGRATION**

Avant même d'instaurer, dans le célébrissime arrêt Nicolo du 20 octobre 1989, la primauté du droit international sur la loi française, le Conseil d'État avait inventé en 1982 un « droit pour les étrangers de demander à accéder au séjour et au travail » (décision du 24 février 1982 n° 25289). Là où il n'y avait qu'une *faculté*, cet arrêt a créé un *droit* pour les non-nationaux de s'installer en France. Cet arrêt démontre un véritable pouvoir d'invention du juge administratif car il ne repose sur rien : la haute juridiction a affirmé l'existence d'un droit sans se fonder sur aucun texte. Normalement, seul le Parlement souverain devrait avoir la capacité de le créer par la loi. Mais l'originalité est que les magistrats l'ont inventé *ex nihilo*. Dès 1978, le Conseil d'État avait contraint le gouvernement à maintenir le regroupement familial, affirmant dans l'arrêt GISTI (Groupe d'information et de soutien des immigrés) qui avait déposé un recours qu'« il résulte des principes généraux du droit et, notamment du préambule de la Constitution du 27 octobre 1946 [quatrième République] auquel se réfère la Constitution du 4 octobre 1958, que les étrangers résidant régulièrement en France ont, comme les nationaux, le droit de mener une vie familiale normale ». Si Valéry Giscard d'Estaing avait bien instauré le regroupement familial en 1974, il avait rapidement tenté de le supprimer, sans succès en raison de l'attachement du juge administratif suprême à sa découverte.

> « AINSI, LE REGROUPEMENT FAMILIAL AU SENS LARGE EST DEVENU LA PRINCIPALE VOIE D'IMMIGRATION. »

Le Conseil constitutionnel, dont le secrétariat est assuré, il faut le savoir, par des membres du Conseil d'État, a à son tour inventé une confirmation de l'arrêt GISTI. Le 13 août 1993, il a jugé qu'en vertu du préambule de la Constitution de la quatrième République, les étrangers installés de façon stable et régulière en France pouvaient faire venir leurs conjoints et enfants mineurs auprès d'eux indépendamment de l'avis du législateur et du gouvernement.

Ainsi, le regroupement familial au sens large est devenu la principale voie d'immigration légale, grâce notamment à une décision s'appuyant sur la partie quasi irréformable de la Constitution, ce qui interdit au Parlement souverain, et par conséquent aux citoyens, de modifier l'essentiel de la politique migratoire.

Et ce indépendamment de l'utilisation judiciaire des traités internationaux.

UN DROIT TRÈS FORT ET **TRÈS MOU**

Si aujourd'hui le Conseil d'État s'appuie fréquemment sur la Cour européenne des droits de l'homme et sur la jurisprudence de la Cour du même nom, le nouvel habillage n'efface pas les choix plus anciens. Au contraire, il prive encore davantage le peuple français de la liberté de choisir, via ses élus, l'immigration qu'il souhaite. En refusant d'appliquer toute loi qu'il considérerait comme contraire à son interprétation juridictionnelle de notions aussi vagues et peu rigoureuses que le « droit à mener une vie familiale normale ou l'intérêt supérieur de l'enfant » (décision du 12 avril 1992 n° 120573), le Conseil d'État vide la loi de sa substance. Peu importent les règles établies par le législateur puisque, fondamentalement, la loi reste subsidiaire par rapport aux traités, datant pour certains des années 1950-1960, et à l'interprétation que le juge suprême administratif en fait.
L'avantage des textes internationaux par rapport à l'invention *ex nihilo* de principe constitutionnel est de couvrir le maximum de cas pour les rattacher à l'existence ainsi instituée de ce droit à l'immigration. Le Conseil constitutionnel

« EN PRATIQUE DONC, LES JUGES ADMINISTRATIFS DÉCIDENT DU DROIT D'UN ÉTRANGER À RESTER EN FRANCE SANS DISPOSER D'UNE GRILLE D'APPRÉCIATION RIGOUREUSE ET DÉPASSIONNÉE. »

juge en effet de la conformité d'une loi par rapport au principe constitutionnel tel qu'il l'a imaginé et donc en reste à la généralité. La loi est conforme ou pas au principe imaginé, mais une fois validée, elle s'applique.
Le recours aux traités internationaux permet de contourner la difficulté d'une loi restrictive validée par le Conseil constitutionnel. Ainsi, dans chaque affaire, le juge administratif examine s'il applique la loi ou si le traité permet de l'écarter au profit d'une solution adaptée au cas spécifique. Peu importe que la loi ait été jugée conforme à la Constitution, le magistrat pourra toujours s'en abstraire en affirmant que le cas particulier dont il est saisi justifie d'ignorer la loi (décision du Conseil d'État du 31 mai 2016 n° 396848).

LÂCHER **LES RÊNES**

Le rôle d'une juridiction comme le Conseil d'État n'est pas de rejuger tous les litiges, sans quoi elle ferait doublon avec les cours d'appel, mais de vérifier et préciser l'utilisation des *règles de droit*, (comme le fait la Cour de cassation en matière judiciaire). C'est pourquoi le juge suprême, lorsqu'il est saisi, va interpréter ce qu'il qualifie de règle de droit (les questions qu'on pourra lui soumettre) en laissant à chaque cour d'appel les éléments de *fait* qui relèvent de son appréciation souveraine (les questions qu'on ne pourra pas soumettre au juge de cassation). Cet aspect apparemment technique est en réalité crucial car ce que la juridiction supérieure laisse décider par les juridictions inférieures est incontestable en pratique.
Ainsi, pour déterminer si un refus de titre de séjour opposé à un étranger est légal, le Conseil d'État impose généralement aux cours administratives d'appel de rechercher si l'administration a commis ce que l'on appelle une erreur manifeste d'appréciation, c'est-à-dire une faute grossière dans l'examen de la situation. Pour être clair, le juge inférieur est non seulement chargé de contrôler la régularité formelle de la décision mais se substitue à l'autorité administrative dans l'appréciation des faits. Or, le juge de cassation qu'est le Conseil d'État ne contrôle pas l'appréciation des juridictions inférieures. En

pratique donc, les juges administratifs décident du droit d'un étranger à rester en France sans disposer d'une grille d'appréciation rigoureuse et dépassionnée. Le juge suprême a ainsi laissé prospérer la subjectivité, qui peut difficilement être reprochée aux magistrats administratifs. Car comment définir de façon objective et non partisane la prise en considération primordiale mais pas exclusive de *l'intérêt de l'enfant ou la définition d'une vie familiale normale* ? On peut déterminer à froid si un contrat porte sur l'exécution d'un service public, si un ouvrage public est correctement entretenu, si une mesure de police est requise pour maintenir l'ordre public ou si une déclaration de l'autorité administrative influence significativement la situation des administrés. Une notion comme le respect de la vie familiale est en revanche un appel à la subjectivité des magistrats. En apparence, le Conseil d'État laisse les juges inférieurs décider, en réalité, il connaît le sens général de leurs décisions au vu des opinions de ce corps et donc, la tendance des décisions. Force est de constater qu'en abandonnant pour l'essentiel le contrôle des arrêts rendus par les cours d'appel, le Conseil d'État a favorisé l'instauration d'une jurisprudence qui conforte résolument le droit à l'immigration, mais également laissé s'installer une pression qui s'exerce sur des administrations soucieuses d'éviter la censure de leurs décisions.

« SEIGNEUR, DÉLIVREZ-NOUS DE **L'ÉQUITÉ DES PARLEMENTS** ! »

Cet appel à un miracle était si fréquent qu'il était rentré dans le langage commun au sujet des parlements, ces juridictions de l'Ancien Régime qui s'évertuaient à écarter le droit et notamment les ordonnances royales au nom de l'équité. À l'application dépassionnée de la loi comme une forme d'exercice logique, les juridictions d'ancien droit préféraient l'équité, qui présentait l'avantage d'ouvrir le champ le plus large à l'appréciation judiciaire subjective. Comme cette notion est indéfinissable depuis que le droit existe, elle permet au juge d'écarter à sa guise la volonté du législateur. La jurisprudence relative au droit des étrangers renoue avec cette tradition ancienne, hier l'équité, aujourd'hui une vision très évolutive des droits de l'homme. Cette évolution jurisprudentielle du Conseil d'État naviguant entre la création d'un droit *ex nihilo*, l'utilisation opportune des textes internationaux et la latitude laissée aux juridictions inférieures a abouti à la création d'un « droit à l'immigration ». Contre l'avis du peuple français, si l'on en croit les expressions législatives battues en brèche, et les études d'opinion qui démontrent qu'ils y sont massivement opposés.
En matière d'immigration, le peuple ressemble aux monarques de l'ancienne France, tout-puissants en théorie mais en réalité soumis aux croyances collectives des corps chargés d'appliquer la loi qu'ils édictaient.◆

DR

Philippe Prigent
Ce normalien, diplômé de Sorbonne Université et de l'Institut d'études politiques de Paris, est avocat au barreau de Paris. À ce brillant cursus s'ajoute le titre envié de lauréat de la Conférence du stage des avocats au Conseil d'État et à la Cour de cassation (promotion 2018-2019). On peut lire régulièrement ses chroniques sur le site *Vu du droit* de Régis de Castelnau.

DÉCOLONISATION

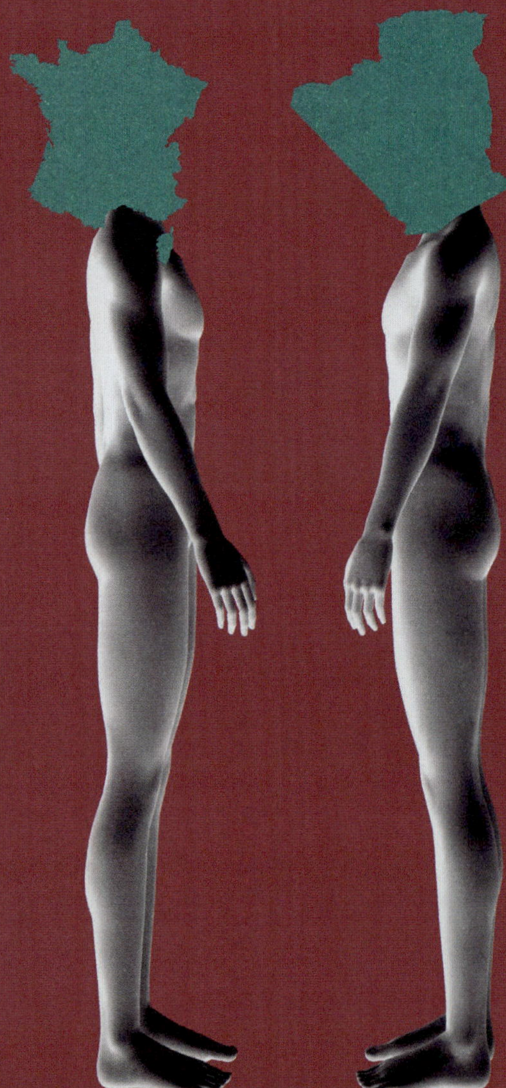

LA GUERRE D'ALGÉRIE EST-ELLE FINIE ?

PAR

BOUALEM SANSAL

Nous avons posé cette question à l'auteur de l'inoubliable *Serment des barbares*[1]. Depuis l'autre rive de la Méditerranée, il nous a envoyé cette réponse « qui n'est pas un texte d'historien, précise-t-il, mais le texte d'un simple observateur, assidu, des relations algéro-françaises et tout particulièrement de cette fameuse guerre d'Algérie qui les empoisonne et continuera à le faire longtemps, tant il semble que ce soit une nécessité stratégique pour les pouvoirs des deux côtés de la Méditerranée d'avoir ce fer au feu ».

Parler de certaines guerres est parfois plus dangereux que de les vivre au front. On échappera peut-être aux bombardements mais pas aux snipers de l'après-guerre. Malheur aux survivants ! La guerre d'Algérie est de ces guerres revanchardes qui se prolongent dans la paix retrouvée et font plus de dégâts à mesure que le temps passe et que les générations montantes, héritant de l'ignorance des parents, perdent pied dans la vie et ne savent trop dans quelle vendetta elles jouent. Ces guerres, *nées d'un rêve héroïque et brutal*, se veulent porteuses d'une vérité suprême et se voient comme la bataille d'Armageddon où s'affronteront le Bien et le Mal lors de la fin du monde. Mais le charme finissant par se rompre, elles se transforment en une religion féroce, et en un rien de temps les voilà dotées d'un livre sacré, d'une liturgie minutieuse, d'exégèses radicales, de grands prêtres calamiteux et d'une police de la Vérité appliquant des méthodes on ne peut plus archaïques pour confondre les hypocrites. Chantées et célébrées jusqu'à l'ivresse, elles deviennent des mythes étouffants pour leurs peuples, une folie politique, et pour les chefs de guerre un formidable fonds de commerce et de prédation.

Si on pose la question de savoir si la guerre d'Algérie est finie, c'est bien qu'elle ne l'est pas. C'est juste, je crois, une façon délicate de venir aux nouvelles avec l'espoir qu'il y a du nouveau sur le front de la paix. Eh bien non. Avec le nouveau président, Abdelmadjid Tebboune, nommé par le chef d'état-major des armées en personne, la guerre d'Algérie, mise en sommeil par le grabataire Bouteflika et par la guerre des clans pour sa succession, a repris de plus belle. Dès sa prise de fonction, le sergent Tebboune a tiré quelques bons scuds sur Paris pour lui rappeler en peu de mots les priorités et les ultimatums de la nouvelle Algérie combattante. Les relais ont fait le reste. Outre la repentance solennelle et la restitution des œuvres d'art volées, ils exigent une indemnisation chiffrée à 100 milliards d'euros, sans les actions en dommages et intérêts que les citoyens engageront à titre individuel contre l'administration française pour les préjudices qu'eux ou leurs ancêtres ont subis durant la colonisation. Après, disent-ils, on pourra parler de paix et de coopération.

PLUS D'UN **COLONISATEUR**

Non, la guerre n'est pas finie, mais le secret-défense jouant, les gens ne savent pas trop à quel niveau de violence elle se situe. Cela dit, leur avis c'est du vent, ils ne savent rien, ils répètent des leçons apprises et les rumeurs semées dans le souk par le vaguemestre. Il faut les libérer avant de les écouter. Combien sont-ils qui savent seulement cette chose toute bête, que c'est la France qui a donné ce nom « Algérie » au territoire conquis par elle sur les Ottomans, et ses frontières, valables encore aujourd'hui ? Il n'empêche, dans les régions rebelles du pays, comme la fière Kabylie, on se souvient parfaitement que le pays, qui a vu passer plus d'un colonisateur, a toujours porté le nom berbère que lui avait donné, il y a longtemps, bien avant l'apparition des premiers envahisseurs, un héros légendaire nommé Mazigh, mot signifiant « homme libre ». Il créa un royaume autour d'Alger et tout modestement le baptisa *Mazghana*, qui signifie « le pays de Mazigh », ou « Mon pays » ou encore « le pays libre ». Avec ces matériaux, les habitants fabriquèrent le mot *Imazighen*, « les hommes libres », pour se désigner eux-mêmes, et *Tamazight*, « la langue des braves », pour nommer leur dialecte. De se savoir libres et unis dans un beau royaume tout neuf, ils conçurent un sentiment de grande fierté mais aussi de honte provoquée par un paradoxe insoutenable que leurs descendants traîneront jusqu'à nos jours : comment vivre dans un pays dominé

[1] Sansal B., *Le Serment des barbares*, éd. Gallimard, 1999

et s'appeler *Imazighen* ? Humilier un peuple vaincu est dangereux, les conquérants le savaient, aussi l'ont-ils affublé de noms peu glorieux pour qu'il en rabaisse et file doux. Ils seront appelés « barbares » par les Romains, « Maghrébins » par les Arabes, « ziri » par les Ottomans, « indigènes » par les Français et, dans l'Algérie des colonels révolutionnaires puis des généraux d'affaires, « Algé-riens », anagramme de « galé-riens ».

Du côté français, l'affaire est aussi étrange. Si l'Algérie fait la guerre à l'avenir pour l'empêcher d'advenir et de pervertir le bon peuple, nationaliste et musulman sincère, estimant meilleur pour lui de vivre dans le passé que l'on sait arranger comme on veut, par acte administratif et incantations coraniques, la France de son côté fait la guerre au passé pour l'empêcher de refaire surface et corrompre le virginal futur. Pour la France de la Marche en avant, le passé n'est que haines et divisions, pesanteurs et blocages, il empêche la société de se déployer sans complexes et d'entrer dans le monde ouvert inclusif qui frappe à la porte, il faut le dénier et balayer ce fatras qui nous vient de l'âge des cavernes, la famille tant patriarcale que matriarcale, le genre, l'écriture à l'ancienne, le terroir, les traditions, et se fondre dans le futur que l'on sait à présent modéliser à sa guise et animer avec de la « com' » innovante. Il serait cohérent que l'Union européenne suive en Marche et abandonne ces noms de pays qui lui viennent de l'Antiquité, et les remplacent par « Pays 1 » pour l'Allemagne, « Pays 2 » pour la France… « Pays 12 » pour la Grèce, « Pays 14 » pour Chypre, etc. C'est certes une superstition du passé, mais le principe de prudence est de tous les temps. Pas de « Pays 13 », il porterait malheur.

Conséquence directe de la guerre d'Algérie : nous avons au sud une guerre du passé contre l'avenir et au nord une guerre de l'avenir contre le passé. C'est la dérive des continents à contre-pied. Pendant que la plaque africaine encorne la plaque européenne et par subduction, l'enfonce dans le magma incandescent, les rives nord et sud s'éloignent l'une de l'autre, la France du futur ne sait rien de l'Algérie du passé et l'Algérie du passé ignore tout de la France du futur. Comment s'entendre ? Réécrire l'histoire de cette guerre pour la pacifier est une gageure. Benjamin Stora et Abdelmadjid Chikhi, mandatés par Macron et Tebboune pour ce faire, auront du mal à seulement voir où se trouvent Paris et Alger sur la nouvelle carte et par où passe la ligne de front. Ce sont d'éminents spécialistes du passé et certainement le sont-ils aussi du futur, mais beaucoup pensent qu'au mieux, il sortira de leur sacerdoce un lapin gris, ou blanc d'un côté et noir de l'autre, mort en tout cas ; le plus probable en ces temps pandémiques étant une aggravation incontrôlée de la guerre, Macron et Tebboune n'étant pas du genre à beaucoup tergiverser quand il s'agit d'imposer leurs vues.

REPENTANCE

D'aucuns croient que la signature d'un traité d'amitié basé sur la reconnaissance des crimes de la colonisation et la repentance de la France, arrêterait la guerre d'Algérie. Ceux-là ignorent que la paix n'est jamais qu'une perspective, une théorie, une chose à inventer, et que seule la victoire totale écrasante clôt la guerre. Où est-elle, cette victoire ? Pas en France qui, en perdant l'Algérie, a perdu la pièce maîtresse de son empire, et la France sans son empire, c'est quoi, une escale touristique, un refuge pépère pour dictateurs déchus. Bien des Français sont désespérés de voir la France éternelle se faire dégager de la cour des grands par des nouveaux venus qui émergent à peine du passé, et pis, se faire tirer comme à la foire par ses ex-sujets. La victoire n'est pas davantage en Algérie, qui a sacrifié ses enfants sans obtenir la liberté rêvée et qui, après avoir dilapidé le trésor laissé par le colonisateur et

« NOUS AVONS AU SUD UNE GUERRE DU PASSÉ CONTRE L'AVENIR ET AU NORD UNE GUERRE DE L'AVENIR CONTRE LE PASSÉ. »

ruiné la sympathie en or que sa lutte contre le colonialisme lui avait valu sur la scène internationale, a fait un bond en arrière d'un siècle ; et voilà que tout est noir sous son ciel blanc, elle est un désespoir pour son peuple, un danger pour ses voisins, une insulte à l'intelligence. À Alger, où siège le gouvernement et où s'entassent 5 millions de personnes étroitement surveillées, on ne sait toujours pas ce que sont la vie et ses commodités. Au fait, qui a dit : « Vous voulez le beurre et l'argent du beurre, vous aurez la guerre et le déshonneur » ? Parce que c'est exactement ce qui arrive à ce pays en guerre perpétuelle contre lui-même et contre le monde, sans oublier la chienne Fafa qu'il faut tout spécialement punir, pendant que ses jeunes font le siège des consulats de France pour obtenir le visa de la liberté, se jettent à la mer pour nourrir les poissons ou se vendent aux djihadistes qui offrent argent et épouses en plus du bonheur de mourir pour Allah, et que ses pauvres cadres font des pieds et des mains pour trouver une filière sûre pour exfiltrer leurs enfants en France, puis se saignent aux quatre veines pour les scolariser à l'abri du malheur. Quelle guerre sait faire autant de mal à tant de gens aussi longtemps ? On aimerait voir le gouvernement d'Alger reconnaître ses crimes et faire repentance. Le fera-t-il un jour ?

Après cette longue introduction, essayons de répondre précisément à la question du jour : la guerre d'Algérie est-elle finie ? Question difficile qui renvoie au droit et à ses obscurités.

« ÉVÉNEMENTS »

Commençons par le début : de quelle guerre parle-t-on ? Officiellement, il n'y en a jamais eu entre la France et l'Algérie. Le 5 juillet 1962, l'Algérie s'est séparée de la mère patrie après des négociations et un référendum qui a donné une majorité écrasante au Oui à l'indépendance. La question du statut de certaines populations est restée pendante à un traitement politico-juridique à venir, qui n'est jamais venu, Paris a abandonné à leur sort harkis et pieds-noirs et Alger les a condamnés, mais sans le dire officiellement pour ne pas se voir opposer une quelconque loi de protection des réfugiés. Juridiquement parlant, il n'y a pas eu de guerre depuis l'intégration en 1848 de cette terre dans

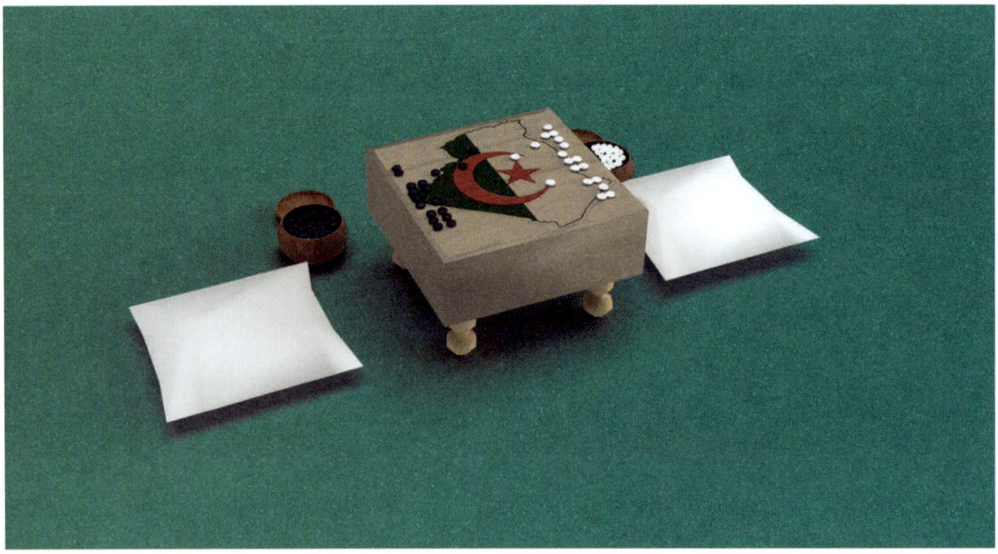

le territoire national français, entre l'Ain et l'Allier. Il y a eu des troubles, des révoltes tribales vite écrasées, des tueries, des attentats, bref des « événements ». On a utilisé tous les noms mais le bon restait introuvable. On ne pouvait non plus parler de guerre civile, les « indigènes » n'étant pas Français, mais des ombres dans le décor. L'armée française qui opérait « chez elle », avec chars, artillerie, aviation, marine, ne faisait pas la guerre mais du « maintien de l'ordre », en appui de la police et de la gendarmerie dépassées par les « événements ». Massu, Trinquier, Aussaresses, Bigeard, Godard, la 10e DP (Division parachutiste) et le célèbre 1er REP (Régiment étranger de parachutistes) ont été dépêchés d'Indochine en Algérie pour faire du social dans les SAS (Sections administratives spécialisées), les camps de regroupement et, entre deux BA (bonnes actions), goûter aux charmes du bled. Les « indigènes » ne pouvaient non plus se dire en guerre, n'étant pas constitués en État, ni en État-nation. N'étant ni Français ni sujets d'un État, bien qu'ils aient créé un gouvernement provisoire à l'étranger, c'est dans la clandestinité qu'ils luttaient pour l'indépendance et cette lutte, ils l'ont appelée « Révolution ». Au regard de la loi, ils n'étaient pas des combattants mais des hors-la-loi, des fellagas, mot inventé par un malin du 2e Bureau qui avait l'avantage de n'être compris de personne à l'international. Derrière ces « événements » s'en déroulaient d'autres entre les frères ennemis FLN (Front de libération nationale) et MNA (Mouvement national algérien) qui se disputaient à mort la direction de la Révolution.

ARMAGEDDON II

C'est seulement par la loi du 18 octobre 1999 que la France a reconnu la guerre d'Algérie, quarante-cinq ans après son déclenchement et trente-sept ans après sa fin mais à cette date, l'Algérie était prise dans une autre guerre, déclenchée en 1991 par les islamistes du FIS (Front islamique du salut) pour abattre la dictature militaire et instaurer un État islamique. À son tour, cette chose qui a fait 200 000 morts n'a pas été reconnue comme une guerre. Après tâtonnements, on lui a trouvé un nom des plus obscurs qui, pour cette raison, a été adopté dans la loi de la Réconciliation nationale : la « Tragédie nationale ». Cette loi qui institue l'amnistie, l'amnésie et l'impunité, interdit l'usage en public des mots *guerre*, *guerre civile*, *islamiste*, *terroriste*, efface les mots *victime*, *responsable*, *crime de guerre*, *génocide*, appelle *égarés* les islamistes repentis et *délinquants* les récalcitrants. Clap de fin. Privés de mots vrais, nous ne savons plus ce qui nous est arrivé et à qui nous plaindre. L'islamisme qui domine la société a été rendu invisible, il n'y a plus en Algérie que des musulmans. On dirait que la France en Marche a adopté la méthode, elle ne parle plus

FP
N°4
PRINTEMPS
2021

de ces choses, elle instruit les attentats islamistes qui continuent de l'endeuiller comme des « actes de déséquilibrés ». La guerre de France n'aura pas lieu, les « événements » resteront des « événements ».
Dans ce flou catégorique se posent des questions précises : à quelles juridictions en appeler pour trancher ? Sur quelles bases ? La seule loi du 18 octobre 1999 ? Est-elle rétroactive ? L'autochtone veut le savoir. Pour lui, la guerre a commencé le 14 juin 1830, mais c'est vrai aussi qu'à ses débuts, elle se faisait contre les Ottomans, maîtres des lieux, ensuite contre des tribus éparses, les unes agissant pour leur compte, les autres ralliées au jeune Abdelkader, adoubé par elles « Émir des croyants ».
Autre question : un pouvoir illégal est-il en droit de parler au nom du peuple qu'il a pris en otage ? On aimerait savoir ce que la loi française en dit. La France a des principes tirés des Lumières, c'est connu, pourquoi alors traite-t-elle avec le gouvernement fantoche d'Alger ? Il représente la junte, dont il ne sait de ses chefs que leurs pseudos. Cette junte est le drame de l'Algérie, elle l'est aussi pour la France et le serait pour le monde si elle disposait de l'arme atomique. Au fait, cette même loi reconnaît-elle à la France le droit de torturer ses colonisés, comme elle l'a fait avec zèle lors de la bataille d'Alger ? Les interpellations ne manquent pas quand on sort de la légalité.
Cela dit, on ne peut pas tout mettre sur le compte de notre guerre d'Algérie, quatre autres guerres s'y sont greffées au fil du temps : la guerre que le pouvoir fait au peuple et qui a ses prolongements en France via les Franco-Algériens ; celle que les islamistes du FIS ont déclarée à la Junte d'Alger et à la France qui la soutient, et se poursuit en France à travers leurs recrues dans les BFL (les banlieues françaises libres) ; la troisième est la « guerre de sécession » que les BFL font à la mère patrie, avec l'ambition de rééditer la grande Séparation du 3 juillet 1962 (NDLR : date de la reconnaissance officielle de l'indépendance de l'Algérie), la quatrième est la guerre que les clans au pouvoir se font à domicile et en France via leurs agents locaux pour l'obliger à faire le bon choix. La cinquième arrive, avec le vaccin et la reprise des grandes manifs de 2019, la mère des batailles, Armageddon II, Hirak contre Junte. Elle sèmera la dévastation dans le monde, 45 millions d'Algériens, diaspora comprise, prêts à mourir pour la liberté face à 100 généraux prêts à provoquer l'apocalypse sur terre pour se maintenir au pouvoir.
C'est l'histoire des vases communicants, ce qui part d'ici apparaît là-bas et vice-versa. Macron est gentil mais son enthousiasme juvénile nous perdra. Il a cru bien faire en sautant au cou du vieux Tebboune, sans voir qu'il ne vaut pas un clou maintenant qu'il a perdu son protecteur, le généralissime Gaïd Salah. L'ardeur du néophyte a encore frappé, comme les autres il s'est pris les doigts dans l'engrenage sans fin des « événements » d'Algérie. Le malheureux a cru que les choses vont comme on veut qu'elles aillent alors que nous allons comme elles veulent que nous allions.
La conclusion générale est qu'à force de tout mal nommer, on en arrive à ne plus savoir de quoi on parle. L'Algérie est une zone d'« événements » depuis la disparition de Mazigh et le restera jusqu'à son retour. ◆

Boualem Sansal
Ingénieur de l'École nationale polytechnique d'Alger et docteur en économie, cet écrivain algérien d'expression française a bâti depuis une vingtaine d'années une œuvre majeure, qui lui a valu de nombreux prix littéraires... mais aussi d'être censuré dans son propre pays. Son actualité est marquée par la publication en octobre dernier d'un roman chez Gallimard : *Abraham ou la cinquième alliance.*

CRISE

2015
L'ANNÉE OÙ TOUT S'EST EMBALLÉ

PAR
MARC-ANTOINE FRÉBUTTE

FP

Il y a six ans, l'Europe était ébranlée par une crise migratoire majeure, notamment provoquée par les conflits en Libye et en Syrie. Croyant que les bons sentiments suffisent à faire une politique, négligeant les inquiétudes des populations autochtones directement touchées, nos dirigeants ont pour la plupart échoué à comprendre la dimension du problème. Or, leur incurie pourrait menacer à terme ce qu'ils prétendent défendre : notre tradition d'accueil et d'asile.

Depuis le début du XXIe siècle, l'une des principales voies permettant de rejoindre illégalement l'Union européenne depuis l'Asie passe par la Turquie, la Grèce, la Bulgarie et enfin les Balkans occidentaux. Longtemps, on a dénombré à peine quelques milliers de clandestins sur cette route chaque année. Seulement en 2015, le compteur a explosé : en douze mois, plus de 900 000 hommes, femmes et enfants ont emprunté cet itinéraire. Selon l'Organisation internationale pour les migrations (OIM), la moitié d'entre eux étaient des réfugiés syriens, 20 % des Afghans, 7 % des Irakiens et les 23 % restants un mélange de migrants et de réfugiés opportunistes, principalement en provenance du Maroc, du Pakistan, du Bangladesh, de la Somalie et même de certains pays des Balkans comme le Kosovo et l'Albanie. L'Europe a été confrontée de manière assez soudaine à cette crise migratoire. Devant l'ampleur du flux, inégalée depuis la Seconde Guerre mondiale, la réaction de l'Europe fut dispersée, parfois contradictoire. La Grèce se déclara débordée, tandis que la chancelière allemande Angela Merkel encouragea les migrants à continuer leur traversée en proclamant : « *Wir schaffen das* » (« Nous y arriverons »). Le résultat ? Presque un million de personnes sont arrivées en Europe en quelques mois, de manière totalement désorganisée, traversant la mer Égée sur des rafiots de fortune avant de parcourir des milliers de kilomètres à pied, en train et en bus à travers le continent. Détournés de la Hongrie (qui a rapidement érigé un mur et augmenté ses effectifs de police aux frontières), les migrants ont été redirigés vers la Croatie et la Slovénie voisines dès la mi-octobre 2015. Leurs destinations privilégiées ? L'Allemagne, mais aussi l'Autriche, la Suède, le Danemark et, dans une moindre mesure, la France. Dans les mois qui ont suivi, les pays de transit ont d'abord cherché à se décharger aussi vite que possible du fardeau. Ils laissèrent ainsi passer tout le monde, en s'abstenant de contrôler l'identité réelle des personnes et leur pays d'origine. Cependant, les autorités comprirent rapidement qu'elles étaient débordées et l'ensemble des membres de l'UE demandèrent qu'on limite l'accès aux seuls ressortissants de Syrie, d'Irak et d'Afghanistan (les réfugiés dits « SIA »). Pour ce faire, des contrôles linguistiques et culturels ont été organisés aux frontières externes de l'UE. De sorte qu'à partir du 18 novembre 2015, les autres migrants n'eurent théoriquement plus que deux options : soit demander l'asile en Grèce, soit retourner dans leur pays d'origine.

900 000 PERSONNES EN DOUZE MOIS

Si ce durcissement des contrôles aux frontières a permis de réduire le nombre d'arrivées, il s'est aussi caractérisé par la plongée dans l'illégalité de tous ceux qui ont continué de vouloir, coûte que coûte, gagner l'Europe de l'Ouest. Une inflation de clandestins qui a engendré de nombreuses répercussions négatives, aussi bien pour les intéressés eux-mêmes que pour les régions de transit. L'exemple de la Serbie a ainsi révélé l'absence d'empathie de l'UE pour ses voisins. Bien que simple zone transitaire et non destinataire, le pays s'est retrouvé seul pour gérer les migrants refoulés à la frontière croate (la Croatie étant, elle, membre de l'Union européenne). Incapables de prévenir les entrées illégales en provenance de Grèce via la Macédoine du Nord et d'assumer

l'accueil, les autorités de Belgrade ont dû se résoudre à ce que leur territoire devienne *de facto* une salle d'attente pour migrants en quête d'Occident.
Cette situation a entraîné une augmentation des violences interethniques entre clandestins, des phénomènes de criminalité de survie et une multiplication des réseaux de passeurs. Sans oublier une forte dégradation des conditions sanitaires pour les réfugiés, à quoi s'ajoute souvent leur désarroi suite à leurs rêves brisés après de longs mois de voyage. En 2015, le désir d'Europe a entraîné beaucoup de désillusions...
En toute logique, cette crise migratoire a provoqué une hausse conséquente des demandes d'asile au niveau européen, passant de 594 180 demandes en 2014 à 1 282 690 en 2015, puis 1 221 185 en 2016, soit plus du double. Pour l'année 2015, le statut de protection a été accordé dans environ 25 % des cas (333 350 demandes acceptées), dont une moitié à des Syriens. En 2016, ce statut a été accordé dans presque 60 % des cas (710 400 bénéficiaires), dont plus de la moitié à des Syriens. Ce taux élevé confirme que la nécessité de protéger les migrants fuyant les violences de l'État islamique et du régime d'Assad était bien réelle, mais il confirme également l'opportunisme de nombreux autres clandestins, voyant dans cette crise une possibilité d'entrer plus facilement en Europe.
À une autre échelle, on peut constater le très haut niveau de tensions induites dans les zones de transit, notamment dans les îles grecques, transformées en camps d'hébergement d'urgence et qui se sont dès lors retrouvées privées de leurs ressources, en particulier le tourisme ou l'agriculture. Ce fut aussi le cas dans les pays des Balkans, obligés d'assumer seuls les orientations de la chancelière allemande (alors que certains réfugiés des conflits des années 1990 en ex-Yougoslavie vivent toujours dans des camps !).
Pour les pays destinataires, l'opinion publique a été partagée quant à la réponse à apporter aux événements : ardeur d'un côté, puisque certaines villes, certaines ONG et certains bénévoles se sont organisés pour faciliter l'arrivée et l'accueil des réfugiés dès leur descente du train, portés par les discours d'ouverture relayés médiatiquement, notamment après le décès tragique du petit Aylan Kurdi, le 2 septembre 2015. Défiance d'un autre côté, renforcée dès la fin 2015 par les agressions sexuelles ayant eu lieu lors du nouvel an à Cologne et leur gestion par les autorités allemandes, qui ont longtemps étouffé le fait que les auteurs étaient des migrants. L'accueil de ces nombreux réfugiés a été perçu comme mettant en danger les sociétés d'accueil, que ce soit par la concurrence sur le marché du travail et le coût pour le système social, ou pour les difficultés d'assimiler une population essentiellement musulmane. En Allemagne et en Suède notamment, cet événement a renforcé le rejet du multiculturalisme et l'émergence de l'extrême droite dans les paysages politiques nationaux, avec la montée en puissance de partis comme Alternative für Deutschland (AFD) ou les démocrates suédois.
On ne peut critiquer ni la désorganisation initiale face à une telle soudaineté, ni les tensions locales engendrées par des arrivées massives mais légitimes. Ce que l'on doit pointer (et qui n'est pas surprenant au vu du fonctionnement actuel de l'Union européenne), c'est d'abord la manière unilatérale de l'Allemagne, qui a pris des initiatives majeures impliquant tous les États membres, sans aucune concertation, ajoutant ainsi davantage de désorganisation à cet événement impromptu. Dans une UE déjà tendue par les divergences, sur le long terme, la gestion unilatérale de cette crise a exacerbé les vexations et participé à l'émergence d'un discours hostile aux

« L'ALLEMAGNE A PRIS DES INITIATIVES MAJEURES IMPLIQUANT TOUS LES ÉTATS MEMBRES, SANS AUCUNE CONCERTATION PRÉALABLE. »

réfugiés ainsi qu'à la montée généralisée des extrêmes en politique. Cet égoïsme allemand a également révélé ouvertement les faiblesses de l'UE, incapable d'une position commune et faisant la part belle à un Erdogan, le Président turc, qui sait désormais combien il peut utiliser à loisir l'arme migratoire pour influencer, à l'intérieur comme à l'extérieur, les États du vieux continent.

PERTE DE CONFIANCE
DE L'OPINION PUBLIQUE

Ce que l'on peut également regretter, c'est qu'aucun enseignement n'ait été retenu des conséquences de cette crise. Depuis les événements de 2015, le statut de réfugié est de plus en plus perçu comme détourné de sa raison initiale et apparaît à nombre de nos compatriotes comme une manière offerte à des clandestins de résider sur le territoire national sans être inquiétés. L'augmentation du nombre de demandeurs et le faible taux de départ du territoire national des déboutés amplifient cette image.

L'exemple de la France est assez révélateur. Bien que n'étant pas la destination préférée des réfugiés, elle a organisé, par solidarité avec l'Allemagne, des missions de l'Office français de protection des réfugiés et apatrides (OFPRA) dans des gares d'outre-Rhin pour encourager certains demandeurs d'asile à venir sur son territoire. Elle a ainsi vu le nombre de demandes augmenter de 25 % en 2015, pour dépasser les 80000. Cependant, alors que le nombre de demandes d'asile dans l'UE baissait de presque 50 % dans les années suivantes (environ 700000 demandes en 2017, 650000 en 2018 et 720000 en 2019), celui des demandes déposées en France a continué à augmenter de plus de 50 %, pour atteindre 132614 demandes en 2019, sans compter presque 40000 personnes relevant de la procédure dite « de Dublin » qui, en vertu de la convention de Dublin (signée en 1997 et révisée en 2013) auraient donc dû déposer leur demande d'asile dans le premier État membre traversé. Seules 46200 demandes furent validées en

2019, soit un tiers.
Ce que ce phénomène révèle, c'est qu'en l'absence de contrôles aux frontières, de nombreux demandeurs d'asile déboutés dans tel ou tel pays de l'Union européenne ont pris l'habitude de tenter leur chance en France, sans réel espoir d'obtenir l'asile, mais avec la quasi-certitude de pouvoir rester sur le territoire national, même en cas de rejet. Les deux tiers des déboutés se voient ainsi délivrer une obligation de quitter le territoire français (OQTF), mais avec les recours suspensifs, la répugnance des pays d'origine à délivrer des laissez-passer consulaires nécessaires à leur réadmission et l'absence de contraintes et de moyens humains, la plupart restent illégalement en France, où à peine 15 % de ces OQTF sont réellement appliquées (contre le double dans l'UE et 55 % en Allemagne !). La France est aujourd'hui dans une situation où elle est incapable de contrôler qui arrive et qui réside sur son territoire.
Pour les déboutés, qui se retrouvent en situation irrégulière, l'installation tant espérée en Europe se transforme ainsi généralement en désillusion. En situation précaire, ils vont grossir les rangs des illégaux qui résident dans des logements sordides, travaillent au noir ou survivent de petits trafics, dans l'attente d'une éventuelle miraculeuse régularisation (à peine 8 000 régularisations par an, pour plus d'un demi-million d'illégaux en France). À une époque où s'accroissent la paupérisation, le chômage et la désindustrialisation, force est de constater que leur présence dans une France empêtrée dans les crises économique et sanitaire, ne conduit qu'à davantage de précarité et de tensions sociales.

REPRENDRE LE **CONTRÔLE** DE NOS FRONTIÈRES

Il faut pourtant que ce statut de réfugié soit sacralisé et garder l'humain au centre du projet de notre société car, tout comme cette crise soudaine de 2015 a symbolisé une marche de l'espoir, les personnes fuyant les violences de la guerre doivent être protégées. Seulement, pour continuer à leur offrir une protection, les États européens, et en particulier la France, doivent reprendre le contrôle de leur politique migratoire et être fermes avec ceux qui ne devraient pas se trouver sur leur territoire.
Si l'on veut éviter que le droit d'asile soit peu à peu refusé par les populations car perçu comme abusif, il est indispensable de le réorganiser de manière à empêcher son dévoiement. Cela suppose entre autres d'étendre la liste des pays d'origine sûrs et de négocier avec nos principaux partenaires une liste commune, pour éviter par exemple le phénomène des Afghans déboutés systématiquement d'Allemagne puis se présentant en France ; de se donner les moyens d'appliquer les OQTF, notamment par la conditionnalité de la délivrance des visas à une attitude coopérative dans la délivrance des laissez-passer consulaires ; de faire en sorte que les très nombreuses voies de recours contre les décisions de l'administration dans ce domaine ne soient plus l'objet d'abus manifestes. En bref, il faut que la France reprenne le contrôle de ses frontières.◆

DR

Marc-Antoine Frébutte
Diplômé de l'université de Zurich, il est chercheur en géographie humaine à l'université de la Sarre, où son travail porte sur la population des Balkans. Il est également responsable des questions migratoires au sein du mouvement République souveraine. Son dernier ouvrage : *La Tarentelle noire* (éd. La Rémanence, 2021).

SOCIÉTÉ

DE L'IMMIGRÉ AU CITOYEN, LES CONDITIONS D'UNE TRANSMUTATION

PAR
PHILIPPE D'IRIBARNE

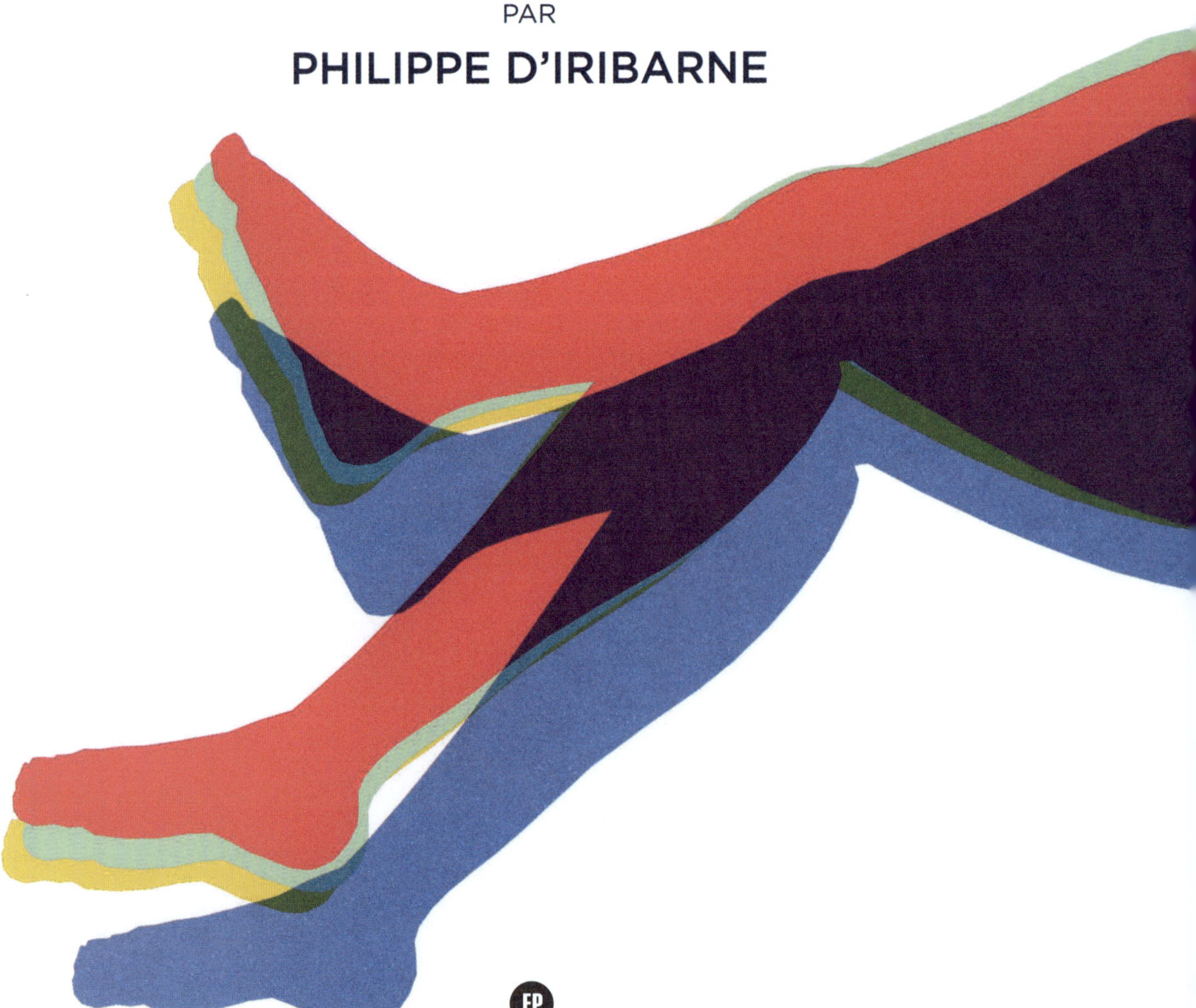

Par quel processus un immigré peut-il devenir un citoyen à part entière d'une société qui lui est au départ étrangère : pas seulement un Français de papiers à qui l'on a accordé des droits, mais un citoyen pleinement impliqué dans la vie de son pays d'adoption et prêt à le défendre s'il est menacé ?

Les débats font rage sur les conditions à remplir et de grands mots, à forte charge émotionnelle, sont brandis : assimilation, intégration et inclusion, en négligeant l'examen factuel des phénomènes qui entrent en jeu dans les trajectoires suivies par les immigrés. Il en résulte que les facteurs précis qui font durablement obstacle à la transmutation en citoyen de certains d'entre eux restent mal appréhendés. De ce fait, les pouvoirs publics maîtrisent mal les moyens qui pourraient être mis en œuvre pour favoriser une telle conversion. En fonction de leurs options idéologiques, certains mettront en avant un manque de volonté d'intégration de la part des immigrés, quand d'autres fustigeront l'insuffisance de l'accueil que leur réserve une société peu ouverte à la diversité. Les uns parlent de « séparatisme », les autres de « discrimination ». Les différences de trajectoire selon la société d'origine tendent à être interprétées en incriminant soit la mauvaise volonté particulière de certaines catégories d'immigrés à l'égard de la société qui les accueille, soit la mauvaise volonté sélective de cette dernière.

Plutôt que de s'installer dans de telles accusations croisées qui ne débouchent sur aucune politique efficace, il serait plus fécond de commencer par examiner les obstacles de fait qui se dressent contre les immigrés, de façon fort inégale selon leur situation de départ, sur la route conduisant à devenir un citoyen plein et entier. Les problèmes, très divers selon les cas et posés par une pluralité d'héritages, paraissent occuper ici une place centrale.

SE PLONGER DANS LE CONCRET DE **LA VIE SOCIALE**

Les propos tenus sur les rapports entre les immigrés et les sociétés qui les accueillent révèlent un phénomène frappant, celui de l'écart entre deux niveaux de discours. L'un met en avant de grandes idées telles l'assimilation ou la société inclusive, l'autre rentre dans le concret de la vie sociale.

Ce qui touche à la vie de travail est emblématique en la matière. Prenons, exemple entre mille, un article titré « Dans les quartiers, des initiatives contre la discrimination à l'emploi[1] ». Ce titre laisse supposer que la difficulté de certains à accéder à l'emploi est la conséquence des discriminations dont ils sont victimes et que, pour améliorer leur situation, il faut multiplier les *testings*, pratiquer le *name and shame* envers les entreprises qui se conduisent mal, les poursuivre en justice, etc. Mais déjà le sous-titre, « Des programmes se développent pour former, placer et suivre les jeunes des quartiers populaires, en adéquation avec les besoins des entreprises », évoque une autre perspective, davantage associée à des enjeux pratiques. Le corps de l'article va beaucoup plus loin et suggère des difficultés d'accès à l'emploi non pas liées à des questions de discrimination, mais à la capacité des demandeurs d'emploi à contribuer à la bonne marche d'une entreprise. Ainsi, affirme un responsable d'un des organismes qui accompagne les demandeurs d'emploi : « Beaucoup n'ont pas l'habitude d'exprimer leurs émotions par des mots, ils ne savent pas verbaliser, et cela se traduit soit par une

« CERTAINS METTRONT EN AVANT UN MANQUE DE VOLONTÉ D'INTÉGRATION DE LA PART DES IMMIGRÉS, QUAND D'AUTRES FUSTIGERONT L'INSUFFISANCE DE L'ACCUEIL QUE LEUR RÉSERVE UNE SOCIÉTÉ PEU OUVERTE À LA DIVERSITÉ. »

[1] Paru dans *Le Monde*, 31/12/2020.

[2] Cf. Philippe d'Iribarne, *La Logique de l'honneur*, éd. Seuil, 1989, *L'Étrangeté française*, éd. Seuil, 2006, *Penser la diversité du monde*, éd. Seuil, 2008

forme d'agressivité, soit par un processus d'effacement social et de mutisme. » On ne peut s'étonner, dans ces conditions, des réticences des « employeurs qui ont peur d'embaucher des jeunes qu'ils craignent de ne pouvoir maîtriser ». Les formations reçues comprennent une « sensibilisation à l'esprit collectif, au fonctionnement de la hiérarchie ».

Un tel exemple incite à remarquer combien une participation à un fonctionnement collectif, dans la vie au travail mais aussi dans les rapports de voisinage, au sein d'une certaine société, suppose d'en avoir intégré des manières d'être, des codes, qui ont une forte dimension nationale[2]. Pour celui qui vient d'ailleurs, là où prévalent d'autres manières d'être, d'autres codes, une adaptation est nécessaire. Cela n'implique nullement qu'il doive abandonner tout ce qui l'attache à sa société d'origine pour devenir un clone des membres de sa société d'accueil, d'autant moins que, sur bien des points, ceux-ci sont très différents entre eux. Pour les pratiques qui relèvent de la vie strictement privée (les goûts musicaux ou culinaires), une pleine participation à la vie de la société d'accueil offre une marge considérable de choix.

À QUELS **ANCÊTRES** ÊTRE FIDÈLE ?

Si tous ceux qui sont issus de l'immigration ont à accomplir un certain parcours pour devenir membres à part entière de leur pays d'accueil, celui-ci est très inégalement problématique. Pour certains immigrés, ce qui est demandé relève d'un simple changement d'habitudes, comme chacun en accomplit tout au long de son existence. En revanche, pour d'autres, il s'agit d'une trahison de ses ancêtres, d'où un conflit de loyauté insoluble qui génère des tensions internes et externes.

« POUR CELUI QUI VIENT D'AILLEURS, LÀ OÙ PRÉVALENT D'AUTRES MANIÈRES D'ÊTRE, D'AUTRES CODES, UNE ADAPTATION EST NÉCESSAIRE. »

Que l'on soit fraîchement issu de l'immigration ou d'une longue lignée de nationaux, nous héritons de trois catégories d'ancêtres. Citoyen, nous héritons d'autres citoyens qui ont construit un État, ses institutions, ses lois, ses écoles, ses universités, ses hôpitaux, son régime de protection sociale. Membre d'une société, nous héritons d'une culture, d'une langue, de penseurs, d'artistes, d'écrivains, d'architectes. Être de chair et de sang, nous héritons d'ancêtres biologiques qui nous ont transmis leurs traits. Les rapports à ces diverses catégories d'ancêtres ne sont pas les mêmes selon que l'on appartient à la fraction majoritaire de la population (Han en Chine, Arabe au Maghreb, Blanc en Europe) ou d'une minorité récemment issue de l'immigration ou de mouvements de population plus anciens.

Celui qui appartient à la population majoritaire possède un privilège : qu'il se pense citoyen, possesseur d'une culture ou être de chair et de sang, il se réfère aux mêmes ancêtres. Il ne risque pas d'être infidèle aux uns en étant fidèle aux autres.

Ce privilège n'est nullement incompatible avec le fait d'être né dans un pays étranger, si celui-ci appartient à un monde qui partage largement les ancêtres civiques et culturels des divers peuples qui le composent. C'est le cas au sein du monde européen : celui qui y change de pays trouve dans sa nouvelle patrie des institutions, des idéaux politiques, une culture, que ses ancêtres biologiques ont contribué à édifier concurremment avec ceux de ses nouveaux compatriotes. D'où qu'il vienne, Locke, Kant, Montesquieu, Cervantès, saint François et des milliers d'autres ont contribué à façonner un univers politique et culturel dont il est un héritier légitime. Il reste fidèle à ceux qui, dans sa patrie d'origine, ont favorisé l'édification de cet univers quand il devient pleinement citoyen de son nouveau pays. Il lui faut cependant s'accoutumer à une autre langue, à d'autres pratiques sociales et cela n'est pas toujours facile. Mais en tout cas, la seconde génération, pour qui cette étape est franchie dès l'enfance, n'a pas de difficulté en la matière. D'autant que ceux qui proviennent de

KANT, CERVANTÈS ET MONTESQUIEU

pays appartenant au même espace de civilisation ne sont pas soupçonnés de refuser toute allégeance à celui où ils ont pris racine. En fait, on n'aura guère idée de parler d'« immigrés » en ce qui les concerne.

Bien différente est la situation de ceux qui viennent d'autres « mondes », d'autres espaces de civilisation. Ils héritent dans leur nouveau pays d'un État, d'institutions, d'une langue, d'une culture, conçus par d'autres que leurs ascendants biologiques. À l'instar des enfants adoptés, il leur faut combiner deux héritages et faire des choix souvent douloureux. Certains s'affirment avant tout héritiers de leurs ancêtres d'adoption, adhèrent pleinement à leur culture, regardent sans concession le monde que leurs ancêtres biologiques ont produit. Ils sont alors bien peu fidèles à ceux qui leur ont donné la vie. D'autres se veulent avant tout héritiers de leur « race », répugnent à admettre que, comme citoyens et êtres de culture, ils ont massivement hérité des « Blancs ». Il leur est difficile d'être en paix avec le monde au sein duquel ils vivent.

Selon leur culture d'origine, l'allégeance à une société qui n'est pas celle de ses ancêtres biologiques peut être plus ou moins douloureuse. Ainsi, dans des cultures de l'honneur telles qu'elles prévalent au Maghreb, trahir ses ancêtres est une source de déshonneur pour sa famille et donc pour soi-même. Il semble bien que dans l'univers est-asiatique, une allégeance au moins extérieure à un autre monde ne soit pas perçue comme une trahison des ancêtres. Et ce contraste affecte jusqu'au sens, traumatique pour les uns et non pour les autres, que peut prendre un passé colonial.

Un point épineux concerne les voies qui permettent de gérer une double allégeance à un pays et à une religion. On rencontre deux grandes manières de permettre celle-ci. Une première approche est de faire allégeance à une entité d'ordre supérieur qui transcende la religion et la patrie. L'autre approche est de distinguer les domaines de l'existence qui relèvent de la religion de ceux qui relèvent de l'organisation de la cité, séparant ainsi deux objets d'allégeance qui n'entrent plus en concurrence. Or, dans la rencontre entre le monde musulman et l'Occident, ces deux approches font difficulté, et cela contribue à expliquer que l'assimilation des musulmans en Occident soit difficile. L'appel à des valeurs auxquelles il serait possible d'adhérer simultanément en tant que musulman et en tant qu'Occidental ne paraît guère possible pour des musulmans qui entendent rester fidèles à la tradition coranique. La liberté de conscience, au cœur des civilisations européennes, n'est pas acceptée dans l'islam. De plus, le refus musulman de l'égalité entre hommes et femmes a un caractère d'autant plus sacré que le Coran l'érige en norme, notamment pour affirmer qu'un homme vaut deux femmes en matière d'héritage (Coran, IV 11). On ne peut s'étonner des réponses obtenues,lors d'un sondage réalisé en août 2020, à la question : « Souscrivez-vous à l'affirmation : l'islam est incompatible avec les valeurs de la société française ? ». La proportion de réponses affirmatives (l'islam est incompatible), égale à 29 % pour l'ensemble des musulmans interrogés (36 % chez les hommes, 23 % chez les femmes) s'est élevée à 45 % chez les moins de 25 ans, dont on sait qu'ils sont majoritairement nés en France. Des efforts considérables sont faits par ceux qui viennent d'autres mondes pour croire et faire croire que leurs ancêtres biologiques ont joué un grand rôle dans l'émergence de la société où il leur faut prendre place et qu'ils peuvent donc s'y rallier en restant fidèles à ceux dont ils sont issus, à condition que cette société se transforme pour reconnaître les héritages dont ils sont les représentants. Ainsi, depuis deux décennies, en particulier suite aux premières vagues du terrorisme djihadiste des années 2000, la légende d'une contribution décisive du monde arabe et musulman à l'émergence des cultures européennes a été mise en avant et relayée abondamment par les acteurs institutionnels, notamment à l'échelle de l'Union européenne. De même, la prospérité européenne, condition du développement d'une société brillante, serait fondée sur le travail d'esclaves africains, si l'on en croit certains militants « décoloniaux » et quelques intellectuels et universitaires les alimentant en théories. Ceux qui n'acceptent pas ces fictions, propagées par le courant indigéniste, sont rapidement qualifiés d'islamophobes et de racistes. Les difficultés des immigrés et de leurs descendants à opérer la transmutation leur permettant de devenir des citoyens à part entière des sociétés d'accueil sont niées pendant que ces sociétés sont accusées de ne pas être assez inclusives.

« À L'INSTAR DES ENFANTS ADOPTÉS, IL LEUR FAUT COMBINER DEUX HÉRITAGES, ET FAIRE DES CHOIX SOUVENT DOULOUREUX. »

Nous ne sommes pas pour autant condamnés à en rester au registre des accusations croisées. Comme nous l'avons vu à propos de l'accès au monde du travail, de nombreuses adaptations aux exigences des sociétés d'accueil ne posent pas, pour les immigrés, des questions mettant en jeu la fidélité aux siens. Il s'agit simplement d'une maîtrise de codes à faible portée symbolique. On peut faire beaucoup pour favoriser cette maîtrise. Si celle-ci progressait, une dynamique positive d'adhésion à la société d'accueil se communiquerait plus largement aux domaines plus sensibles.◆

JÉRÔME CHATIN

Philippe d'Iribarne
Ancien élève de l'École polytechnique et ingénieur général des Mines, il est une figure majeure de l'anthropologie française, ayant notamment dirigé le Centre de recherches sur le bien-être (Paris) entre 1972 à 1988, et l'Institut de l'homme et de la technologie (Nantes) entre 1996 et 2000. Son dernier essai a été l'un des livres événements de l'année 2019 : *Islamophobie : intoxication idéologique* (éd. Albin Michel).

ÉCONOMIE

LES MIGRATIONS INTRAEUROPÉENNES, FORCES DE DÉSTABILISATION

PAR
DAVID CAYLA

Étrangement, c'est un sujet dont les eurosceptiques parlent peu. Grâce au principe de libre circulation au sein de l'espace Schengen, un nombre considérable d'Européens se sont, ces dernières années, établis dans un autre État membre de l'Union. Un phénomène migratoire massif, qui a accentué les déséquilibres économiques du continent.

C'est une vidéo qui a été massivement relayée sur les réseaux sociaux. Le 27 mars 2020, une longue file d'attente s'est formée au poste-frontière de Dorohusk, entre l'Ukraine et la Pologne. Des milliers d'Ukrainiens, des hommes jeunes pour la plupart, attendent dans le froid. Ils sont à pied, avec quelques bagages. L'Ukraine vient d'annoncer la fermeture de ses frontières pour lutter contre la propagation de la pandémie de Covid-19; ils craignent de ne plus pouvoir rentrer. Ils ne veulent pas rester dans ce pays où ils sont mal considérés et dont ils ne parlent pas la langue. Aussis, lorsque l'activité économique s'est effondrée et qu'ils se sont retrouvés au chômage, ils ont pris leurs maigres affaires et un ticket d'autocar pour Dorohusk, espérant retrouver leurs proches.

En Pologne, ils étaient ouvriers agricoles ou personnels d'entretien. Les plus chanceux travaillaient dans l'une des multiples usines d'assemblage qui ont ouvert ces dernières années. C'est que l'Europe centrale est devenue le « hub » industriel de l'Union européenne (UE). Entre 2011 et 2019, l'emploi dans l'industrie manufacturière polonaise a augmenté de 15 %. Profitant de salaires quatre fois inférieurs à ceux de l'Europe de l'Ouest, les entreprises y ont massivement délocalisé. La République tchèque, la Hongrie et la Slovaquie sont devenues, avec la Pologne, le nouvel eldorado de l'industrie à bas coût. Outre une main-d'œuvre bon marché et bien formée, ces pays bénéficient d'une proximité géographique avec l'Allemagne, où se trouvent les donneurs d'ordre.

À eux quatre, ils constituent le groupe de Visegrád, qui est devenu le laboratoire européen des nouveaux mouvements politiques conservateurs et eurosceptiques. C'est au moment de la crise migratoire de 2015, par sa forte opposition à l'idée proposée par la Commission de Bruxelles de répartir les demandeurs d'asile entre les pays de l'UE, que le groupe de Visegrád s'est révélé. Pour le politologue bulgare Ivan Krastev, cette crise migratoire a créé une profonde fracture entre l'Est et l'Ouest[1]. Les pays d'Europe occidentale, habitués à l'immigration, n'ont pas compris l'angoisse existentielle qui a saisi les anciens pays communistes lorsque des milliers de réfugiés se sont lancés sur les routes des Balkans.

« LES CHIFFRES SONT ÉLOQUENTS. LA BULGARIE A PERDU 1, 9 MILLION D'HABITANTS DEPUIS LA FIN DU COMMUNISME, SOIT PLUS DE 20 % DE SA POPULATION D'ORIGINE. ET PLUS DE 2 MILLIONS DE POLONAIS ET 3 MILLIONS DE ROUMAINS SE SONT EXPATRIÉS. »

Pour Ivan Krastev, le fossé entre l'Est et l'Ouest s'explique en partie par l'Histoire. Les nations d'Europe centrale et orientale ont longtemps été sous la domination d'empires aux capitales éloignées : Moscou, Vienne, Constantinople. Après la chute des Empires ottomans et austro-hongrois, elles se constituent en États mais n'acquièrent leur pleine souveraineté qu'avec l'effondrement du bloc soviétique. Aussi, lorsque ces pays enfin souverains intègrent l'Union européenne, ce n'est pas pour se soumettre à un nouvel empire dirigé par Berlin. La décision allemande, en pleine crise migratoire, de suspendre unilatéralement l'application du règlement de Dublin et d'accueillir les migrants a été un choc. Si un traité peut ne pas être respecté à la convenance d'un pays, fût-il le plus puissant d'Europe, que reste-t-il de l'État de droit, tant prisé à

[1]Krastev I., *Le Destin de l'Europe*, trad. Joly F., éd. Premier Parallèle, 2017.

l'Ouest ? Et que reste-t-il, surtout, de la souveraineté des petits pays face aux décisions unilatérales des plus grands[2] ?

TRAHISON ET **FRUSTRATION**

L'angoisse des pays de l'Est vient aussi, bien sûr, des flux migratoires eux-mêmes. Depuis leur entrée dans le capitalisme, ils font face à une émigration massive. Les chiffres sont éloquents. La Bulgarie a perdu 1,9 million d'habitants depuis la fin du communisme, soit plus de 20 % de sa population d'origine. Plus de 2 millions de Polonais et 3 millions de Roumains se sont expatriés. Ces départs ont d'abord été le fait des minorités (les Roms), puis des catégories éduquées et jeunes de la population, c'est-à-dire des forces vives susceptibles de produire richesse et enfants. Résultat, au déclin migratoire succède un déclin de la natalité, ce qui accentue le sentiment de déclassement. Ceux qui sont restés au pays se sentent victimes d'une « trahison des élites », selon l'expression d'Ivan Krastev. La jeunesse diplômée profite de l'ouverture des frontières ; elle préfère vivre une vie meilleure à l'étranger plutôt que de contribuer au développement national. Pour le politologue, la frustration engendrée par ce sentiment de trahison serait l'une des causes principales à la montée du nationalisme et du populisme dans ces pays. Le niveau des salaires et l'individualisme ne sont pas les seules causes des mouvements migratoires. Le marché unique européen produit une dynamique gravitationnelle : les masses attirent les masses. Grâce à la libre circulation des capitaux, les zones industrielles les plus efficaces attirent les investissements productifs, ce qui les rend encore plus efficaces et donc plus attractives. Cet effet cumulatif a engendré une nouvelle division du travail au sein du continent. L'industrie à haute valeur ajoutée se concentre en Allemagne et dans les régions qui ont accès aux grands ports de la mer du Nord. Dans les pays un peu excentrés d'Europe centrale, où le coût du travail est faible, on trouve l'industrie d'assemblage et on produit des composants à faible valeur ajoutée. Enfin, dans les régions les plus éloignées du cœur de l'Europe, l'activité industrielle régresse inexorablement ou se spécialise dans le textile et la fabrication de biens peu coûteux à transporter.

Privées de leur dynamisme économique, les régions périphériques de l'UE perdent naturellement des emplois. Avec la disparition de leur industrie, elles perdent aussi la possibilité de dégager des excédents commerciaux et deviennent dépendantes

> « **LE MARCHÉ UNIQUE EUROPÉEN PRODUIT UNE DYNAMIQUE GRAVITATIONNELLE : LES MASSES ATTIRENT LES MASSES.** »

[2]Rappelons que c'est aussi en 2015 que l'Allemagne impose une énième cure d'austérité à la Grèce… au nom du respect des traités !

financièrement des pays du Nord. Aux flux migratoires Est-Ouest il faut donc ajouter les flux Sud-Nord. Entre 2010 et 2015, l'Espagne a perdu plus de 350 000 habitants du seul fait de sa balance migratoire, la Grèce 250 000, l'Irlande 70 000[3].

NATIONS EN VOIE DE **PROLÉTARISATION**

Où vont donc ces migrants européens ? Il y a quelques années, ils s'installaient sur la façade Ouest, en Espagne ou en France, en Irlande ou en Angleterre. Depuis la crise et le Brexit, les flux migratoires se dirigent désormais dans les pays du cœur industriel. Entre 2010 et 2019, l'Allemagne a bénéficié d'un solde migratoire cumulé de +4,6 millions de personnes (à comparer au solde français de 50 000 sur cette période). Parmi les étrangers qui s'installent en Allemagne, 48,2 % sont de nationalité européenne (35,8 % en France). Ce sont des hommes à plus de 58 % et 45,7 % ont entre 25 et 45 ans. En comparaison, la France attire majoritairement des femmes (51,8 %) et les 25-45 ans ne représentent que 39,5 % des arrivants. L'immigration allemande est donc une immigration de travail. Autrement dit, le dynamisme économique est parvenu à renverser les effets de la faible natalité allemande. Son déclin démographique, continu jusqu'en 2012, s'est muté en croissance.

L'attractivité migratoire de l'Allemagne n'est pas sans poser problème. L'accueil de millions d'étrangers déstabilise socialement et politiquement sa société. Si la main-d'œuvre immigrée bon marché est une aubaine pour les employeurs (les immigrés de fraîche date peuvent déroger au salaire minimum), elle exacerbe aussi les tensions sociales et renforce l'extrême droite. Elle alimente aussi la flambée du coût du logement, en particulier à Berlin et dans les métropoles. Enfin, l'Allemagne doit accompagner la hausse de sa population par de nouveaux investissements dans les infrastructures publiques, ce qu'elle peine à faire.

Le paysage migratoire européen est finalement assez clair. Dans le grand Est et le grand Sud, les pays se vident de leur population et de leurs ressources économiques. Dans les pays d'Europe centrale, les bas salaires font fuir les ingénieurs et les diplômés, tandis que l'industrie d'assemblage attire les ouvriers ukrainiens et lituaniens. Ces nations sont en voie de prolétarisation. Enfin, l'Allemagne et les pays riches du cœur de l'Europe, où se concentre l'industrie à haute valeur ajoutée, attirent les forces vives de tout le continent.

Dans le paysage de cette Europe qui se réorganise sous l'étreinte des marchés, la France appartient au camp des perdants et rejoint progressivement la cohorte des pays périphériques. La libre circulation du capital et du travail joue désormais à son détriment. Ses talents partent, à l'image du prix Nobel de chimie 2020, Emmanuelle Charpentier, qui a fait toute sa carrière en Allemagne. Enrayer ce déclin nécessitera non seulement des investissements massifs, tant publics que privés, mais également de renoncer à l'idéologie de concurrence « libre et non faussée ». Les flux économiques et humains sont fondamentalement liés. Si les premiers perdent en qualité et en dynamisme, il en va forcément de même des seconds.◆

[3]Source : Eurostat.

DR

David Cayla

Défenseur d'une économie hétérodoxe ouverte aux autres sciences sociales, il est maître de conférences en économie politique à l'université d'Angers et appartient au collectif des Économistes atterrés. On lui doit le très remarqué *La Fin de l'Union européenne* (éd. Michalon), qu'il a cosigné en 2017 avec la défunte essayiste Coralie Delaume.
Son dernier ouvrage est sorti cet hiver : *Populisme et néolibéralisme : il est urgent de tout repenser* (éd. De Boeck).

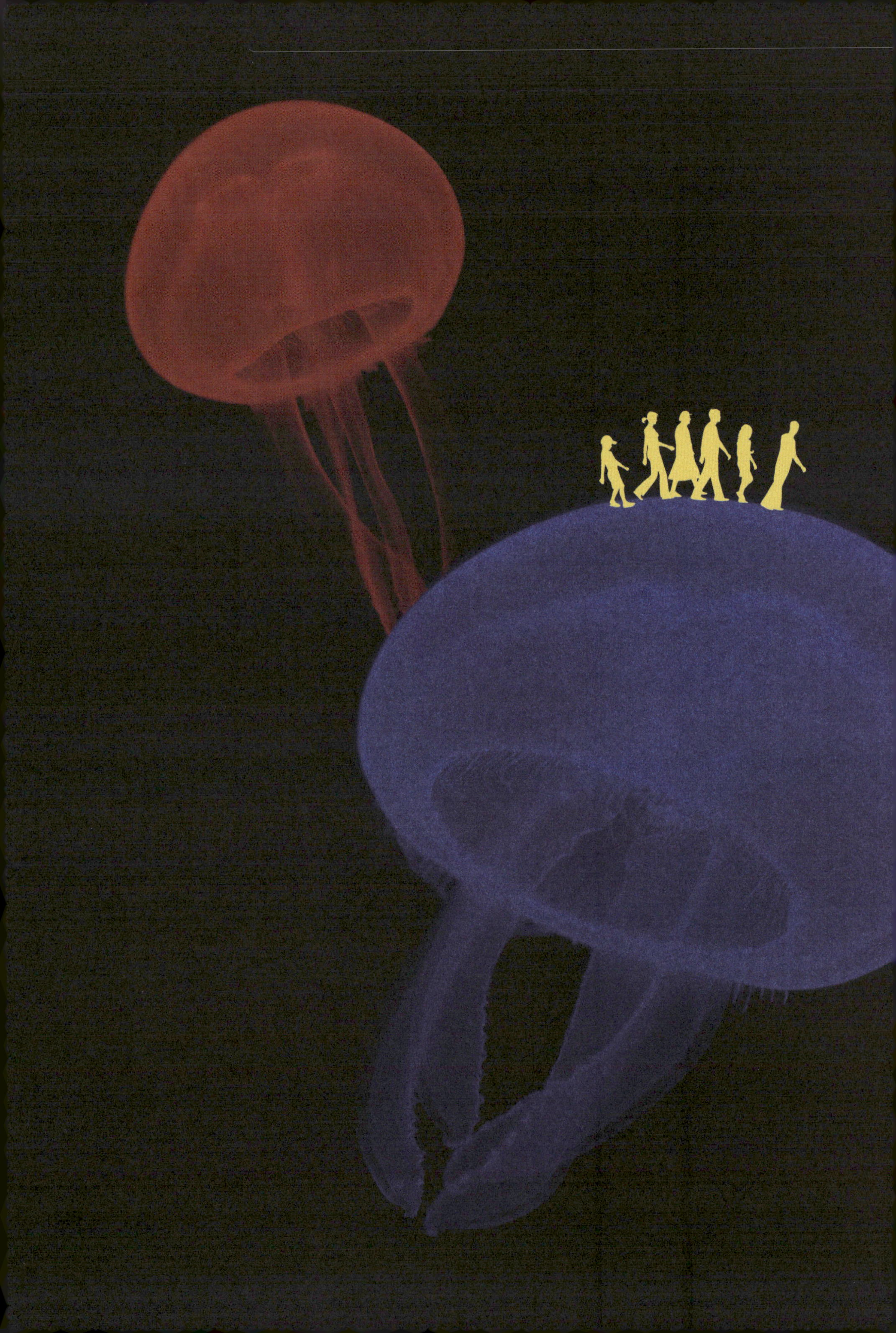

PHILOSOPHIE

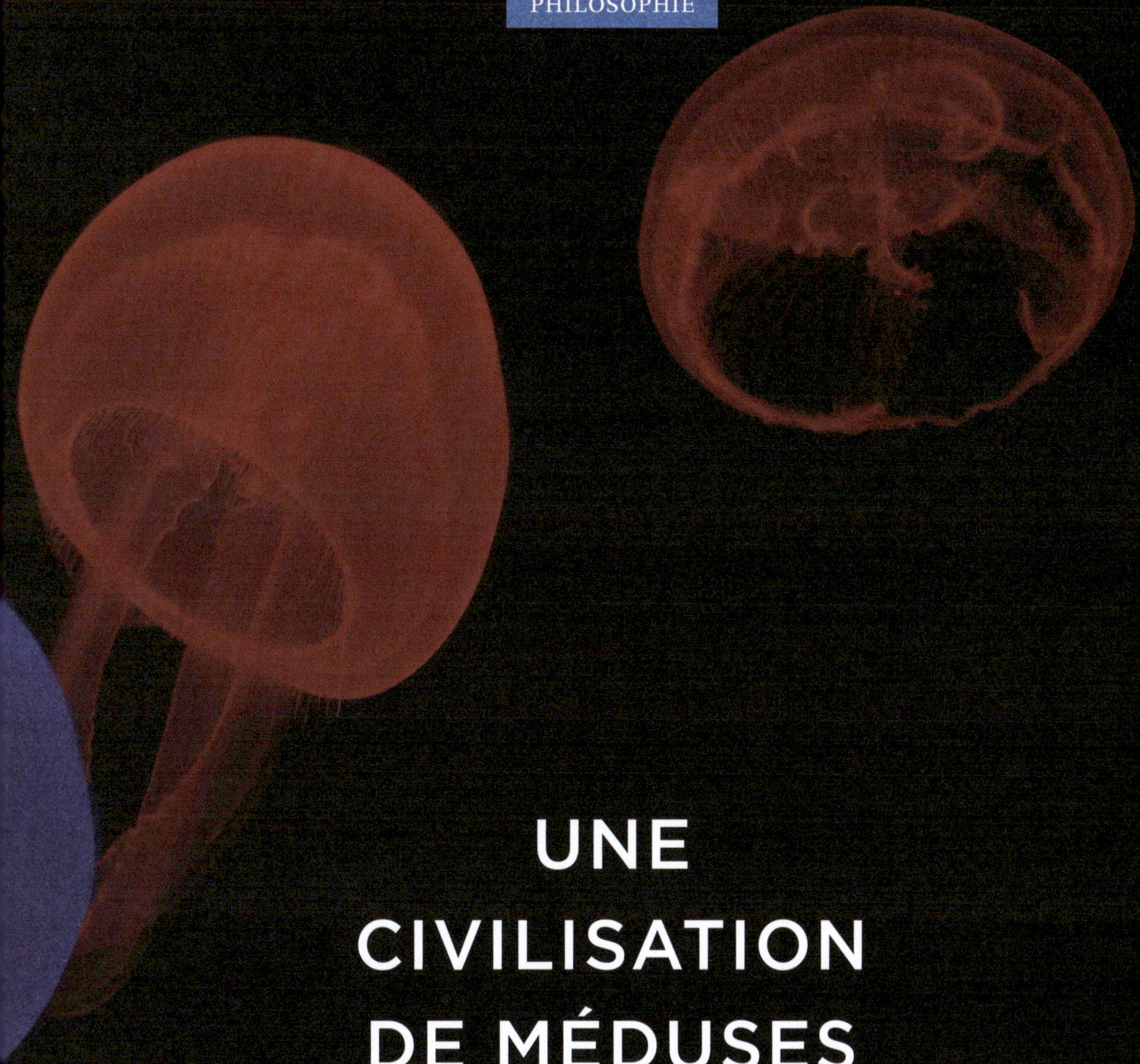

UNE CIVILISATION DE MÉDUSES

PAR

MICHEL ONFRAY

FP

Il existe dans la Bible au moins deux moments qui permettent de penser l'éternelle question de l'immigration : d'abord le meurtre d'Abel par Caïn, ensuite l'allégorie de la tour de Babel. Ces deux histoires ne se trouvent pas par hasard dans la Genèse, le livre de toutes les généalogies de notre civilisation judéo-chrétienne. Sur la dialectique entre nomadisme et sédentarité ou les relations entre la ville tentaculaire et la confusion civilisationnelle, on lira avec bénéfice ces pages communes au judaïsme. On peut ensuite envisager la « babélisation » du monde, autrement dit sa créolisation, d'une façon lumineuse.

1
D'ABORD L'HISTOIRE DE **CAÏN** ET **ABEL**

Cette aventure arrive après qu'Adam et Ève ont été chassés du Paradis pour avoir osé goûter au fruit de l'arbre de la connaissance dont l'usage leur avait été interdit par Dieu : ils ont voulu savoir et comprendre plutôt que croire et obéir, Dieu les a punis...
Caïn et Abel sont les deux enfants d'Adam et Ève après qu'ils ont été maudits. Le texte dit : « Abel fut berger, tandis que Caïn cultiva le sol » (4.2) – autrement dit : le premier, le second venu, est nomade, le second, fils aîné, sédentaire. Abel est l'ancêtre des migrants, Caïn celui des nés natifs, si l'on me permet cette expression. Le premier n'a pas de terre, il n'est pas enraciné, il ignore le sens du sol, il va et vient en fonction de son troupeau qu'il conduit là où la terre se trouve la plus riche afin de le nourrir ; le second habite un territoire qu'il cultive, il a des racines, il possède ce que Nietzsche nomme « le sens de la terre ». Caïn est d'ici ; Abel de nulle part, donc d'ailleurs et de partout. L'un est *somewhere*, l'autre, d'*anywhere*, comme on dit aujourd'hui.
La généalogie de la rivalité se trouve dans le caprice de Dieu – or le caprice, voilà qui définit Dieu : il fait, dit et veut ce qu'il veut, quand il veut, comme il veut, sans avoir besoin de donner ses raisons à qui que ce soit... Il est la puissance et la puissance n'est jamais autant elle-même que quand elle se manifeste sans autre raison qu'elle-même.
Voilà pour quelle raison, quand Caïn offre à Dieu les fruits de la terre et Abel ses agneaux bien gras, Dieu manifeste clairement sa préférence pour Abel, ce qui déclenche la colère de Caïn.
On peut imaginer que Caïn dépasse la tradition en offrant le produit de son travail, les fameux fruits du sol, alors qu'Abel l'illustre en procédant à la façon de l'époque qui veut qu'on offre aux dieux des animaux pour un sacrifice dans lequel on brûlera la graisse et les os, parce que les parfums leur sont agréables, pendant que les hommes se réserveront la consommation de la chair, ce qui permet de réunir l'utile du sacrifice et l'agréable du banquet... Dieu punirait alors l'affranchissement de la tradition et bénirait la coutume.
Devant la colère de Caïn, Dieu l'exhorte à contenir sa passion, à réfréner sa jalousie, à Lui obéir. Mais le fils aîné ne l'entend pas de la sorte et tue son frère. Dieu maudit le premier meurtrier : « Errant et fugitif tu seras sur la terre » (4.12). Condamné à l'exil, donc au nomadisme lui aussi, Caïn craint qu'on le tue ; Dieu le marque d'un signe pour qu'il n'en soit rien, il ne sera pas exécuté. Il se marie, a un enfant et met fin à son exil, à son nomadisme, à son errance, en créant une ville qui porte le nom de son fils : Hénoch. Selon le récit biblique, voilà donc la première ville de l'histoire de l'humanité. Caïn, auquel on doit donc l'origine de l'architecture et de l'urbanisme, donne aussi naissance à une génération qui invente la musique, le tissage et la forge. Adam eut à nouveau un enfant pour remplacer Abel, Seth.
On l'imagine, ce récit a donné lieu à de multiples interprétations ! Je ne les connais pas toutes, bien sûr, c'est une encyclopédie vieille de plus de 2000 ans, mais je propose celle-ci, qui existe peut-être déjà quelque part, car personne n'invente jamais rien...
Adam et Ève ont été créés par Dieu : Adam à partir d'une terre animée par son souffle, Ève avec l'une des côtes de son compagnon. Caïn et Abel n'ont pas été créés par Dieu mais par des humains déchus. Comment le fils aîné d'un couple maudit pourrait-il échapper lui aussi à la malédiction ? Cet anathème, qui prend la forme d'un fratricide, concerne le premier homme créé par des humains. Il touche Caïn qui tue et Abel qui est tué. Mais la descendance de Caïn, la nôtre, produit la civilisation.

L'un de ses fils, Yubal, est l'ancêtre des musiciens, un autre, Toubal, celui de la maîtrise des métaux par le feu, Hénoch celui des villes, Nahama invente le tissage… Résumons : Caïn, fils aîné d'Adam et Ève, tue son frère cadet Abel parce que Dieu a préféré son offrande classique, des agneaux, à celle de son frère, inédite : des fruits et des légumes de la terre. Caïn est l'enraciné, le paysan, l'éleveur, le cultivateur. Exilé, nomade, errant, il met fin à son errance en se fixant dans une cité dont il invente le principe. Abel est le pasteur qui plante sa tente un soir et la plie le lendemain pour quitter le lieu où il était parce que son troupeau doit chaque jour brouter une herbe fraîche. Le paysan Caïn est l'homme de l'histoire ; le berger Abel celui de la géographie. Et Dieu choisit l'Histoire – il a raison car, sinon, rien n'aurait été possible pour lui…
Ce qui se joue dans cette allégorie, c'est la relation entre le nomade et le pasteur, entre l'homme d'un lieu, d'un sol, d'une terre et celui d'un espace, d'un territoire, d'une étendue. Caïn est un point, Abel une surface. L'un rend possible la puissance de la civilisation, l'autre perpétue la tradition. Avec Caïn, le monde peut être, se développer durer ; avec Abel, il serait condamné à se répéter. En faisant tuer Abel par son frère, Dieu prend le parti de Caïn. Il peut ainsi s'inscrire dans l'Histoire. Une civilisation produite par Abel aurait ressemblé à celle du désert et de l'islam des origines.
Cette histoire originaire fait du couple nomade & sédentaire un archétype de l'intersubjectivité sociale : du côté des nomades, on trouve les exilés, les vagabonds, les mendiants, les chemineaux, les émigrés, les expatriés, les fugitifs, les proscrits, les bannis, les relégués, les apatrides, les voyageurs, les romanichels, les cosmopolites, les comédiens, mais également les juifs. Qu'on songe à la légende du juif errant puni depuis 2000 ans, dit-on, pour n'avoir pas donné à boire à Jésus lors de l'ascension du Golgotha. Les sédentaires sont les paysans, les agriculteurs, les éleveurs, les maraîchers, les jardiniers, les laboureurs, les ruraux, les campagnards, les provinciaux, les pécheurs. Entre les deux : l'animosité de l'enraciné qui voit le déraciné venir chez lui comme une menace, celle du villageois qui craint le romanichel assimilé à un voleur de ses poules, celle du campagnard qui envisage le voyageur, le chemineau, le vagabond comme autant de menaces pour ses biens, celle du défenseur des clôtures et

des frontières qui fait du cosmopolite un ennemi, celle du catholique attaché au clocher de son église qui transforme le juif, jadis condamné comme déicide, en menace pour son identité locale, régionale, nationale, civilisationnelle.
L'éthologie permet de conceptualiser la chose, elle fournit une généalogie de ces passions tristes. On sait au moins depuis *L'Origine des espèces* (1859) et plus précisément avec *La Filiation de l'homme* (1871) de Darwin, que le mammifère humain est un animal de territoire et que le marquage constitue l'alpha et l'oméga de son activité… Le sédentaire dispose d'un territoire, c'est celui de son habitat – le fameux « habiter » heideggérien –, celui de ses ancêtres et de ses morts, le cimetière, celui de ses commerces, de ses lieux de fête, de cérémonies, de sacré, de prière. C'étaient, jadis, dans le village traditionnel, les maisons d'habitation, les commerces essentiels du boulanger, de l'épicier, du boucher, du charcutier, du bistrotier, c'étaient, non moins essentiels pour la République, la mairie, l'école, le monument aux morts, mais également la salle des fêtes, le jardin public, la place, c'étaient l'église et le cimetière, autant de lieux habités ou occupés, y compris par les défunts, c'est-à-dire: marqués. Caïn le paysan est un animal de territoire, une bête de terrier.
Abel le pâtre est un animal déterritorialisé. Il annonce ceux qui arrivent dans le village et qu'on regarde d'un mauvais œil: l'étranger, le rémouleur, le forain, le romanichel, le voyageur de commerce, le marcheur… Aux yeux du sédentaire, le nomade est une menace: il apporte le mouvement, la dynamique, les fluides, les échanges, les flux dans un petit monde où l'on chérit plus que tout l'ordre, la répétition, la paix de chaque chose à sa place. Abel et ses lointains petits-enfants menacent le groupe avec une « extravagance », au sens étymologique, qui met en péril la tradition.
Or, cette menace, ou cette crainte de menace, génère une peur chez tout animal de territoire – voici la généalogie de toute xénophobie. Et cette peur active animalement, donc naturellement, et vice versa, des mécanismes de défense: mise en alerte, déclenchement des instincts de protection les plus primitifs, les cinq sens sont exploités à leur maximum, le sédentaire regarde, écoute, renifle le nomade. Il épie, il guette, il surveille, il fait le guet. Il associe la plupart du temps la puanteur de l'animal à celui qu'il craint. Kant, Hegel et Schopenhauer, tout philosophes qu'ils soient, entretiennent dans leurs livres les plus sérieux de la mauvaise odeur des juifs et des nègres, c'est également celle des pauvres, des vagabonds ou des mendiants – les anciens clochards devenus sans domicile fixe, puis SDF, l'acronyme étant une bonne occasion de laisser croire qu'on a fait disparaître la chose en abolissant le mot…
Il existe dans tout groupe des hiérarchies établies après marquages de territoires. Celles-ci ont nécessité des combats, des affrontements, des oppositions, des luttes réelles ou symboliques, physiques ou allégoriques, à l'issue desquelles chacun occupe une place. Le sédentaire obéit à la loi des plus forts qui doivent leur force à la puissance, au lignage, à l'argent, à la ruse, à la tradition, au nombre.
S'il fallait un modèle réduit de cette structuration éthologique de la société, ce serait la mafia: un parrain, sa garde prétorienne armée sans foi ni loi qui préserve le mâle dominant et sa famille, un territoire conquis par la violence, mort comprise, une mainmise sur tout ce qui circule dans cet espace, argent, femmes, drogue, alcool, nourriture, autrement dit le carburant de la vie, de toute vie – la vie la plus sauvage…
Sous le règne du sédentaire,

« ABEL LE PÂTRE EST UN ANIMAL DÉTERRITORIALISÉ. IL ANNONCE CEUX QUI ARRIVENT DANS LE VILLAGE ET QU'ON REGARDE D'UN MAUVAIS ŒIL: L'ÉTRANGER, LE RÉMOULEUR, LE FORAIN, LE ROMANICHEL… AUX YEUX DU SÉDENTAIRE, LE NOMADE EST UNE MENACE. »

la fameuse « race de Caïn » de Baudelaire, tout étranger s'avère une menace pour l'ordre établi. Il est un mâle dominant potentiel qui arrive dans la horde, le troupeau, la tribu. Il faut donc épier les moindres faits et gestes de cette puissance inquiétante. La « race d'Abel » quant à elle, celle des pasteurs sans domicile fixe, porte avec elle un ferment potentiel de décomposition sociale.
Tant que l'on n'aura pas démontré que Darwin se trompe et que nous ne sommes pas des mammifères territoriaux, la réalité, hélas, sera celle-là : les descendants de Caïn le paysan sédentaire n'auront de cesse d'empêcher la domination et l'empire de la parentèle de leur frère nomade, le berger Abel. Mais, revers de la médaille, les fils et filles d'Abel, informés par l'histoire de leur grand ancêtre, feront des « caïnites », nommons-les comme ça, leurs ennemis héréditaires.
Les enracinés et les déracinés n'habitent pas mêmement la terre car ils n'habitent pas la même terre. Sauf à déraciner les enracinés pour les contraindre à habiter un même monde urbain, la malédiction régnera sans fin entre les hommes enracinés et les déracinés.

2

VENONS-EN À L'HISTOIRE DE LA **TOUR DE BABEL**

On en trouve la narration dans la même Genèse. La plupart du temps, on fait de ce récit le support à une réflexion sur l'origine des langues. Ce n'est pas complètement faux, mais la généalogie divine du langage ne satisfait que les théologiens, les croyants, pas au-delà… Sûrement pas les linguistes, encore moins les philosophes rationalistes.
Outre cette question de l'origine des langues, je vois bien plutôt dans ce passage de la Bible une méditation sur le caractère toxique des villes, autrement dit : sur le poison de l'entassement des hommes dans une même surface restreinte.
Allons au texte.
Les hommes parlaient une seule et même langue quand ils se sont mis en tête de construire en plein désert une tour allant jusqu'aux cieux. Ces hommes étaient nomades et venaient de l'Orient, ce qui correspond à l'est d'Éden, où Caïn a été envoyé en exil… La raison de cette ville ? « Pour se faire un nom » (11.4) proclament les bâtisseurs. Qu'est-ce que vouloir se faire un nom si ce n'est l'inscrire dans l'éternité, ce qui est proprement menacer Dieu qui s'en réserve la jouissance ? Il ne s'y trompe pas et, voyant le péché d'orgueil qu'il avait déconseillé à Caïn, il se met à son tour en colère…
Pour punir les hommes, car Dieu punit beaucoup, c'est d'ailleurs à ça qu'on le reconnaît, il décrète la confusion des langues afin que plus personne ne puisse comprendre les ordres donnés sur le chantier, ce qui interdit la construction d'un projet commun… Puis il éparpille les hommes (« Yahvé les dispersa à la surface de toute la terre » 11.18), ce qui est une façon d'inventer la diaspora, l'exil, les migrations, donc le migrant, l'immigré, l'émigrant. En dix versets, la Bible propose donc sa généalogie de la ville, l'orgueil des hommes puis, dans la foulée, sa critique de celles-ci accompagnées de deux malédictions : la fin d'un langage unique et la confusion des langues, puis la malédiction qui consiste à transformer un peuple uni par la même langue en peuples éparpillés incapables de se comprendre.
La lecture de cette allégorie comme une détestation divine des villes pensées en lieux de la dépravation n'est pas courante. Pas plus qu'avec les commentaires de Caïn, je n'ai lu la totalité de ce qui s'est écrit sur ce sujet, mais il m'est avis que les glosateurs qui sont souvent gens des villes (du moins ils sont rarement gens des champs et, s'ils l'ont été un jour, ils ne le demeurent pas car ils vont se cultiver auprès de professeurs, dans des écoles où se trouvent des bibliothèques, donc dans les cités) n'en diront pas du mal. La déliaison entre gens de savoir et gens de la campagne est une malédiction pour le savoir, pas forcément pour les campagnes…
Dieu est conservateur ! Il aime donc la tradition pastorale associée aux sacrifices d'animaux en même temps, c'est logique qu'il ne goûte pas particulièrement les cités, les agglomérations, les villes que l'on doit à Caïn, d'une certaine manière le patron des architectes. Elles sont des lieux de perdition, voyez Babylone, Sodome ou Gomorrhe. Abel vivant, il n'eut pas construit la première ville, il aurait continué à vivre sous sa tente dépliée le soir et repliée le matin avant le départ des moutons.

De la même manière qu'on peut effectuer une lecture éthologique de l'histoire de Caïn & Abel (les sédentaires territorialisés redoutent a priori le nomade déterritorialisé qui met en péril leur territoire), on peut mobiliser ces mêmes catégories pour expliquer l'allégorie de Babel (la concentration de nomades sédentarisés dans les villes s'avère toxique).

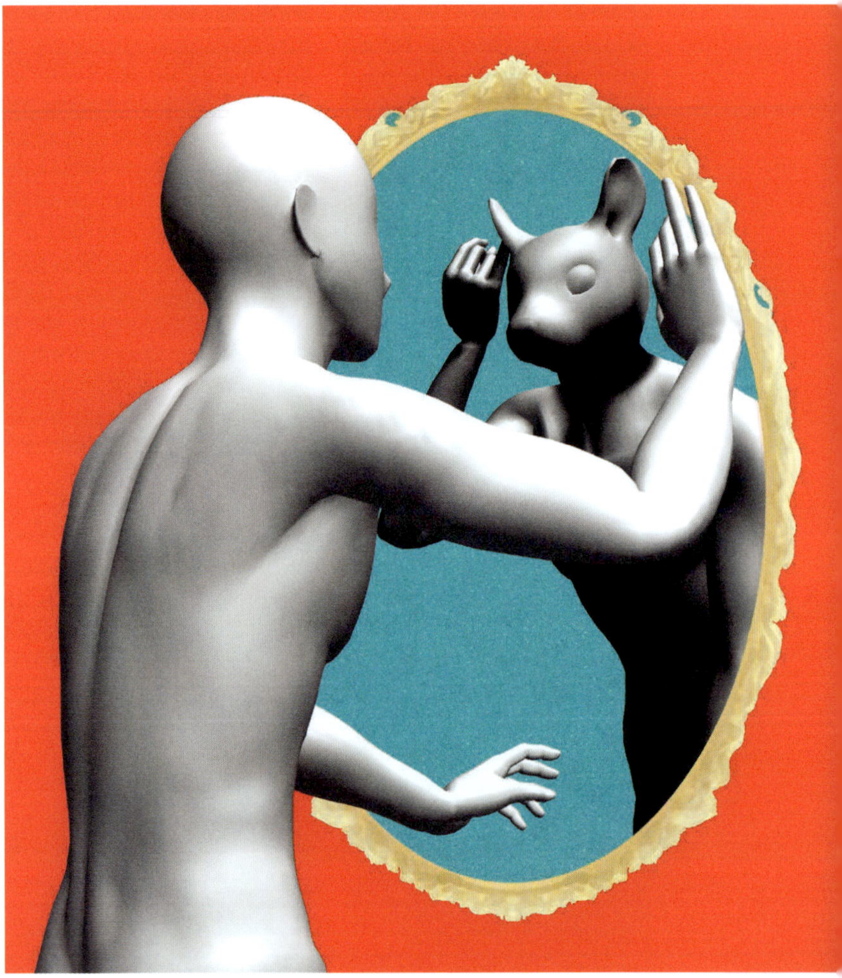

On a hélas beaucoup oublié les travaux d'Henri Laborit, qu'Alain Resnais avait en son temps génialement cinématographié dans *Mon oncle d'Amérique* (1979).

Laborit était un scientifique qui philosophait et popularisait, au bon sens du terme, l'éthologie. Il expliquait par exemple comment se comporte un rat (mammifère avec lequel les humains ont plus de ressemblances qu'ils ne croient) une fois soumis à une situation de stress : soit il peut fuir (l'un de ses livres a pour titre *Éloge de la fuite*) alors tout se passe bien ; soit il ne le peut pas et il existe dans ce cas deux hypothèses : (1) seul, il somatise et déclenche toutes les maladies possibles et imaginables – cardiovasculaires, cancéreuses, dermatologiques, AVC, ulcères à l'estomac, dépressions, insomnies… (2) accompagné par un congénère ou plusieurs, il agresse son prochain qui ne lui a rien fait, le mord, le griffe, le blesse et, au prix de cette violence, il évite la somatisation…

Pour illustrer ces thèses à l'écran, Laborit a savamment construit son film – que j'ai vu des dizaines de fois avec mes élèves du temps où j'étais professeur dans un lycée technique, ce qui m'a permis d'en mesurer l'ingénieuse et géniale complexité architectonique – en blocs dans lesquels s'insèrent d'autres blocs, les blocs se répétant sur un mode contrapuntique.

Dans l'un d'entre eux, les personnages du film incarnés par de grands noms du cinéma que l'on voyait dans un autre bloc, apparaissent avec leurs corps, leurs costumes, mais avec un masque de rat en lieu et place du visage. Mis en scène dans des situations de stress, ils étaient montrés en train de s'échapper, ce qui assurait leur équilibre, ou ne pouvant s'échapper, autrement dit somatisant, ou bien encore agressant leurs congénères innocents.

Resnais & Laborit présentent la genèse éthologique de la violence : elle ne vient pas de n'importe où, elle n'est pas l'effet du péché originel, elle n'est pas l'étrange produit d'un non moins étrange « mal radical » kantien ou d'une « pulsion de mort » freudienne, elle surgit quand, dans le territoire, les mammifères que nous sommes se trouvent soumis à un stress auquel ils ne peuvent échapper par la fuite.

Un pays est un territoire, de même dans le cas d'un village ou d'un continent ;

l'immigration qui met en péril son partage et son occupation traditionnelle constitue un stress identitaire. Que faire de ce stress ? Le nier n'a aucun sens, c'est se mettre la tête dans le sable. Le réel n'a pas de double ni de contraire, c'est d'ailleurs sa définition. Reprenons Laborit.

La fuite n'est pas possible. On ne quitte pas son pays sous prétexte que d'autres y entrent.

La somatisation est pensable : des pathologies sociales existent sur le même principe que les pathologies individuelles. Une société peut connaître les affres de la maladie : un cancer qui la ronge tout autant qu'une névrose ou une psychose qui la ravage, un infarctus qui la menace, sinon un AVC qui l'a abîmé – le totalitarisme, le nihilisme, l'égotisme, le relativisme...

L'agressivité est inévitable. Et l'on se dispensera ici de lister dans le détail ce qui, de l'incivilité la plus banale au terrorisme le plus sanglant, en passant par les affres du communautarisme ou dudit séparatisme, sans oublier la délinquance ordinaire, témoigne en faveur de cette thèse. Ce qui se trouve nommé les « territoires perdus de la République » ne le sont pas que pour la République, ils le sont aussi et surtout pour les valeurs humanistes de la civilisation judéo-chrétienne.

On peut aussi penser que le stress est évitable. Ni fuite, ni somatisation, ni agressivité, mais force de la maîtrise et maîtrise de la force : on peut vouloir en effet apprivoiser puis dompter ce qui nous menace en préservant ce qui nous préserve, notre civilisation. On peut en effet la constater, la connaître, la vouloir, l'aimer, la défendre et ne pas tenir pour rien Montaigne et Gesualdo, Galilée et Descartes, Dom Pérignon, Corneille et Le Brun, Voltaire et Mozart, Swift et Rubens, Nietzsche et Dostoïevski, Pasteur et Leopardi, Antonin Carême et de Gaulle...

Ce stress identitaire de qui voit son monde en péril concerne des mammifères inquiétés dans leur être. L'étranger est indépendant de sa couleur de peau, de sa nationalité, de sa religion, de son sexe, de ses opinions, de son âge, de son passé : ce qui inquiète en lui, c'est justement son étrangeté qui fait craindre une menace pour le projet de tout vivant qui veut être et persévérer dans son être. En deux millénaires, le judéo-christianisme a produit une identité dans le sang, la sueur, les larmes, dans son être et sa façon de persévérer dans son être avec sa mise en cause, son dépassement et sa contradiction ayant généré sa plasticité après la Renaissance et les Lumières : vouloir franchement la permanence de cette identité n'est pas un vain projet.

En cette fin de civilisation judéo-chrétienne, le stress recouvre la zone géographique de notre espace spirituel : l'Europe géographique. Depuis un demi-siècle, les habitants de ce territoire voient en effet arriver massivement non pas des individus issus d'une même civilisation, des Italiens et des Polonais, des Portugais et des Grecs, des Danois et des Allemands, des Anglais et des Finlandais, des Russes et des Roumains, comme ce fut le cas au XIXe et au XXe siècle, mais des personnes qui, venues d'autres zones culturelles, apportent avec elles une autre civilisation, sans avoir le projet d'en changer pour adopter celle de l'hôte qui les accueille. L'immigration intra-européenne est homogène d'un point de vue civilisationnel : elle ne pose aucun problème. Une personne qui arrive d'une même civilisation, fût-elle extra-européenne, pourvu qu'elle soit judéo-chrétienne, je songe par exemple aux Australiens, aux Néo-Zélandais, aux Américains des deux Amériques, s'avère une richesse pour la civilisation, une énergie, une force, une puissance de congruence.

« CE QUI SE TROUVE NOMMÉ LES "TERRITOIRES PERDUS DE LA RÉPUBLIQUE" NE LE SONT PAS QUE POUR LA RÉPUBLIQUE, ILS LE SONT AUSSI ET SURTOUT POUR LES VALEURS HUMANISTES DE LA CIVILISATION JUDÉO-CHRÉTIENNE. »

Le cas de l'immigration massive, donc non raisonnée, sinon déraisonnable, qui fait affluer dans le grand corps malade d'une civilisation judéo-chrétienne bien abîmée, quantité de personnes n'ayant pas le projet de changer de valeurs pour épouser celles du continent qui les accueille, mais qui revendiquent en revanche d'imposer leur mode de vie à ceux qui les accueillent, voilà qui pose problème.

Par ailleurs, il existe des civilisations qui ne se construisent pas dans le désir d'en détruire une autre ou d'autres, sinon les autres. Si l'islam politique ne fait pas mystère de son universalisme anti-judéo-chrétien et, en vertu du principe coranique que « le paradis est à l'ombre des épées », de son choix des armes pour imposer sa loi, le continent asiatique, hindouiste ou bouddhiste, sinon confucéen ou shintoïste, animiste, ne se pose pas, lui, en civilisation remontée contre l'Europe judéo-chrétienne, ni en civilisation alternative, de remplacement, mais en civilisation pacifique qui ne demande pas l'hospitalité pour prendre possession de la maison qui les accueille, mais pour y vivre non sans respecter ses lois propres, ses us et coutumes, ses traditions, sa langue, mais dans le cadre républicain français. Si le communautarisme n'est certes pas la solution qui reste l'assimilation, il l'est bien plus que le séparatisme, qui refuse l'assimilation de l'étranger en France avec agressivité et véhémence, et souhaite en revanche celle de la France dans le monde de sa culture, sinon dans sa civilisation – je parle de l'islam politique, rappelons-le, et pas de l'islam comme religion privée. La France se fait de qui veut la faire, étrangers compris bien sûr ; elle se défait de qui refuse de la faire, pas seulement les étrangers.

Ça n'est donc pas l'immigration qui pose problème en tant que telle, essentialisée, et qui serait soit une chance, si l'on en croit la « gauche », soit une malédiction, si l'on écoute la « droite », car, historicisée, l'immigration est chance quand elle permet de faire être et persévérer dans son être une civilisation, mais une malédiction quand elle travaille à détruire cette civilisation dans son être et sa durée.

On peut, comme c'est mon cas, préférer la liberté à la servitude et à la soumission, l'égalité à l'inégalitarisme ontologique, par exemple entre hommes et femmes, croyants et mécréants, musulmans et infidèles, hétérosexuels et homosexuels, la fraternité universelle au patriarcat tribal, la laïcité à la domination du clergé d'une religion dans le quotidien de la vie, le féminisme à la toute-puissance phallocentrique, le rationalisme à la soumission aux articles de foi, l'humour et l'ironie de Rabelais et Voltaire au sérieux des ministres d'un Dieu.

Je ne veux pas d'une civilisation construite sur des valeurs qui ne sont pas les miennes : la servitude, l'inégalité entre les sexes et les sexualités, la séparation et l'opposition belliqueuse entre les coreligionnaires et les autres, la domination des hommes sur les femmes, des pères sur leurs filles, des frères sur leurs sœurs, la soumission aux diktats religieux, le refus du rationalisme. Autrement dit, je ne souscris pas à une culture qu'au XVIIIe siècle, on nommait les anti-Lumières. Cette civilisation qu'on nous propose, nous en venons après nous en être arrachés : y aller, ce serait un régrès mais nullement un progrès.

3
QUE FAIRE ?

On doit au poète martiniquais Édouard Glissant des incursions, voire des excursions, sur le terrain politique. L'homme qui soutenait Castro et le castrisme a élaboré le concept de créolisation. Un certain Jean-Luc Mélenchon y a récemment fait positivement référence. Gageons que le néo-robespierriste aura lu au plus près les textes du poète dans lesquels ce concept se trouve activé avant de s'en faire le thuriféraire.

Glissant est un disciple du Deleuze & Guattari de *Mille Plateaux*, sous-titré *Capitalisme et Schizophrénie* (1980). Voilà qui est un gage de haute tenue poétique, mais l'imaginaire fait rarement bon ménage avec un projet de société qui demande moins rêverie et poétique que réalisme et pragmatisme.

Dans *Introduction à une poétique du divers*, il affirme que « le monde se créolise, c'est-à-dire que les cultures du monde mises en contact de manière foudroyante et absolument consciente aujourd'hui les unes avec les autres se changent en s'échangeant à travers des heurts irrémissibles, des guerres sans pitié mais aussi des avancées de conscience et d'espoir qui permettent de dire – sans qu'on soit utopiste, ou plutôt, en acceptant de l'être – que les humanités d'aujourd'hui abandonnent difficilement quelque chose à quoi elles s'obstinaient depuis longtemps, à savoir que l'identité d'un être n'est valable et reconnaissable que si elle est exclusive de l'identité de tous les autres êtres possibles. Et c'est cette mutation douloureuse de la pensée humaine que je voudrais penser avec vous ».

Heurts irrémissibles, guerres sans pitié, mutation douloureuse, mais aussi effets de foudre et difficiles abandons, on ne peut mieux annoncer la couleur : même pour Glissant, la créolisation se révèle traumatisante ! Malgré tout, il la souhaite, il la veut, il l'espère, il y travaille, il invite à s'y soumettre tout en disant qu'on ne peut aller contre. Il ne propose rien moins qu'une « conversion de l'être », autrement dit un changement de paradigme, exprimons-le plus clairement : une révolution pour abolir la civilisation judéo-chrétienne localisée afin de la remplacer par une civilisation créolisée mondialisée.

La civilisation judéo-chrétienne est bien sûr blanche, colonisatrice, oppressante, tournée vers l'Un, elle a pour foyer géographique la mer Méditerranée qui est fermée, qui concentre, clôt et s'avère le creuset généalogique du monothéisme qui forge et consacre le triomphe de l'Un. En revanche, la civilisation créolisée, métissée, mélangée, a pour modèle la mer des Caraïbes, une mer évidemment ouverte sur le transit, le passage, la rencontre, la confusion, l'échange. On l'aura compris, voici une énième variation occidentale sur le thème du Bien et du Mal, du noir et du blanc, du vrai et du faux – une pensée blanche.

«

SI LE COMMUNAUTARISME N'EST CERTES PAS LA SOLUTION QUI RESTE L'ASSIMILATION, IL L'EST BIEN PLUS QUE LE SÉPARATISME, QUI REFUSE L'ASSIMILATION DE L'ÉTRANGER EN FRANCE AVEC AGRESSIVITÉ ET VÉHÉMENCE, ET SOUHAITE EN REVANCHE CELLE DE LA FRANCE DANS LE MONDE DE SA CULTURE.

»

D'ailleurs, Glissant, qui fait l'éloge du créole (comme s'il s'agissait d'une langue unique alors qu'il en existe une quantité…) n'écrit pas par hasard tous ses livres en français ! Et l'on ne compte pas les années passées à Paris ou aux États-Unis de ce défenseur de la Martinique.

Glissant emprunte à Deleuze l'opposition, très occidentale elle aussi, très blanche donc, entre la racine et le rhizome. La civilisation judéo-chrétienne est racinaire ; la civilisation créole, rhizomique. La première suppose une filiation, un atavisme, une origine, un lignage et, bien sûr, une prétention à l'universel qui méprise et écrase tout ce qui n'est pas lui. Elle débouche donc sur « massacre » et « génocide », une invention blanche, naturellement, qui se construit sur des « mythes fondateurs » ; la seconde est composite, diverse, diffractée, multiple, dépourvue de centre et repose sur des « mythes d'élucidation ». Autrement dit, variation sur le thème des méchants blancs et des bons créoles, des indiens et des cow-boys : « La racine unique est celle qui tue autour d'elle alors que le rhizome est la racine qui s'étend à la rencontre d'autres racines. » On l'aura compris, la civilisation judéo-chrétienne est massacreuse et génocidaire, alors que la civilisation créole se montre toujours et partout idyllique.

Où l'on voit que Glissant oppose deux civilisations en estimant l'une détestable, la blanche et occidentale, et l'autre formidable, la créole et caribéenne. Il se fait dès lors qu'on a du mal à le croire quand il écrit : « La créolisation suppose que les éléments culturels mis en présence doivent obligatoirement être "équivalents en valeur" pour que cette créolisation s'effectue réellement. C'est-à-dire que si dans des éléments culturels mis en relation certains sont infério-

risés par rapport à d'autres, la créolisation ne se fait pas vraiment. Elle se fait mais sur un mode bâtard et sur un mode injuste. »
Car pour m'exprimer avec ses mots, la créolisation selon Glissant ne fait pas de l'élément judéo-chrétien mis en présence un équivalent en valeur de l'élément caribéen : le premier, judéo-chrétien, est en effet associé au racisme, au colonialisme, à la guerre, au génocide alors que le second, caribéen, se trouve rangé aux côtés d'un paradis épargné par toute négativité ! C'est une variation sur le thème éculé du bon sauvage.
Cette proposition idéologique passe sous silence l'histoire de Cham, née en Orient, lire et relire la Genèse, encore, la traite négrière initiée par les arabo-musulmans dès le VIIe siècle qui a occasionné la mort d'une quinzaine de millions d'Africains, la multiplicité des guerres tribales africaines au cours des siècles, bien avant la présence des Blancs ou, plus récemment, le génocide rwandais, sinon le racisme qui, en Martinique, quotidiennement à cette heure encore, n'oppose pas seulement les « Noirs » et les « Blancs », ce qui serait simple et binaire comme une pensée occidentale, mais les couleurs de peau des façons d'être « noir » : nègre, chabin, neg-nwe, sang-mêlé, lapo sové, câpre, chapé coulis, un racisme intracommunautaire que Glissant met évidemment en relation avec des restes de colonialisme un bon siècle et demi après son abolition. Si les gens de couleur sont racistes, c'est bien sûr parce que les Blancs les ont colonisés il y a six siècles.

Le biographe d'Édouard Glissant, François Noudelmann, rapporte une scène étrange dans laquelle l'auteur du *Tout-Monde* illustre sa théorie de la créolisation avec une drôle d'allégorie. En Italie, le poète nage dans la mer Méditerranée et se fait brûler par « une méduse venimeuse ». À un enfant qui le questionne, « il explique la géographie des méduses, des êtres flottants de la surface aux abîmes, sans aucune patrie, déliés d'attaches et de parenté, qui voguent parmi les courants de toutes les mers, dénuées d'origines repérables. Les méduses annoncent un autre monde, où le centre et la périphérie s'évanouiront, laissant place aux circulations les plus labiles ». Il peut paraître étrange, voire très étrange, que la méduse, connue pour la toxicité de son venin qui peut être mortel, chez la cuboméduse par exemple, puisse servir de métaphore à la créolisation du monde ! Comment peut-on vouloir un avenir de méduses ?
Glissant ne veut pas le métissage mais la créolisation, car « la créolisation est imprévisible alors qu'on pourrait calculer les effets d'un métissage ». Autrement dit, il souhaite la créolisation, sans savoir ce qu'elle produira tout en disant qu'il faut désirer et aimer ce que l'on ignore et qui ne manquera pas d'arriver. Mais s'il prétend ignorer ce qui en résultera, il se félicite tout de même de ce qui adviendra ! Tout, plutôt que du blanc.
Ajoutons à cela que, ne sachant rien de ce qui sera, il précise tout de même : « Il peut y avoir des créolisations sans violence, il me semble qu'il peut y avoir des créolisations sans violence. Pourtant, je cherche des exemples et je n'en trouve pas ! » L'homme a soutenu une thèse d'État en philosophie à la Sorbonne ; en toute bonne logique, il devrait conclure que ce qui s'avère impossible à observer dans la réalité, l'absence de violence lors du processus de créolisation, n'existe pas et qu'en revanche, ce qui se montre, la violence lors du processus de créolisation, existe et peut-être même se trouve seule à exister ! Mais nous ne sommes pas en bonne logique : Glissant pense en poète, il le revendique, ce qui l'autorise à une « poétique du chaos » à laquelle il aspire… On peut ne pas vouloir faire du chaos un horizon historique.
Quand une intuition poétique sous-tend un programme politique ayant la prétention à

« CETTE CIVILISATION DE MÉDUSES CONVIENT AU CAPITALISME PLANÉTAIRE. C'EST SON RÊVE DE N'AVOIR AFFAIRE QU'À DES MÉDUSES VENIMEUSES SANS CERVEAU – IL PARVIENT DÉJÀ À EN PRODUIRE TELLEMENT… »

une visée civilisationnelle planétaire, on peut sinon moralement du moins épistémologiquement exiger autre chose que la rêverie, l'imagination ou l'utopie qui produit des ravages quand ceux qui s'en réclament veulent localiser ce qui, c'est sa définition, se veut sans lieu, le demeure et le demeurera quoi qu'on fasse. Il est rare qu'une utopie ne s'avère pas meurtrière. On peut avoir le projet de ne pas vivre comme une méduse dans un monde de méduses. Une civilisation composée de gélatines venimeuses sans cerveau ? Non merci...

En revanche, cette civilisation de méduses convient au capitalisme planétaire. C'est son rêve de n'avoir affaire qu'à des méduses venimeuses sans cerveau – il parvient déjà à en produire tellement... Le poète martiniquais, ruse de la raison pour ce castriste mitterrandien, aura œuvré pour le capital qui travaille ardemment au devenir méduse de ce qu'on appelait jadis les hommes.
Paradoxalement, Édouard Glissant se réclame de Segalen, de l'immense Segalen, auquel il emprunte le concept de « Divers ». Mais se rend-il compte, l'homme qui écrit *La Terre magnétique*, qu'il travaille à rebours de ce qu'il se propose de réaliser ?
Car, si le poète nietzschéen Segalen veut vraiment que soit, dure et perdure le Divers, il faut lire son magnifique *Essai sur l'exotisme*, Glissant, qui s'enchante du chaos inédit et imprévisible rendu possible par la violence de la créolisation du monde, s'active à construire ce qu'il prétend exécrer : non pas un monde du Divers mais un monde unifié, un monde Un, un village global, une planète fade, un homme unidimensionnel - ni noir ni blanc, ni même métissé ou créolisé, mais gris, comme dans *1984*. Tel un écologiste qui travaillerait à la destruction des espèces, sous prétexte de les préserver, son « Tout-Monde » ressemble à s'y méprendre à un Monde-Un, autrement dit à une terre sur laquelle le Divers a disparu en entraînant la mort d'une multiplicité de civilisations. Dans *Les Immémoriaux*, Segalen raconte comment une civilisation s'effondre, en l'occurrence celle des Marquisiens. Le jour où le chef n'est plus capable de réciter les généalogies par cœur, autrement dit quand il a perdu la mémoire de l'histoire de son peuple, c'est fini. Les missionnaires peuvent dès lors arriver : ce ne sont pas les chrétiens qui éradiquent la civilisation maorie, ce sont les Maoris eux-mêmes qui, insoucieux de leurs racines, oublieux de leur passé, méprisant leurs généalogies, se riant de leurs ancêtres, haineux de leur histoire, frivoles avec leurs morts, laissent la place libre à ceux qui les colonisent. Segalen nous l'enseigne : une civilisation ne meurt pas de ceux qui la détruisent mais de l'inertie coupable de qui laisse faire ceux qui la défont. ◆

ÉCONOMIE

L'IMMIGRATIONNISME, UNE RUSE DE LA RAISON EUROPÉENNE

PAR

GUILLAUME BIGOT

Du point de vue des élites européennes, l'immigration incontrôlée représente une aubaine permettant d'affaiblir le sentiment national au sein des États et de fluidifier le marché du travail. Seulement, comment faire passer la pilule ? Comment interdire toute objection ? Par l'argument éthique, pardi ! Sachant que l'effet devient imparable dès lors que l'on agite l'épouvantail hitlérien et le croque-mitaine colonial.

Depuis la crise des Gilets jaunes, le président de la République explique que l'immigration relève d'un tabou qu'il convient de briser. Le 10 décembre 2018, il faisait ainsi connaître son souhait de voir figurer ce sujet parmi les thèmes du grand débat national. Las. En dépit de cet appel à libérer la parole, sa plume est restée serve. La lettre qu'il a signée pour présenter le grand débat national commence prudemment par un rappel de principe sur la citoyenneté... Une citoyenneté réduite au « vivre ensemble ». Puis, la missive présidentielle égrène les articles de foi immigrationnistes. Le droit d'asile y est présenté comme une obligation « qui ne saurait être remise en cause ». La France y est dépeinte comme une terre ayant connu l'immigration de toute éternité : « Notre communauté nationale s'est aussi toujours ouverte à ceux qui, nés ailleurs, ont fait le choix de la France, à la recherche d'un avenir meilleur (...). » S'ensuit cette interrogation à l'adresse des Français : « Que proposez-vous pour améliorer l'intégration ? » La formulation exclut que le nombre de nouveaux venus ou que leur assimilation soient même questionnés.

La prose d'Emmanuel Macron reflète parfaitement les préjugés des classes dirigeantes européennes. Pour elles comme pour lui, l'immigration doit être pensée comme un enjeu humanitaire et une fatalité. Que des gens a priori correctement formés puissent, à ce point, simplifier une question aussi complexe que celle de l'immigration peut sembler déroutant. La raison de tant de simplisme tient en deux mots : Union européenne.

Le projet européen puise ses sources dans le rejet des nationalismes ayant supposément conduit les nations à se déchirer au cours des deux guerres mondiales. Dès sa conception, le grand dessein entend effacer les frontières et rapprocher les peuples. Et pour ce faire, promeut une vision extrémiste des droits de l'homme. Imposés contre la volonté populaire, ces droits sont sanctuarisés par les juges s'appuyant sur les traités et consacrant une immigration juridique[1], grâce à l'interdiction de limiter le regroupement familial et à la surprotection de tout étranger se prétendant réfugié.

Autre pilier de la construction européenne : la théorie du libre-échange, qui a d'abord conduit à la signature de traités commerciaux puis à la mise en œuvre de l'euro (dont l'effet a été de polariser la production), organisant ainsi une libre circulation des facteurs de production, y compris la main-d'œuvre. Ainsi, plus la construction européenne s'approfondit, plus les frontières s'ouvrent et se mutualisent (avec la création de la zone de Schengen), et plus l'immigration s'en trouve facilitée.

En plus de la phobie des frontières et du culte du marché, l'édification d'un État supranational sur le vieux continent porte en germe l'évaporation des allégeances nationales. Si le projet européen réussit, un Irlandais se sentira à la maison en Italie et un Letton sera chez lui en Espagne. Le sentiment d'appartenance politique, le fait de bénéficier de droits ne sera plus lié à une nationalité. L'utopie européiste consiste moins à mettre en avant une identité européenne qu'à se débarrasser de la notion d'identité, sauf pour les minorités dont les droits se voient constamment renforcés. Au début des années 2002, lors de la rédaction d'un préambule pour le projet de Traité constitutionnel européen, la

[1] L'expression est consacrée par l'ancien directeur de la DGSE, Pierre Brochand, dans une note rédigée pour la fondation Res Publica, juillet 2019.

référence aux racines chrétiennes de l'Europe fut ainsi rejetée. Pour que l'Europe triomphe, il faut que les nations s'anémient. Alors qu'en réalité, elles seules peuvent assimiler.

FAIRE UNE BONNE ACTION EN FAISANT UNE **BONNE AFFAIRE**

Les classes dirigeantes nationales partagent les préjugés des technocrates bruxellois sur les besoins supposés de l'économie ou de la démographie de leur pays. Elles sont persuadées qu'en ouvrant à ceux qui frappent à nos portes, elles feront à la fois une bonne action et de bonnes affaires.

En 2015, c'est aussi pour répondre aux besoins du patronat allemand qu'Angela Merkel décida d'accueillir un million de réfugiés. En troquant le marxisme-léninisme de sa jeunesse pour le libéral-friedmanisme de sa maturité, la chancelière est passée d'un économisme à un autre, même si elle a quelque peu déchanté depuis.

Toute immigration dans un pays dont le taux de chômage est supérieur à 5 %[2] exerce une pression à la baisse sur les salaires. Cette pression se révèle plus forte encore si l'immigration est illégale et que les nouveaux venus sont embauchés au noir. L'immigré est souvent le meilleur ami des actionnaires. Rien de surprenant à ce que le Parti communiste français, jusqu'au début des années 80, se soit opposé à l'accueil de travailleurs immigrés.

« LES CLASSES DIRIGEANTES NATIONALES SONT PERSUADÉES QU'EN OUVRANT À CEUX QUI FRAPPENT À NOS PORTES, ELLES FERONT À LA FOIS UNE BONNE ACTION ET DE BONNES AFFAIRES. »

La gauche a longtemps su que l'immigration économique est un processus doublement subi : par les salariés indigènes, mais aussi par les immigrés contraints à l'exil pour subvenir à leurs besoins. Les marxistes étaient favorables à la lutte des classes « locales ». Dans le mot « international », il y a « national », disait Jaurès qui défendait le patriotisme, pas le globalisme. Qu'un médecin originaire d'un pays pauvre abandonne les siens pour chercher fortune dans un pays développé aurait été vilipendé par les partisans de la révolution prolétarienne.

Seulement, portée par le Mai 68 estudiantin, une idéologie aux accents gauchistes un peu puérils finit par prendre l'ascendant. Exaltés par l'arrivée du printemps, les élèves des universités de Nanterre et de la Sorbonne (qui étaient tous des enfants de la bonne bourgeoisie) renversèrent la Dauphine de grand-maman sur le boulevard Saint-Michel. Leurs parents, dans les ministères, refusèrent de tirer sur ce monôme. Certes, lorsque ces futurs médecins et avocats cherchèrent à mobiliser les ouvriers au service de leur Grand Soir, ils se heurtèrent à une indifférence polie. Le Grand Soir ? Les cols-bleus lui préféraient leur samedi soir ! Aussi, les objectifs proprement politiques firent long feu. Mais la révolution culturelle gaucho-libertaire, elle, fut gagnée.

Quelques décennies plus tard, se souvenant des rebuffades des ouvriers restés fidèles au PCF, les insurgés du Quartier latin éprouvèrent peu de scrupules en se convertissant au fédéralisme européen et en ouvrant les vannes de la libre circulation des capitaux, des biens et des personnes. Le rejet des frontières morales finira par supprimer les frontières géographiques et juridiques.

La haine du patriarcat portait en son sein celle des patries. Il est interdit d'interdire, proclamèrent-ils (y compris interdit d'interdire de licencier ou de se déplacer, pensaient-ils). Il fallait jouir sans entrave, s'enflammaient-ils (mais on allait aussi pouvoir investir et migrer sans limites, jubilaient-ils).

[2] C'est la moyenne du taux de chômage dit naturel dans les pays de l'OCDE.

LE **PROLÉTAIRE** DE SUBSTITUTION

La gauche gouvernementale et maastrichtienne finit donc par se désintéresser du sort d'une classe ouvrière laminée par sa politique de l'offre, du franc puis de l'euro fort. Et par se laver les mains des effets de l'immigration incontrôlée. Elle nourrissait déjà du dépit envers ces prolétaires trop égoïstes pour préférer le Grand Soir au samedi soir. Ce dépit ne tardera pas à se transformer en mépris. L'abandon de la défense des intérêts économiques et sociaux des prolétaires nationaux par l'élite européiste permit à l'extrême droite de s'emparer de cette thématique avec le succès que l'on sait. À l'Élysée, François Mitterrand organisa la manœuvre. C'est lui qui arbitra le virage de la rigueur. Lui qui exhuma Jean-Marie Le Pen des poubelles de la quatrième République et propulsa dans les médias ce tribun d'exception. C'est encore lui qui chargea Jean-Louis Bianco[3] de couver SOS Racisme, géniale opération d'agit-prop mobilisant la jeunesse contre un prolétaire français que l'on s'empresse de taxer de racisme après l'avoir jeté dans les bras de l'extrême droite. Le Florentin invente le poison (le Front national) et l'antidote (SOS Racisme).

SOS Racisme ne se lança pas seulement à l'assaut du racisme supposé de prolétaire français, il fit également monter sur le pavois une nouvelle icône : celle du migrant qui supplanta l'ouvrier. Spartacus et Jésus se réincarnèrent en sans-papiers. L'exilé devint la nouvelle icône sociale et politique d'un monde sans frontières. À la fois effet et cause de la globalisation, il fut défini comme un effet naturel du réchauffement climatique et un enfant légitime de l'Organisation mondiale du commerce. Entre-temps, le libéralisme avait succédé au marxisme comme pont aux ânes et prêt-à-penser. Résultat, l'émancipation individuelle a disrupté l'émancipation collective. Le progrès sociétal a ubérisé le progrès social.

Prenant son destin en main, le sans-papiers est dès lors respecté comme entrepreneur de son existence. Exotique et mobile, il ne sent pas le moisi des racines. L'adulation à son endroit a permis à une génération de politiciens ayant violemment pris fait et cause contre les plus modestes de se prétendre mais aussi de s'autopersuader qu'ils étaient encore « de gauche ». La figure

[3] Il est alors secrétaire général de l'Élysée sous la présidence de François Mitterrand.

du migrant permet de se rassurer sur le fait que l'on reste du bon côté de la barricade, que l'on se tient toujours aux côtés des damnées de la terre, des plus pauvres encore que les pauvres indigènes[4].

L'HYSTÉRÈSE DE **L'OCCUPATION**

Au fond, ce laissez-faire-laissez-passer en matière migratoire permet aux classes dirigeantes européistes de mettre en œuvre la boutade de Bertolt Brecht, qui suggérait de « changer de peuple ». Le fait que le thème de la maîtrise des flux migratoires ait été abandonné aux héritiers des vichystes et des partisans de l'Algérie française facilite grandement cette substitution du migrant au prolétaire. Soutenir l'accueil de tous les étrangers, leur réserver la place du pauvre ne revient pas seulement à se montrer bon. Pour qui la cultive, cette posture morale permet de rejouer la guerre d'Espagne à trottinette. Car signer une pétition en ligne en faveur de la régularisation des sans-papiers procure le sentiment grisant d'avoir presque secouru des juifs durant l'Occupation. Tandis que ceux qui se refusent à accueillir toute la misère du monde laissent entrevoir le sinistre rôle qu'ils auraient joué aux heures les plus sombres !

Partout en Europe, les associations de défense de « migrants » n'hésitent pas à comparer les centres de détention administrative à des camps de concentration et la reconduite à la frontière à des déportations. Selon eux, suspendre le regroupement familial reviendrait à séparer les enfants des parents. Cela ne vous rappelle rien ? Pour excessif qu'elles paraissent, ces comparaisons exercent un effet massue.

L'impossibilité d'agir de manière efficace et déterminée pour limiter les flux migratoires pourrait d'ailleurs puiser sa source dans ce que les économistes appellent un « effet d'hystérèse ». D'après cette théorie, la réminiscence d'un traumatisme peut modifier le comportement dans un sens qui serait autrement inexplicable. Un exemple de ce mécanisme est offert par la politique monétaire européenne : selon certains observateurs, l'acharnement anti-inflationniste de la Bundesbank et de la Banque centrale européenne ne résulte pas de causes présentes, mais du souvenir cuisant laissé par l'hyperinflation endurée par l'Allemagne entre 1921 et 1924. Autre exemple célèbre : la célèbre patiente de Sigmund Freud, Anna O., déclenchait des crises d'angoisse à la vue de certains objets car ceux-ci étaient associés à des évènements traumatiques dont elle n'avait plus conscience mais qui continuaient à la hanter. Le fondateur de la psychanalyse comparait sa patiente à un Londonien qui aurait paniqué en passant devant un monument de sa ville destiné à commémorer le grand incendie de 1666. En transposant de tels réveils traumatiques à l'échelle collective, on comprend mieux pourquoi nos dirigeants ne peuvent se résoudre à expulser les immigrés clandestins.

L'hystérèse de la période de l'Occupation est probablement un facteur qui empêche la société française de regarder les enjeux migratoires de manière apaisée et qui paralyse l'action de l'État. Ordonner à la police de vérifier l'origine des gens et leur droit à séjourner sur notre territoire, leur demander de les arrêter s'ils sont clandestins, puis les parquer dans des centres de rétention avant de les expulser, tout cela ravive des souvenirs trop pénibles.

Cette altération à la fois anachronique et inconsciente de notre perception du phénomène migratoire vient renforcer le

[4] En France, la précarité des autochtones n'est pas moindre que celle des populations issues de l'immigration. Les transferts bancaires des diasporas vers les pays d'origine représentent 14 milliards par an. Les populations issues de l'immigration bénéficient également de transferts sociaux spécifiques (la Rénovation urbaine, par exemple).

chantage moral permanent qui empêche de l'examiner dans toute sa complexité. Un mécanisme d'hystérèse s'appuie sans doute également sur les mauvais souvenirs de la colonisation et de la décolonisation. L'un des rares pays du vieux continent à agir afin d'éviter que l'immigration ne se transforme en contre-colonisation est à la fois une nation ne nourrissant pas de culpabilité historique à l'égard de l'Occupation et n'ayant pas eu de passé colonial.
Le péché originel de l'immigration consiste à se demander si celle-ci est bonne ou mauvaise en soi, dans l'absolu. Alors que tout est question de conditions. L'Histoire révèle que l'immigration peut s'avérer aussi néfaste que bénéfique. Elle peut détruire comme enrichir une nation, ainsi que ceux qui la rejoignent. Dans une nation contemporaine, je postule qu'au moins quatre conditions doivent être réunies pour qu'elle soit heureuse :

- L'économie du pays d'arrivée doit connaître le plein-emploi, sans quoi les nouveaux arrivants s'intégreront mal et concurrenceront les travailleurs locaux, exerçant une pression à la baisse sur leurs salaires.
- La natalité de la population indigène doit être suffisante car seuls les enfants de celle-ci peuvent assimiler les nouveaux venus. Lorsque des collégiens immigrés ne croisent plus que d'autres collégiens immigrés, à qui peuvent-ils s'assimiler ?
- Le peuple d'arrivée doit être patriote et posséder une grande confiance en lui. Comme le note l'économiste britannique Paul Collier[5] : « La population autochtone doit se faire le prosélyte de sa propre nation. »
- Les arrivants doivent accepter non seulement de changer de géographie, mais aussi d'histoire. Immigrer, c'est réaliser un deuil. Il est d'ailleurs fort compréhensible que certains s'y refusent[6].

Aujourd'hui, plus aucune de ces conditions n'est réunie.
Dans notre pays, le chômage de masse est chronique. Le taux de fécondité des femmes françaises, tombé en dessous du seuil de renouvellement des générations, est supplanté par celui des nouvelles arrivantes. La République n'ose même plus s'avouer française. Et la situation pré-insurrectionnelle que l'on observe dans les zones dites « sensibles » montre que le « plébiscite quotidien » (comme dirait Ernest Renan) qui fait la nation est perdu dans de nombreux quartiers.
Bref, en observant l'évolution de l'immigration au cours des cinquante dernières années, on constate que les conditions permettant d'accueillir correctement les immigrés se sont dégradées au même rythme que les flux migratoires se sont renforcés. Les élites européistes nous contraignent à une immigration juridique forcée, tandis qu'elles nous privent des moyens d'assimiler en délégitimant le sentiment d'appartenance national.
Notre pays est-il toujours en mesure d'accueillir de nouveaux arrivants ? Telle est, quoi qu'en pense Emmanuel Macron, l'unique question morale qu'il convient de se poser dans la France de 2021. En nous souvenant que le *Décalogue* recommande d'aimer son prochain comme soi-même et que les psychanalystes remarquent que « quand on se déteste soi-même on ne peut aimer les autres ». Lorsque l'on déteste sa patrie, on ne peut convenablement y accueillir autrui.◆

[5]Collier P., *Exodus, How migration is changing our world*, Oxford, 2013.

[6]Malika Sorel expliquait que plus d'un Italien sur quatre venu travailler en France au début du siècle dernier était reparti.

DR

Guillaume Bigot
Essayiste, éditorialiste sur CNews, il dirige un groupe d'écoles de commerce (Paris-Nice-Abidjan-Hanoï). Son huitième ouvrage a paru l'an dernier aux éditions Plon : *Populophobie, pourquoi il faut remplacer la classe dirigeante française.*

JUSTICE

LE PILLAGE DE L'AIDE SOCIALE À L'ENFANCE

PAR

RÉGIS DE CASTELNAU

FP

On assiste depuis quelques années en France au dévoiement du système de protection de l'enfance, transformé en maillon par les filières d'immigration clandestine. Chiffres et textes à l'appui, Régis de Castelnau montre l'ampleur du scandale.

Le vendredi 25 septembre 2020, Zaheer Hassan Mahmoud, Pakistanais, blessait grièvement deux personnes au hachoir près des anciens locaux de *Charlie Hebdo*, rue Nicolas-Appert à Paris, que l'hebdomadaire avait quittés après les attentats de janvier 2015. Durant sa garde à vue, il avoua avoir voulu s'en prendre au journal satirique pour la publication des caricatures de Mahomet et reconnut être âgé de vingt-cinq ans, et non de dix-huit, comme il l'avait d'abord prétendu. On apprit ensuite que grâce à une filière bien organisée, il était arrivé en France en juillet 2018, venant du Pakistan, passant par l'Iran, la Turquie, les Balkans et que, parfaitement renseigné, il avait sollicité sa prise en charge par le département du Val-d'Oise pour bénéficier de l'Aide sociale à l'enfance (ASE).

Afin d'obtenir gain de cause, il avait alors assuré être un mineur âgé de seize ans. Il avait présenté pour cela un faux acte de naissance qui le rajeunissait de cinq ans. Devant l'évidence physique du mensonge, les services du département avaient refusé de l'accueillir. Mais dûment conseillé, Zaheer Hassan Mahmoud avait alors saisi le juge pour enfants qui imposa aux autorités du Val-d'Oise son placement, ce qui lui permis de bénéficier pendant deux ans, jusqu'à l'âge théorique de sa majorité, d'une prise en charge matérielle complète. Le jour de l'attentat, sa photo fut publiée et circula sur les réseaux sociaux, établissant l'évidence de l'imposture concernant son âge. Ajouté à l'émotion causée par l'acte terroriste lui-même, le spectacle de cette grossière tromperie fit naître un effroi national. La France prenait conscience d'un véritable scandale, celui du détournement, par des filières d'immigration illégale, de notre système de protection de l'enfance. Une captation massive opérée sur des collectivités territoriales pourtant démunies, qui plus est en pillant leurs budgets, alloués à une mission humanitaire essentielle.

QUEL EST LE **CADRE JURIDIQUE** DE LA PROTECTION DE L'ENFANCE DANS NOTRE PAYS ?

Le problème est relativement simple à décrire : les réseaux de passeurs utilisent notre cadre juridique qui ne fait pas la différence entre les mineurs nationaux en danger et les mineurs étrangers. Ce qui leur permet d'acheminer en France des personnes dépourvues de documents d'identité fiables et de solliciter alors leur prise en charge matérielle et éducative totale par l'ASE. Cette possibilité est largement connue dans les pays d'émigration et alimente un courant très important.

Face à ce phénomène, les départements sont confrontés à une difficulté considérable : celle de l'établissement de la minorité en l'absence de documents fiables. Et comme cette minorité est présumée, il est très difficile de renverser la présomption. Ce qui fait qu'aujourd'hui, une partie très importante des jeunes étrangers pris en charge par ce système, à l'instar du jeune terroriste pakistanais, sont des fraudeurs.

Le directeur général de l'Association des départements de France (ADF) estime que 70 % des personnes qui entrent en France en se présentant comme mineurs isolés ne le sont pas. L'ancien président du Conseil départemental de Seine-et-Marne abonde dans son sens en considérant que la fraude se monte à 80 % dans sa collectivité. La Chambre régionale des comptes de Provence-Alpes-Côte-d'Azur indique quant à elle, au sujet du département des Hautes-Alpes : « Jusqu'en 2016, la majorité des jeunes migrants se présentant au Service enfance famille détenait des documents d'état civil. À compter de 2017, plus de 90 % n'en possèdent pas. Parmi les 10 % qui en présentent, il est constaté une augmentation du nombre de personnes qui produit des documents d'identité sans lien avec le détenteur »

On peut, sans risque de se tromper, considérer que la moitié des étrangers pris en charge en 2019 et 2020 ne remplit pas la condition de minorité. Ce qui ne constitue ni plus ni moins qu'une fraude massive.

Il existe dans notre pays un Code de l'action sociale et des familles (CASF) qui, dans son article L 112-3, en pose les principes : « La protection de l'enfance a pour but de prévenir les difficultés auxquelles les parents peuvent être confrontés dans l'exercice de leurs responsabilités éducatives, d'accompagner les familles et d'assurer, le cas échéant, selon des modalités adaptées à leurs besoins, une prise en charge partielle ou totale des mineurs… » Le 7 août 1990, la France a par ailleurs ratifié la Convention internationale relative aux droits de l'enfant, dont l'article 20 est sans ambiguïté : « Tout enfant qui est temporairement ou définitivement privé de son milieu familial […] a droit à une protection et une aide spéciale de l'État. »
On parlait auparavant de Mineurs isolés étrangers (MIE). Ils sont désormais qualifiés de Mineurs non accompagnés (MNA), si du moins « aucune personne majeure n'en est responsable légalement sur le territoire national ou ne le prend effectivement en charge et ne montre sa volonté de se voir durablement confier l'enfant, notamment en saisissant le juge compétent » (articles L 112-32 et L 221-2-23 du CASF). Ils entrent alors dans le droit commun de la protection de l'enfance et dépendent ainsi des départements. Sans que la régularité de leur séjour soit prise en compte. Ainsi, l'on peut dire qu'en France, un étranger en situation irrégulière âgé de moins de dix-huit ans, est d'abord considéré comme un mineur avant d'être qualifié de clandestin.

QUELLE EST **LA PROCÉDURE** ABOUTISSANT À LA PRISE EN CHARGE PAR L'ASE DES MINEURS ÉTRANGERS LA RÉCLAMANT ?

Lorsqu'un jeune migrant arrive sur le territoire national, il est en général pris en main par des associations ou des réseaux et se voit indiquer les départements auxquels il vaut mieux s'adresser, les pratiques pouvant être différentes d'une collectivité à l'autre. En effet, si 60 % des demandeurs sont considérés comme mineurs, les taux de reconnaissance de la minorité varient beaucoup d'un territoire à l'autre, de 9 à 100 % selon les endroits. Plusieurs départements peuvent évaluer indépendamment et différemment le même candidat, et ceux qui sont déboutés tentent souvent leur chance ailleurs.
C'est dans ces conditions qu'ils sont amenés à se présenter et sont reçus par les fonctionnaires qui, sur la base des éléments qui leur sont fournis, prennent la décision de les accepter ou pas.
Pour déterminer si un jeune étranger relève de l'ASE, sa situation sociale et sa minorité sont évaluées à l'occasion d'un entretien avec un travailleur social. La raison du départ du pays d'origine, tout comme celle de la perte des papiers d'identité (lorsque ceux-ci sont absents), sont bien sûr examinées. Mais rien n'est plus facile que de mentir en pareille situation.
Il arrive aussi que les candidats utilisent des documents dont l'authenticité est sujette à caution. Tant et si bien qu'une note de la police des frontières de 2017 a préconisé de « formuler un avis défavorable pour toute analyse d'acte de naissance guinéen » (la Guinée étant le premier pays d'origine des mineurs isolés en France) du fait d'une « fraude généralisée au niveau de l'état civil ».
Très souvent, les demandeurs sont accompagnés dans toutes leurs démarches par des militants d'associations d'aides aux migrants rompus aux procédures. Pour contourner la décision de refus, ceux-ci leur recommandent de saisir le juge des enfants, qui a la compétence générale pour prononcer les décisions de placement. Normalement, deux critères doivent être réunis afin que ce placement soit ordonné : il faut que le mineur soit à proprement

> « ON PEUT, SANS RISQUE DE SE TROMPER, CONSIDÉRER QUE LA MOITIÉ DES ÉTRANGERS PRIS EN CHARGE EN 2019 ET 2020 NE REMPLIT PAS LA CONDITION DE MINORITÉ. »

parler *isolé*, avec des parents absents du territoire national (ce qui n'est pas simple à vérifier ; d'expérience on a pu constater qu'il était facile de se prétendre loin de sa famille), et que le magistrat considère la minorité du demandeur comme suffisamment établie.
Or, il n'est pas aisé de déterminer l'âge précis d'une personne, car il n'existe pas de moyens scientifiques complètement fiables. La technique des tests de maturité osseuse est probablement la moins approximative, mais elle est très décriée, moins à cause de son caractère approximatif (marge d'erreur de l'ordre de dix-huit mois), qu'en raison de l'atteinte qu'elle porterait à « à la dignité de la personne ».
En mars 2019, cette technique médicale, qui consiste en une radiographie de la main et du poignet gauches, a fait l'objet d'une question prioritaire de constitutionnalité. Processus à l'issue duquel le Conseil constitutionnel a validé son utilisation, mais estimé qu'elle ne pouvait pas être l'unique fondement dans la détermination de l'âge.
Il est à noter que le Syndicat de la magistrature était partie à la procédure (!) au motif que, selon lui, « les examens osseux doivent être déclarés contraires aux droits fondamentaux des enfants ». C'est-à-dire qu'une organisation syndicale de magistrats, dont certains de ses membres peuvent peut-être être appelés à juger les décisions prises par les départements, s'oppose à la seule technique permettant d'approcher la réalité et de répondre à la question de savoir si le demandeur remplit les conditions pour bénéficier d'un droit. Cette attitude en dit long sur la volonté de voir une position politique prendre le pas sur le respect de la loi.

LE **RÔLE DES ASSOCIATIONS** D'AIDES AUX MIGRANTS ET L'ATTITUDE DES MAGISTRATS

Les fonctionnaires départementaux en charge de cette compétence sociale très importante sont confrontés à un double phénomène dans la gestion de l'arrivée massive de ces migrants réclamant le bénéfice de la protection de l'enfance. Sur le plan juridique, un mineur étranger doit bien entendu être pris en charge dès lors qu'il remplit les conditions prévues par la loi. Mais cette prise en charge doit être respectée scrupuleusement et l'on ne peut pas en faire bénéficier des personnes majeures.
Or, les associations d'aides aux migrants sont pénétrées d'une approche politique et idéologique qui est celle de l'ouverture des frontières et de la libre circulation des capitaux, des marchandises et des hommes. Elles considèrent que la prise en charge des étrangers mineurs ou majeurs est une obligation qui doit peser sur la sphère publique française. Cette position présente le grave et classique défaut de s'acheter une bonne

conscience avec l'argent des autres, en substance celui des contribuables, destiné à la véritable protection de l'enfance. Contribuables dont on n'a, bien sûr, jamais demandé l'avis.
L'autre problème est que cette fraude – dans certains cas tellement évidente – est nécessairement connue et, semble-t-il, assumée. L'État de droit et le respect de la loi ne pèsent pour rien face au discours compassionnel. Quant à l'attitude des magistrats chargés de statuer sur cette question, les praticiens ont trop fréquemment l'impression que la vision idéologique militante de ceux-ci prend le pas sur la nécessaire rigueur juridique, comme semblent d'ailleurs y inciter les prises de position et les communiqués du Syndicat de la magistrature.
Au 31 décembre 2019, la France prenait en charge, via l'Aide sociale à l'enfance près de 40000 MNA, ce qui était déjà considérable. Parmi eux, 16000 ont été placés par décision judiciaire contre l'avis des départements. En 2012, ils étaient à peine un millier. Les conséquences financières sont dramatiques puisque le coût de prise en charge s'élève en moyenne à 50000 euros par mineur et par an. Ce qui représente un total de 2 milliards d'euros à la charge des départements en 2019, contre 50 millions en 2012. On peut craindre que ce chiffre soit porté à 2,5 milliards d'euros en 2020 et, si cette tendance se poursuit, à 3 milliards en 2021. Il est clair que cette énorme ponction se fait au détriment de la véritable mission de protection de l'enfance.
Si l'on en croit les chiffres officiels de 2019, il apparaît que les MNA arrivés en France viennent d'Afrique de l'Ouest à hauteur de 63,51 % – notamment de Guinée-Conakry (24,67 %), du Mali (23,29 %), de Côte d'Ivoire (13,16 %). Puis 10,78 % viennent des pays d'Asie centrale et du Sud. Enfin, à l'encontre d'une idée reçue, seulement 10,57 % viennent des pays du Maghreb.
Autre problème à souligner : une fois arrivés sur notre territoire et éventuellement pris en charge matériellement,

« À BORDEAUX, SELON LA PRÉFECTURE DE GIRONDE, 44 % DES FAITS DE DÉLINQUANCE CONSTATÉS LORS DU PREMIER TRIMESTRE 2020 SONT IMPUTABLES À DES MNA. »

beaucoup de jeunes migrants, délaissés par les associations, sont livrés à eux-mêmes. Alors à la merci des réseaux mafieux, ils basculent souvent dans la violence et la délinquance.
On déplorait déjà sur les huit premiers mois de 2020 l'interpellation de 6 309 mineurs étrangers en région parisienne, soit une augmentation de 42 % par rapport à l'année précédente, voire 51 % à Paris. À Bordeaux, selon la préfecture de Gironde, 44 % des faits de délinquance constatés lors du premier trimestre 2020 sont imputables à des MNA.
Ainsi, comme le démontrent les chiffres, dans leur grande majorité, les migrants ne fuient pas des pays en conflit. Il s'agit évidemment d'une immigration économique rendu possible par la sollicitation du statut de MNA, processus permettant dans un premier temps d'entrer et se maintenir sur le territoire, puis de disposer d'une prise en charge financière et sociale, et d'opportunités économiques, voire d'un éventuel regroupement familial.
Ces arrivées massives sont d'abord motivées par le fait que se déclarer comme mineur permet l'entrée et le maintien sur le territoire français. En général, le statut de MNA, très protecteur, a été popularisé par le bouche-à-oreille et grâce aux réseaux sociaux auprès des candidats à l'immigration et de leurs familles. Grâce aussi au fort développement des filières de passeurs dont le recours est indispensable, sur tout ou partie du trajet, pour rejoindre l'Europe et pouvoir y circuler, aidés en cela par les associations militantes du mouvement *no border* (pas de frontières) au sein de l'Union européenne.

METTRE FIN À **LA FRAUDE**

Il est assez évident que la gestion du système des MNA constitue un appel d'air et incite à un flux migratoire que les Français, comme le démontrent toutes les études d'opinion, considèrent comme insupportable. Ce grave abus provoque également un impact financier spoliatoire, au détriment de la mission pourtant fondamentale de protection de l'enfance assumée par les départements.
Il y a urgence à mettre fin à ce système désormais dévoyé, dont une grande partie relève de la violation pure et simple de la loi. Il est d'abord nécessaire d'envisager de réformer le système d'accès au statut de mineur protégé. De penser des procédures permettant de vérifier drastiquement les conditions de prise en charge. Et d'envisager des sanctions pour ceux qui fraudent ou tentent de frauder.
On rappellera quand même que favoriser l'accès au statut du MNA à des majeurs, ou tenter de le faire en toute connaissance de cause, constitue une infraction pénale, à savoir un délit de concussion pour les agents publics, et d'escroquerie pour les personnes privées. Le jour où les parquets se préoccuperont de cette réalité, nul doute que se mettra en place une rigueur dissuasive.
Parce que prendre la pose de la belle âme compassionnelle comme signe extérieur de richesse ne peut pas se faire en la finançant avec l'argent et la misère des autres.◆

Régis de Castelnau
Cet avocat honoraire à la cour d'appel de Paris a été l'un des conseils du Parti communiste français et de la CGT dans les années 70, avant de se spécialiser dans le droit de collectivités locales à la faveur des lois sur la décentralisation votées lors de la décennie suivante. Il anime à présent un blog juridique à succès : Vu du droit. Son dernier ouvrage : *Une Justice politique - Des années Chirac au système Macron, histoire d'un dévoiement* (éd. L'Artilleur, 2021).

DÉCOLONIALISME

LE PIÈGE DE L'INDIGÉNISME

ENTRETIEN AVEC

PASCAL BRUCKNER

PAR

JEAN-BAPTISTE ROQUES

Dans son dernier essai, le « nouveau philosophe » s'alarme des théories néoracialistes importées des États-Unis qui se répandent de plus en plus à l'université, mais aussi dans certains médias et partis progressistes. Et s'inquiète des tensions qu'elles pourraient provoquer entre Français et immigrés extra-européens.

Pascal Bruckner
Docteur en philosophie, il est romancier et essayiste. Après avoir enseigné notamment à l'Institut d'études politiques de Paris et à la New York University, puis mené une carrière d'éditeur chez Grasset, il siège depuis un an à l'académie Goncourt. Son dernier ouvrage : *Un Coupable presque parfait : la construction du bouc émissaire blanc* (Grasset, 2020).

FP
N°4
PRINTEMPS
2021

F.P. : Pouvez-vous nous expliquer ce qu'est le « décolonialisme » ?

PASCAL BRUCKNER : L'effondrement des gauches européennes, communisme et social-démocraties comprises, a laissé la place à une nouvelle trinité venue des campus américains : le découpage de l'humanité selon le genre, la race, l'identité. La lutte des races se substitue à la lutte des classes, les minorités s'affichent en nouveaux damnés de la terre, la couleur de peau, l'orientation sexuelle deviennent le critère ultime. Au fondement de cette doctrine, l'idée, chère à Camilla Jordana, que l'homme blanc, hétérosexuel, est la cause de tous les maux de la terre depuis les origines.

F.P. : Mais ne doit-on pas reconnaître, tel Emmanuel Macron, l'existence d'un « privilège blanc » ?

PASCAL BRUCKNER : Il y a des privilèges dans nos sociétés, mais liés avant tout au pouvoir économique et politique : en outre, parler de « privilège blanc » comme Macron, c'est attraper au vol, comme on attrape un papillon, un fragment de cette nouvelle idéologie qui flotte dans l'air et est surtout reprise par les fractions de la haute bourgeoisie. Comme il est reposant de parler de « privilège blanc » au lieu de s'attaquer aux privilèges de l'argent, de la finance, des prébendes diverses ! Les Gilets jaunes, les agriculteurs prolétarisés, les classes ouvrières apprécieront ce déplacement des vrais problèmes. Parler de « privilège blanc », c'est détourner l'attention, procéder à une distraction.

F.P. : On dit que cette pensée, surtout présente sur les campus américains, a une filiation directe avec le gauchisme français des années post-68. Êtes-vous d'accord ?

PASCAL BRUCKNER : Oui ces doctrines viennent directement de la *French Theory* des années 70 élaborée par Michel Foucault, Gilles Deleuze, Félix Guattari et surtout Jacques Derrida, avec sa dénonciation de l'Occident comme étant le lieu du « phallogocentrisme ». Mais les philosophes français aspiraient à la dissolution du sujet quand les Américains ne veulent que solidifier les races, les genres et les identités. La France a fourni le virus, les Américains nous renvoient la maladie développée.

F.P. : Cette propagande de la race est-elle vraiment dangereuse ou seulement destinée à rester cantonnée au petit milieu bobo ? À l'inverse du communautarisme anglo-saxon, notre modèle républicain ne nous protège-t-il pas de la dérive racialiste ?

PASCAL BRUCKNER : Penser le monde en races c'est, qu'on le veuille ou non, revenir aux théories d'Arthur de Gobineau et de Georges Vacher de Lapouge au XIXe siècle, aux lois raciales de 1936 en Allemagne. L'ironie sinistre de nos nouveaux « antiracistes », c'est qu'ils sont en fait des néoracistes qui

« LE MIGRANT EST DEVENU DANS LES MÉDIAS LE NOUVEAU PERSONNAGE CHRISTIQUE QUI A REMPLACÉ LE PROLÉTAIRE ET LE GUÉRILLERO : ON LUI DOIT TOUT, IL FAUT LE CROIRE SUR PAROLE ET LE SIMPLE FAIT QU'IL FRAPPE À NOTRE PORTE NOUS COMMANDE DE LUI OUVRIR ET DE L'ACCUEILLIR. »

MARIUSZ KUBIK

se donnent le droit de haïr en toute bonne conscience les « Blancs », sources de toutes les barbaries. À l'homme blanc sont associés l'esclavage, la colonisation, l'impérialisme et le racisme. Si l'Europe a commis des crimes effroyables, elle a aussi créé les antidotes à ces crimes : l'anticolonialisme, l'anti-impérialisme, l'antiracisme. L'Europe n'a pas inventé l'esclavage, elle a inventé l'abolition dès le XVIIIe siècle, ce que n'ont fait ni l'Afrique, ni l'Asie ni l'Amérique du Nord ou du Sud. Par un tour de passe-passe diabolique, on fait passer les nations démocratiques pour des criminels absolus alors que les régimes criminels sont exonérés de leurs fautes et considérés comme des victimes : voyez la Turquie d'Erdogan, qui n'a jamais voulu reconnaître la réalité du génocide arménien et du massacre des Grecs pontiques entre 1920 et 1923.

F.P. : Que répondez-vous à ceux qui vous accusent de « fragilité blanche » ?

PASCAL BRUCKNER : Un petit détail amusant : lors des manifestations en faveur d'Adama Traoré, des manifestants ont traité les policiers antillais et africains présents dans les rangs des forces de l'ordre de « vendus », « traîtres à leur race ». C'est exactement, au mot près, le contenu des lois de Nuremberg en 1936 qui reprochaient aux « Aryens » qui couchaient avec des juifs d'être traîtres à leur race. Pourquoi l'antiracisme actuel ressemble-t-il tant au national-socialisme d'antan ? Quand Taha Bouhafs, proche d'Assa Traoré, traite Éric Zemmour de « sous-humain », on ne peut s'empêcher de traduire cette insulte en allemand : *untermensch* ! Ça vous rappelle quelque chose ? (NDLR : terme officiellement employé par les nazis pour qualifier les « non-aryens ». Rajoutons que l'antisémitisme est le grand impensé de l'antiracisme raciste actuel car les juifs sont des Blancs donc des maudits, que l'on peut persécuter quel que soit le prétexte, Israël, leur richesse et leur influence supposées.

F.P. : Malgré notre prétendu « racisme systémique », la France reste une importante terre d'immigration extraeuropéenne. Que vous inspire ce paradoxe ?

PASCAL BRUCKNER : Si la France était ce pays raciste et islamophobe que décrivent les décolonialistes et les indigénistes, comment expliquer que tant de migrants veuillent venir s'y installer ? Le migrant est devenu dans les médias le nouveau personnage christique qui a remplacé le prolétaire et le guérillero : on lui doit tout, il faut le croire sur parole et le simple fait qu'il frappe à notre porte nous commande de lui ouvrir et de l'accueillir. Mais l'ordre de la charité n'est pas celui de la politique et, à suivre la loi du cœur, on en oublie le principe de réalité. On ne peut transvaser des populations d'un pays à l'autre comme on transvase une boîte de petits pois dans une autre, pour reprendre la métaphore de Karl Marx.

« LIBRES À NOUS, QUELS QUE SOIENT NOTRE ÂGE ET NOS CONVICTIONS, DE VOULOIR PRÉSERVER CETTE MERVEILLEUSE CIVILISATION EUROPÉENNE SANS LAQUELLE LE MONDE SERAIT PROBABLEMENT PRIVÉ D'UNE CONSCIENCE UNIQUE. »

MARIUSZ KUBIK

F.P. : L'universalisme à la française, qui ignore la couleur de la peau et l'origine ethnique, est-il convenablement enseigné aux petits Français ?

PASCAL BRUCKNER : Les pressions sont innombrables, y compris au sein de l'État pour accommoder l'universalisme républicain à la sauce multiculturaliste. Quand des activistes se proposent de construire une société pluriculturelle et postraciale, il faut entendre l'inverse : une société hyperraciale où nul n'échappera à l'idéologie pigmentaire. L'universalisme républicain est loin d'être parfait, mais je le préfère mille fois aux impasses du racialisme nord-américain. J'ajouterai que prendre les États-Unis d'Amérique pour modèle aujourd'hui, c'est comme embrasser le communisme après la chute du mur de Berlin. L'Amérique de 2021 n'est pas celle du débarquement de juin 1944 et des GI's venus nous libérer de l'hydre nazie. C'est celle qui produit deux monstres concurrents : le trumpisme, ce néronisme de la téléréalité, et le *wokism* [NDLR : terme américain tiré du mot *woke*, qui définit les Noirs conscients des discriminations raciales qu'ils subissent ; le *wokism* est la doctrine qui se définit en priorité par rapport à cette prise de conscience], cette religion dégradée des éveillés de la justice raciale qui font régner la censure et la terreur sur les campus. En tant que Français, laïque et républicain, je ne veux ni de l'un ni de l'autre. L'Amérique se tient face à l'Europe comme un échec dont il faut étudier les causes pour ne pas le reproduire chez nous.

F.P. : En 1983, vous avez publié *Le Sanglot de l'homme blanc*, puis en 2006 *La Tyrannie de la pénitence*, qui traitent eux aussi de l'autoculpabilisation occidentale. La réception des médias par rapport à vos prises de position a-t-elle évolué entre-temps ?

PASCAL BRUCKNER : Dans les médias de gauche, je suis considéré comme un réactionnaire irrécupérable mais qui parfois, vise juste. Et ce depuis *Le Sanglot de l'homme blanc*, reconnu vingt ans plus tard par *Le Monde* comme un livre indispensable. Je m'accommode donc de ce statut inconfortable mais qui me permet de ne pas être prisonnier d'une chapelle. Globalement, le dernier livre a été très bien accueilli, à l'exception du quotidien du soir et de la presse bobo qui ne l'ont même pas évoqué. Qu'importe, j'aime le combat intellectuel et je hais le conformisme, qui est l'édredon des lâches.

F.P. : Y a-t-il un racisme anti-Blancs, comme certains, à droite, le prétendent ?

PASCAL BRUCKNER : Le racisme anti-Blancs existe depuis longtemps, comme il existe un racisme anti-Noirs, anti-Arabes, anti-Asiatiques. Pourquoi, au nom de quel avantage métaphysique, échapperions-nous en tant que visages pâles à la discrimination qui touche tous les autres peuples ?

La défense assez misérable du néoracisme antileucoderme est de dire que « blanc » renvoie à des structures de pouvoir et non à une couleur de peau. Dans les cités, quand on insulte, frappe ou lynche un gamin, c'est bien en le traitant de « sale Blanc » ou « sale infidèle » ou « sale juif ». Ou les trois ensemble. Il y a dans certaines de nos élites la volonté de détruire l'Europe et sa civilisation au nom de la justice climatique, de l'anticapitalisme ou de l'anti-impérialisme. Si ces gens-là veulent mourir ou disparaître, libre à eux. Libres à nous, quels que soient notre âge et nos convictions, de vouloir préserver cette merveilleuse civilisation européenne sans laquelle le monde serait probablement privé d'une conscience unique. Rarement l'on a vu une culture aussi pressée de s'anéantir, de se piétiner, de se mépriser. C'est pourquoi nous ne devons pas céder au chantage des minorités et ne pas avoir honte d'être qui nous sommes.

F.P. : Que pensez-vous de la thèse du « grand remplacement » de Renaud Camus ?

PASCAL BRUCKNER : Je consacre la dernière partie de mon essai au problème de l'immigration vue par les uns comme inévitable, une quasi-fatalité, par d'autres, dont le philosophe Alain Badiou ou l'historien Patrick Boucheron, comme un moyen de régénérer nos vieilles sociétés fatiguées. L'ancien ministre de l'Environnement Yves Cochet, le joyeux prophète de l'Apocalypse, l'homme qui se régale d'annoncer des génocides à grande échelle, recommande de ne plus faire d'enfants en France pour accueillir ceux d'Afrique et d'Asie. À nous les préservatifs, aux autres cultures la multiplication des bouches à nourrir. Il faudrait donc mélanger les sangs et les coutumes pour nous revitaliser, cesser de nous reproduire pour nous métisser à toute force et collaborer à notre disparition. Et cela pour notre propre bien. La romancière Marie Darrieussecq ne dit-elle pas que l'homme du futur sera beige et que c'en sera fini avec la malédiction de l'homme blanc ? Elle est l'une des théoriciennes, parmi beaucoup d'autres, du « grand remplacement ». ◆

SOCIÉTÉ

MIGRANTS TOUTES CATÉGORIES

PAR

YVES MICHAUD

À l'heure des nouvelles technologies de l'information, de la mondialisation marchande et des nouvelles revendications identitaires partout sur la planète, la question migratoire ne peut plus se penser avec les catégories du XXe siècle, analyse le fondateur de l'Université de tous les savoirs, qui plaide pour une redéfinition des termes de la citoyenneté et de la naturalisation des étrangers.

On parlait autrefois, c'est-à-dire il n'y a pas si longtemps, d'« émigrés », d'« immigrés », de « réfugiés », de « nomades », d'« indigènes », d'« autochtones » et même, quand on était savant, d'« aborigènes ». On ne faisait pas encore le lien avec les touristes, ces immigrés qui paient pour venir et repartent. Non plus qu'avec les colons, ces immigrés qui prennent, là où ils s'installent, le pouvoir, les terres, le commerce et les femmes.

Ces dernières années, le vocabulaire s'est merveilleusement simplifié : il y a des « migrants », des « expatriés » et ce que madame Houria Bouteldja, elle-même indigène de deux pays, appelle des « souchiens », évidemment sans la moindre suggestion d'infériorité animale...

Laissons de côté les expatriés, dont l'analyse est pourtant intéressante car ce sont des immigrés bureaucratiquement reconnus, mi-touristes, mi-colons, installés plus ou moins longuement ici ou là en apportant leurs compétences et en jouissant en retour d'avantages financiers et fiscaux.

La notion de migrant a un grand avantage : elle recoupe à peu près toutes les notions du passé. Son flou permet de jouer sur tous les tableaux : ceux de la durée (repartira-repartira pas ?), du droit (le droit des gens), de la bienveillance (le « prochain » des religions chrétiennes), de l'assistance (charité et business), de l'emploi (la main-d'œuvre bon marché), du commerce (le client des passeurs) – voire de la politique et de la guerre (la horde d'envahisseurs dont Erdogan menace l'Union européenne, les soldats du djihad en mal de rapatriement pour poursuite d'activités).

Un migrant, ce peut être un réfugié persécuté (pour des raisons très différentes), un candidat à l'immigration définitive et au changement de monde, un expatrié resté en contact avec son origine et contribuant à la subsistance de ceux qu'il a quittés et peut-être à leur venue par regroupement, une victime de la traite d'êtres humains mâles ou femelles, un terroriste infiltré par ses commanditaires, un instrument de déstabilisation politique.

> « S'EST AINSI CRÉÉ CE QU'ON POURRAIT APPELER UN MARCHÉ DE LA MIGRATION, AU SENS OÙ UN MARCHÉ EST UN LIEU DE RENCONTRES. »

CETTE **CONFUSION INTELLECTUELLE** REFLÈTE CELLE DE LA SITUATION

Les événements mondiaux et les techniques de communication, parmi lesquelles il faut inclure les modes de déplacement, ont précipité ce qu'on pourrait appeler la « dé-différenciation » des migrations et des mobilités. Je rappelle, sans m'y attarder parce que c'est bien connu, le fait que des régions entières dans beaucoup de parties du monde ont été ou sont déstabilisées, soit par des crises politiques (avec ou sans ingérence étrangère), soit par des crises économiques et même climatiques (je dis « même », car les effets climatiques se manifestent moins directement et moins vite que les effets politiques).

Il n'y a rien de nouveau par rapport aux gigantesques bouleversements de la Première et surtout de la Seconde Guerre mondiale qui menèrent à la création du Haut-commissariat aux réfugiés (HCR) de l'ONU et aux conventions sur l'apatridie au tout début des années 1950. Seulement, la communication sur ces crises est désormais de plus en plus rapide et surtout très large, pour ne pas dire universelle. Nous connaissons mieux que jamais les origines et étendues des flux de migrants. Les migrants eux-mêmes le savent, tout comme ils connaissent les dispositifs pour y faire face et les solutions adoptées. Quant aux communications, elles permettent une information même approximative ou pire, déformée, voire fabriquée, sur les conditions de vie un peu partout, et les possibilités et moyens de circulation.

S'est ainsi créé ce qu'on pourrait appeler un marché de la migration, au sens où un marché est un lieu de rencontres. Ici se rencontrent offreurs d'accueil (les pays ayant besoin de population comme le Canada, les pays du nord de l'Europe ou l'Allemagne), offreurs de logistique (les ONG plus ou moins désintéressées, les passeurs organisés en sociétés de transport, les fourmis du passage, les hommes de loi prestataires d'assistance à la régularisation) et candidats au déplacement, depuis les minorités religieuses persécutées ou en voie d'extermination, les opposants et dissidents politiques, les candidats à l'émigration économique, les affairistes, les prostitués, les trafiquants et les terroristes. Ajoutons que les acteurs politiques internationaux pèsent sur ce marché afin de négocier les aides financières aux pays en première ligne d'arrivée des migrants, pour réguler ou déréguler les flux. Pour ne prendre qu'un exemple, le Maroc laisse opérer les passeurs vers les Canaries comme arme pour imposer à l'Espagne ses droits sur le Sahara occidental et l'Algérie, en guise de talion, et laisse opérer les industriels de la *patera* (les esquifs qui amènent les migrants) en Méditerranée vers l'Espagne.

Les moyens de communication permettent aux migrants de rester en contact avec leurs et leurs compagnons de voyage, qui rendent opérante une logistique de transport sophistiquée avec des embarquements, des relais, des changements de moyen d'acheminement, des informations sur les points de passage et les pratiques locales de contrôle. Sans oublier les moyens de transport tout court. L'afflux d'un million de migrants en quelques mois en Europe en 2015 a nécessité une logistique aussi lourde et efficace que lorsqu'il s'agit d'acheminer un million de touristes dans une île de la Méditerranée.

Nous reconnaissons tous en effet que les dissidents politiques des régimes de terreur, les victimes de persécution religieuse ou de famine ont droit à l'assistance. Quand il s'agit de populations importantes exposées au génocide, au massacre ou à l'extermination par la famine, l'assistance est souvent acheminée dans les environs de la zone de péril : les camps de réfugiés du HCR de l'ONU assurent cet accueil qui ne peut pas ou ne devrait pas s'éterniser, même si dans les faits, il se crée de véritables villes de la précarité (camps de réfugiés du Soudan, Gaza, camps de réfugiés syriens et irakiens au Liban).

Nous ne reconnaissons pas avec la même unanimité le droit à l'accueil des réfugiés économiques et encore moins celui des chercheurs de protection sociale et d'assistance médicale qui s'informent sur les régimes mieux-disants. Nous reconnaissons encore moins le droit à l'accueil de ceux dont les valeurs religieuses et politiques sont aux antipodes de celles des États de droit et des démocraties qu'ils cherchent à rejoindre. Que peut bien attendre un salafiste militant, un Tchétchène fondamentaliste, un Albanais mafieux de son accueil dans une démocratie, sinon profiter d'une Sécurité sociale et d'un État providence que par ailleurs il combat ouvertement ou en se dissimulant ? Quant aux criminels, délinquants, trafiquants de drogues ou d'êtres humains (la mafia nigériane, par exemple), nous avons déjà ce qu'il faut sur place.

IL Y A DES **MODALITÉS** DIVERSES DE TRI

Ainsi, les quotas de population selon les besoins, mais aussi les compétences, l'alphabétisation, l'instruction. Le Canada a institutionnalisé ce tri en amont en profitant, il est vrai, de son éloignement transatlantique qui réduit les possibilités d'entrée de clandestins. La France a beaucoup fait appel à la main-d'œuvre immigrée dans les années 1950, qu'elle soit venue d'Algérie ou du Portugal, mais il y avait eu avant eux les Italiens, Polonais et Espagnols chassés par la guerre civile ou la misère.

Le tri peut se faire négativement par le caractère inhospitalier ou fermé d'un pays. C'est le cas du Japon où les difficultés d'intégration de tous ordres, notamment linguistiques, ferment le pays à l'immigration.

Les difficultés physiques du voyage peuvent être aussi comprises comme des formes de tri. Quand on sait les odyssées qu'ont connu certains migrants de l'Afrique subsaharienne pour traverser le désert, puis venir en Europe via la Libye ou le Maroc en passant entre les mains des trafiquants et policiers, on se dit que finalement, ceux qui arrivent sont les plus audacieux, les plus endurants et les plus obstinés de leur pays d'origine. En ce sens, certaines migrations (toujours affaire de tri !) peuvent être considérées comme un prélèvement des membres les plus dynamiques et résistants d'une population.

FAIRE LE **TRI**

En fait, trier est quelque chose que nous savons de mieux en mieux faire à l'âge de la logistique et de la traçabilité – l'âge de la mondialisation industrielle, commerciale, financière et numérique.

Les frontières physiques et géographiques demeurent (en partie au moins et parfois de manière très forte s'agissant des îles comme l'Angleterre et des continents-îles comme l'Australie), mais elles sont devenues aussi numériques à travers les fichiers consulaires, préfectoraux, les contrôles des compagnies d'aviation, les péages autoroutiers, les banques de données des compagnies de transport, y compris des loueurs d'automobiles. Ceci permet aux pays d'accueil de lutter contre la fraude documentaire, les usurpations d'identité, les trafics et la criminalité. Ils peuvent également, au moins approximativement, connaître l'importance des flux. Les pays d'origine utilisent eux aussi ces informations pour contrôler leur diaspora, surveiller leurs opposants, peser sur leurs actions au sein des pays d'accueil. La politique de la Turquie d'Erdogan agissant à travers l'émigration turque en Europe et notamment en Allemagne, celle de l'Iran surveillant et pourchassant sa diaspora, celle de l'Algérie disposant en France en 2012, selon un historien aussi sérieux que Gilbert Meynier, de 4 millions de ressortissants dont 2 millions de binationaux, relèvent de cet usage de la traçabilité numérique.

En fait, les migrations vont main dans la main avec une culture du contrôle que nous critiquons au nom de notre liberté propre, mais dont nous profitons à chaque instant pour assurer notre sécurité et pouvoir faire ce que nous voulons faire, au moment et à l'endroit souhaités. Le passage automatique au péage d'autoroute identifie notre déplacement, mais sans que nous perdions du temps à faire calculer ce que nous devons et à le payer en jetant maladroitement de la monnaie dans un panier. Pour ne rien dire du bornage de nos téléphones.

Ces moyens de tri, aussi perfectionnés et puissants soient-ils, marchent plus ou moins bien. Ou plutôt, nous nous rendons compte dans certaines situations de leurs défaillances et de leurs échecs les plus spectaculaires. La montée partout en Europe mais plus particulièrement en France de l'islamisme radical antidémocratique, des attentats au bilan très lourd depuis 2015, année de la vague de migrants bénie par la chancelière allemande Merkel et le pape François (dont l'État-croupion du Vatican n'est pourtant pas un modèle de camp d'accueil…), les dénonciations à répétition des « indigènes souchiens », ces populations autochtones de parias avec leur culture plus ou moins chrétienne, les campements sauvages de migrants, l'arrivée en grand nombre de migrants mineurs au statut juridique hyperprotégé, les sacrifices imposés aux pays et populations de première ligne comme la Grèce, l'Italie et maintenant l'Espagne, autant de faits qui font prendre conscience que « le tri » et le contrôle sont mal faits, ou ne se font pas du tout.

Ces ratages s'expliquent de plusieurs manières dont l'examen suggère aussi les remèdes qui peuvent être employés.

D'abord, une augmentation subite et forte du nombre de migrants et la pression exercée sur les frontières, sur les organismes d'accueil et de contrôle et leurs procédures forcément complexes débordent sans mal, au moins dans un premier temps, les organisations de tri et de contrôle. D'autant plus

> « LES PASSEURS ET TOUS CEUX QUI TROUVENT LEUR COMPTE À LA GESTION DE LA MIGRATION MESURENT VITE LES OPPORTUNITÉS QU'OFFRENT LES CRISES. »

que les moyens de dissuasion violente (depuis les barbelés jusqu'aux tirs d'intimidation) sont exclus. Les passeurs et tous ceux qui trouvent leur compte à la gestion de la migration mesurent vite les opportunités qu'offrent ces crises. C'est ce qui s'est passé en 2015. Les « autorités européennes » perdirent pendant plusieurs mois leur maîtrise des flux. C'est alors que l'État islamique Isis Daesh a pu faire aller et venir à travers l'Europe ses agents terroristes, avec les tragédies qui ont suivi (notamment au Bataclan, en novembre 2015). Une crise avec la Turquie d'Erdogan conduirait à une situation analogue.

C'est seulement par une politique internationale préventive mobilisant à la fois carotte (moyens financiers) et bâton (sanctions économiques, représailles y compris militaires) qu'une parade peut être trouvée. Il est à souhaiter que se mette en place une *realpolitik* aussi bien des pays membres de l'Union européenne que de l'Union européenne elle-même face à ces situations. On peut toujours rêver…

PRIME À LA MIGRATION

Une seconde cause d'échec tient aux conditions légales aussi bien d'accueil que de refoulement des migrants indésirables. C'est en ce point qu'il faut oser poser la question des limites à apporter aujourd'hui à un État de droit qui offre des protections exceptionnelles aussi bien aux migrants qu'à ceux qui les aident de manière plus ou moins intéressée ou désintéressée. La liste des pays dits « sûrs » (pour lesquels on peut invoquer les risques pour le migrant d'y être renvoyé) est à revoir. Les possibilités multiples de recours contre les décisions de refoulement, l'appel à des juridictions supérieures à celles des États (la Cour de justice de l'Union européenne, la Cour européenne des droits de l'homme – qui compte des magistrats désignés par des États aussi respectables juridiquement que la Russie, Chypre, Malte, l'Azerbaïdjan, l'Albanie et la Turquie – sic !) font du contrôle des migrations un labyrinthe bureaucratico-juridique aux mains de juges qui ne représentent qu'eux-mêmes et les États qui les nomment, sans autre contrôle sur leurs actes.

Une troisième cause d'échec est politique : l'organisation de la circulation à l'intérieur de l'Union européenne par les accords de Schengen est une prime à la migration. Dès lors qu'un candidat à la migration a obtenu son enregistrement dans un pays d'arrivée et pendant la durée d'examen de son dossier (qu'il peut faire durer avec l'aide de conseillers juridiques, par exemple en mentant sur son âge, en ayant détruit ses documents d'identité, en mentant sur son origine, son identité ou en prenant celle d'un parent), il peut se déplacer librement de pays européen en pays européen, selon les relais et attaches qu'il peut déjà y avoir ou en fonction du mieux-disant social, médical, économique des pays qui font l'objet d'un *benchmarking* officieux dans les milieux d'immigration. Ceux qui parviennent à franchir les barrières de Ceuta ou Melilla, les enclaves espagnoles au Maroc, les rescapés des *pateras* arrivés aux Canaries, envoient des selfies de jubilation à leurs proches : ils ont, au péril de leur vie, gagné le droit de circulation et finalement, de séjour dans l'un ou l'autre des pays européens.

REMÈDES

À cette difficulté, il n'y a qu'un remède : revenir sur les accords de libre circulation de Schengen, quitte à en payer le prix par des difficultés pour chacun à se déplacer aussi simplement qu'il le voudrait en Europe. Une autre cause d'échec tient aux lenteurs de traitement des dossiers d'accueil éventuel et aux difficultés extrêmes pour faire exécuter les décisions de renvoi. Il est difficile de laisser en attente durant des mois un sans-papiers enregistré, puis de lui refuser le séjour, surtout s'il a établi des relations sociales ou personnelles qui lui confèrent des mérites (un travail régulier pour nombre de clandestins, comme ce Guinéen apprenti boulanger dont le patron a obtenu la régularisation en faisant une grève de la faim en décembre 2020 et janvier 2021) ou un ancrage (par exemple une compagne et des enfants). Quant aux décisions de renvoi, on sait qu'elles sont très rarement exécutées. Parce que son pays d'origine refuse son retour, ou que le sans-papiers est devenu introuvable, ou qu'il a introduit des recours.

Ici encore, les remèdes à envisager sont aussi faciles à imaginer que difficiles à mettre en œuvre : rendre rapides et efficaces les procédures d'examen des dossiers, assigner à résidence les personnes dont la situation est en instance d'examen (mais il se trouvera aussitôt des personnes pour dénoncer de nouveaux camps de concentration) et surtout, mettre en place une *realpolitik* sanctionnant les pays qui refusent d'accueillir leurs ressortissants refoulés. Avec cette difficulté qu'une telle politique à l'endroit de pays comme la Turquie ou l'Algérie sera rendue complexe par le poids des populations déjà présentes et qui peuvent être manipulées en représailles. Et cette autre difficulté que certains pays ne sont même pas en état de recevoir leurs ressortissants pour des raisons de crises à répétition et de faiblesse ou inexistence de l'État (Yémen, Syrie, Afghanistan, etc.).

Comme on vient de le voir, de nombreuses causes d'échec du contrôle sur les mouvements migratoires tiennent… à la géographie du continent européen, exposé à la fois à sa frontière orientale – qui fut celle des séculaires affrontements avec l'Empire ottoman islamique – et à sa frontière méditerranéenne aux contours fractals. L'Europe n'est pas une île et la question des migrations nous ramène brutalement aux temps de l'orientalisation rapide de l'Empire romain, puis de son éclatement, des grandes invasions, des flux et reflux des guerres avec l'islam et l'Empire ottoman.

À cette situation géographique vulnérable est venue s'ajouter l'illusion de l'Union européenne qui, tout en feignant d'avoir une organisation politique, n'a pas

«

UN ABANDON DES ACCORDS DE SCHENGEN ET UNE DÉNONCIATION DES CONVENTIONS SOUMETTANT LA FRANCE À DES JURIDICTIONS SUPRANATIONALES SONT LA SEULE RÉPONSE POSSIBLE.

»

dépassé l'étape d'une union économique, sans organisation fédérale concentrée sur quelques prérogatives régaliennes essentielles (armée, relations internationales, fiscalité), mais en laissant aux États membres une apparente autonomie sans cesse battue en brèche par le pouvoir réglementaire d'une bureaucratie et d'une magistrature sans ancrage dans des choix démocratiques populaires.
C'est dans cette situation malsaine que se justifient aussi bien l'abandon de l'Union européenne par le Royaume-Uni (Brexit du 31 décembre 2020) que les protestations souverainistes. Un abandon des accords de Schengen et une dénonciation des conventions soumettant la France à des juridictions supranationales sont la seule réponse possible à l'absence d'existence politique de l'Europe comme État fédéral.

APPRENTISSAGE POUSSÉ

Reste finalement à définir la conduite à tenir dans l'immédiat et concrètement face aux migrants.
Elle devrait reposer sur trois principes :
- Pour ceux qui sont admis à la régularisation, leur avenir doit être celui de la naturalisation sous conditions fortes : apprentissage poussé de la langue et de la culture, connaissance des institutions politiques, connaissance des principes républicains à respecter inconditionnellement, notamment en matière de religions.
- La naturalisation doit s'accompagner d'une prestation solennelle d'un serment détaillé et non de pure forme de respect inconditionnel des conditions de la vie républicaine.
- Le non-respect de ce serment entraînera automatiquement la déchéance de la nationalité, avec soit une apatridie, soit un retour dans le pays de la nationalité d'origine quand il y a binationalité.

Je suis personnellement très réservé sur la notion même de double ou triple nationalité : on ne peut être loyal à plusieurs régimes à la fois et le plus souvent, la binationalité est juste une manière de manger à plusieurs râteliers. Madame Houria Bouteldja devrait choisir entre être pour de bon une indigène de notre République et donc devenir, *horresco referens*, une souchienne authentique – ou une indigène de la République algérienne. Cette question de la double nationalité n'est cependant pas ici mon propos. J'ajoute seulement qu'avec la déchéance de la nationalité, on bute justement sur la dictature des conventions internationales signées de manière démagogique et irresponsable par des politiciens qui n'avaient guère de projection vers l'avenir.
Comme je l'ai dit dans mon livre *Citoyenneté et Loyauté*[1], la France a en effet signé la convention de l'ONU par laquelle elle s'interdisait de créer des apatrides – mais comme je l'ai remarqué aussi, de bons esprits ont omis de ratifier cette convention…
Tout l'espoir reste donc permis dans une situation pourtant très sombre.◆

[1] *Citoyenneté et Loyauté*, Michaud Y., éd. Kero, 2017

DR

Yves Michaud
Normalien et docteur en philosophie, il a enseigné dans les universités de Berkeley, Edimbourg, Rouen, São Paulo et Panthéon-Sorbonne, dirigé l'École nationale supérieure des beaux-arts de Paris entre 1989 et 1997, puis conçu, programmé et animé l'Université de tous les savoirs entre 2000 et 2013. Auteurs d'ouvrages majeurs comme *L'Art à l'état gazeux : essai sur le triomphe de l'esthétique* (éd. Stock, 2003), il vient de publier *Ceci n'est pas une tulipe : art, luxe et enlaidissement des villes* (éd. Fayard).

COOPÉRATION

POURQUOI ET COMMENT REFONDER NOS RELATIONS AVEC LES PAYS DU MAGHREB ?

PAR

PIERRE VERMEREN

FP

Immigration oblige, la France a conservé des liens très étroits avec ses anciennes colonies du nord-ouest de l'Afrique. Mais cette relation souffre de bien trop de faux-semblants, de ressentiments et de laisser-aller. Alors que l'on célèbre les dix ans du Printemps arabe, une remise à plat semble plus que jamais nécessaire si l'on veut qu'un dialogue constructif et serein puisse enfin avoir lieu.

Phénomène mineur et provisoire dans les années 50, à la fin de la période coloniale, l'immigration maghrébine en France (on disait alors « nord-africaine ») est devenue une réalité emblématique, pérenne et cruciale de la société française au début du XXIe siècle. Jusqu'aux années 60, les « Nord-Africains » étaient minoritaires au sein de la grande migration du travail qu'a connue la France depuis 1914, quand celle-ci est passée d'un million d'étrangers à la veille de la Grande Guerre, à plusieurs millions stationnant de façon légale et permanente sur son sol. La guerre ayant décimé une partie de la jeunesse française, les autorités décidèrent de compenser ce manque face à une Allemagne en pleine croissance démographique. Un tournant définitif était pris.

Pourtant, depuis les années 1990, l'immigration maghrébine constitue le centre de gravité de l'immigration et du peuplement d'origine migratoire en France, quels que soient les métiers, les catégories, les tranches d'âges et les critères ciblés. Depuis la décolonisation, Maghrébins et Franco-Maghrébins ont peu à peu rattrapé et dépassé en nombre les immigrés européens des vagues antérieures – en majorité assimilés ou rentrés dans leur pays, à l'instar des Italiens et des Polonais – même si leurs flux n'ont jamais cessé (en témoigne l'arrivée récente d'Espagnols et d'Italiens fuyant la crise). Par ailleurs, les Maghrébins demeurent plus nombreux que les groupes migratoires les plus dynamiques du XXIe siècle, qu'ils soient africains subsahariens, turcs, asiatiques ou russo-ukrainiens.

UNE IMMIGRATION **SÉCULAIRE**

L'immigration algérienne a commencé en 1903, à l'initiative du patronat marseillais soucieux de briser la grande grève des dockers. Un petit filet migratoire venu d'Algérie puis du Maroc n'a dès lors plus cessé jusqu'à la guerre d'Algérie (1954-1962). Puis son statut a changé par étapes entre 1954 (début de ce conflit) et 1979 (date de la validation du regroupement familial par le Conseil d'État) : en vingt-cinq ans, l'immigration temporaire de travailleurs masculins isolés est devenue, progressivement, une immigration familiale, pérenne, dans laquelle les travailleurs sont minoritaires (10 % de nos jours).

Comment l'immigration de main-d'œuvre coloniale temporaire est-elle devenue une immigration de peuplement ? Comment l'immigration d'indigènes (les Algériens) et d'étrangers (Marocains et Tunisiens) est-elle devenue une immigration destinée à embrasser la nationalité française ?

Contrairement à ce que pensaient tant les dirigeants français que les chefs nationalistes appelés à diriger les trois États du Maghreb, la décolonisation n'a pas mis fin à l'émigration vers l'ancienne métropole. Elle l'a au contraire accélérée. Le décor est planté dès la guerre d'Algérie, puisque l'émigration algérienne installée dans l'hexagone double pendant la guerre d'Algérie, et triple même, si l'on prend 1963 comme année de référence. Pourquoi ?

Côté algérien, les accords d'Évian en 1962 ont maintenu le principe de la libre circulation entre la France et l'Algérie établi en 1945. Les négociateurs français l'avaient décidé au profit des Français d'Algérie, qui étaient un million en 1954. Or, ceux-ci ayant brutalement quitté l'Algérie dans les conditions que l'on sait, cette disposition a finalement servi aux Algériens. En 1973, quand Boumediene feint de suspendre l'émigration des Algériens vers la France, un million d'Algériens y vivent. La problématique s'est donc inversée. Pourquoi ? Parce que pauvres et sans travail, des centaines de milliers d'Algériens ont poursuivi et amplifié la noria vers la France commencée sous la colonisation, et certains ont commencé à faire venir femmes et enfants. La France gaullienne, en pleine croissance économique, y trouve son compte, et le patronat français est très demandeur. À tel point qu'en 1963, la France signe avec le Maroc et la Tunisie des conventions de main-d'œuvre bilatérales destinées à favoriser l'immigration régulière de travailleurs sous contrat, que des recruteurs français vont chercher dans le sud marocain ou dans le sud tunisien.

À cette époque, l'immigration maghrébine reste minoritaire face à celle des travailleurs d'Europe méditerranéenne et des rapatriés des colonies, mais le pli est pris. La convention du 27 décembre 1968, issue d'un accord franco-algérien relatif à la circulation, à l'emploi et au séjour des ressortissants algériens et de leurs familles, maintient le principe très libéral de la liberté de circulation : les Algériens bénéficient alors de la clause migratoire de la nation la plus favorisée.

DE LA « FIN DE L'IMMIGRATION » À **SA MUTATION**

L'immigration libre des travailleurs cesse pourtant à la demande de l'Algérie en 1973, puis de la France en 1974, pour cause de crise économique côté français. L'immigration du travail est officiellement abolie. Est-ce à dire qu'elle ne perdure pas ? Si la migration du travail s'est ralentie, celle-ci change en réalité de forme. D'une part, les étudiants maghrébins en France, dont le nombre oscille entre 50 000 et 80 000, obtiennent le droit de rester sur place s'ils trouvent un emploi. D'autre part, il existe toujours des métiers dits *sous tension*, selon le patronat et l'État, qui justifient la permanence d'un courant migratoire jusqu'à nos jours (par exemple, en vertu de l'accord du 17 mars 1988 entre la France et la Tunisie, ce pays se voit reconnaître un quota annuel de 3 500 travailleurs qualifiés dans 77 métiers). Enfin, dans la mesure où, jusqu'à l'instauration des visas européens Schengen en 1995, les Maghrébins bénéficiaient assez librement de visas touristiques ou étudiants, rien n'interdisait à ces derniers de rester sur place au terme de leur expiration, dans l'espoir d'un séjour prolongé ou d'une régularisation ultérieure, une fois un travail ou un mariage assuré.

Il serait fastidieux d'établir la chronologie des nombreux accords et avenants que la France a signés bilatéralement avec les États du Maghreb pour modifier les conventions de 1963 et 1968, et plus encore de revenir sur les changements successifs des codes français sur l'entrée et le séjour des étrangers et du droit d'asile, et de la nationalité[1]. Tous ces textes sont suivis de près par les pays du Maghreb pour lesquels la migration est peu à peu devenue une affaire d'État, du fait de l'échec des projets de développement des années 60. Retenons que peu à peu, les ressortissants du Maghreb sont rentrés en France dans le droit commun du droit des immigrés, même si les pays du Maghreb appartiennent jusqu'à nos jours au groupe des pays extra-européens les plus avantagés. Quant à l'Algérie, elle bénéficie encore *a minima* d'un régime spécifique dérogatoire du droit commun avantageux pour ses citoyens.

DE LA **BINATIONALITÉ**

Revenons à la question de l'insertion en France. Dans les années 80, la question de la binationalité des Franco-Maghrébins était évoquée à propos du choix du pays dans lequel les jeunes hommes devaient faire leur service militaire. Ce temps est aujourd'hui révolu. On reparle de nos jours de cette question à propos de la constitution des équipes sportives nationales, notamment de football. De plus en plus, les meilleurs joueurs français d'origine algérienne (dits de deuxième ou de troisième génération) sont sommés par les leurs de choisir l'équipe d'Algérie, le

> « CONTRAIREMENT À CE QUE PENSAIENT TANT LES DIRIGEANTS FRANÇAIS QUE LES CHEFS NATIONALISTES APPELÉS À DIRIGER LES TROIS ÉTATS DU MAGHREB, LA DÉCOLONISATION N'A PAS MIS FIN À L'ÉMIGRATION VERS L'ANCIENNE MÉTROPOLE. »

[1] *Cinquante ans de législation sur les étrangers. Algériens : feu la liberté de circulation*, D'Hauteville L., revue Plein Droit, nov. 1995.

pays où sont nés leurs parents ou grands-parents (la question est identique au Maroc). Pourquoi ?
La binationalité est centrale pour comprendre un défi majeur posé par l'immigration maghrébine en France, avec ses implications identitaires, politiques et juridiques. Les Maghrébins qui entrent dans le système juridique français du droit du sol (établi sous la Troisième République), qui confère automatiquement la nationalité française à leurs enfants et conjoints, demeurent, qu'ils le veuillent ou non, liés par le droit du sang à leur pays d'origine. Les lois islamiques et positives de l'Algérie et du Maroc imposent la transmission patrilinéaire automatique de leur nationalité et de l'islam. Nés en France de parents naturalisés, enfants et petits-enfants de la première génération d'immigrés n'en sont pas moins marocains ou algériens s'ils veulent se rendre dans le pays de leurs ancêtres. Et tout est fait par les États d'origine et leurs services divers pour le faire savoir. Cette situation provoque régulièrement des tensions diplomatiques entre le Maroc et les États d'Europe du Nord où les immigrés marocains sont nombreux (Pays-Bas, Belgique, Suède, Autriche...). Cette double sollicitude asymétrique (l'une fondée sur le droit du sol et l'autre sur le droit du sang) prouve, côté français, que, selon la volonté jamais démentie de nos élites depuis 1945, la France veut *assimiler*, ou désormais *intégrer*, les populations immigrées qui s'installent sur son sol, afin de faire croître la population nationale. La perspective est nationaliste, populationniste et productiviste (par-delà les mots et les concepts mis en circulation par les médias ou les ONG). Elle prouve aussi, côté Maghreb, que cette population migrante, qui est surveillée, contrôlée, comptée et encadrée par les États d'origine, est devenue partie intégrante de leur système économique, politique et géopolitique national. Il n'est donc pas question pour eux d'abandonner les émigrés et leurs descendants à leur sort.

LES ÉMIGRÉS, UN **ENJEU MAJEUR** POUR LES PAYS ÉMETTEURS

Pour les États du Maghreb des années 60, l'émigration était une honte passagère mais nécessaire, car pourvoyeuse de devises pour les plus pauvres. L'émigration est devenue un système diasporique au service de la patrie d'origine : cette dernière a en effet, à son corps défendant, accru ses champs d'intervention, et démultiplié sa capacité d'agir auprès et au sein d'une des principales zones économiques de la planète, l'Union européenne. Sait-on que le produit intérieur brut des diasporas maghrébines en Europe de l'Ouest, soit une quinzaine de millions de personnes (dont la moitié en France) équivaut au PIB des cinq pays du Maghreb réunis (soit 350 milliards d'euros) ? Ce qui est invisible aux yeux des Occidentaux, du fait que nous avons une vision assez misérabiliste de l'immigration en général, et maghrébine en particulier, fait l'objet de toute l'attention des appareils d'État du Maghreb, dont la survie et la stabilité sont désormais conditionnées par la gestion de ces diasporas, de leurs activités et de leur richesse. Refonder nos relations migratoires avec les pays du Maghreb est donc devenu une affaire d'États. C'est aussi une affaire dont il faut mesurer l'extrême complexité.
Quand les Européens sont partis en Amérique au XIXe siècle, ils ont coupé définitivement les ponts avec leur patrie d'origine, du fait de l'éloignement, mais aussi parce que les pays européens n'avaient que faire des pauvres, incités à partir pour alléger la question sociale. Des millions d'Italiens d'Amérique sont néanmoins revenus en Italie après avoir accumulé un pécule, voire une fortune. Il aurait pu en aller de même si le Maghreb s'était développé comme l'Italie ou la Corée au XXe siècle : les émigrés auraient eu le choix entre rester dans leur pays d'accueil (pour s'y fondre) ou rentrer au pays. Il n'en

«
POUR LES ÉTATS DU MAGHREB DES ANNÉES 60, L'ÉMIGRATION ÉTAIT UNE HONTE PASSAGÈRE MAIS NÉCESSAIRE, CAR POURVOYEUSE DE DEVISES POUR LES PLUS PAUVRES.
»

FP
N°4
PRINTEMPS
2021

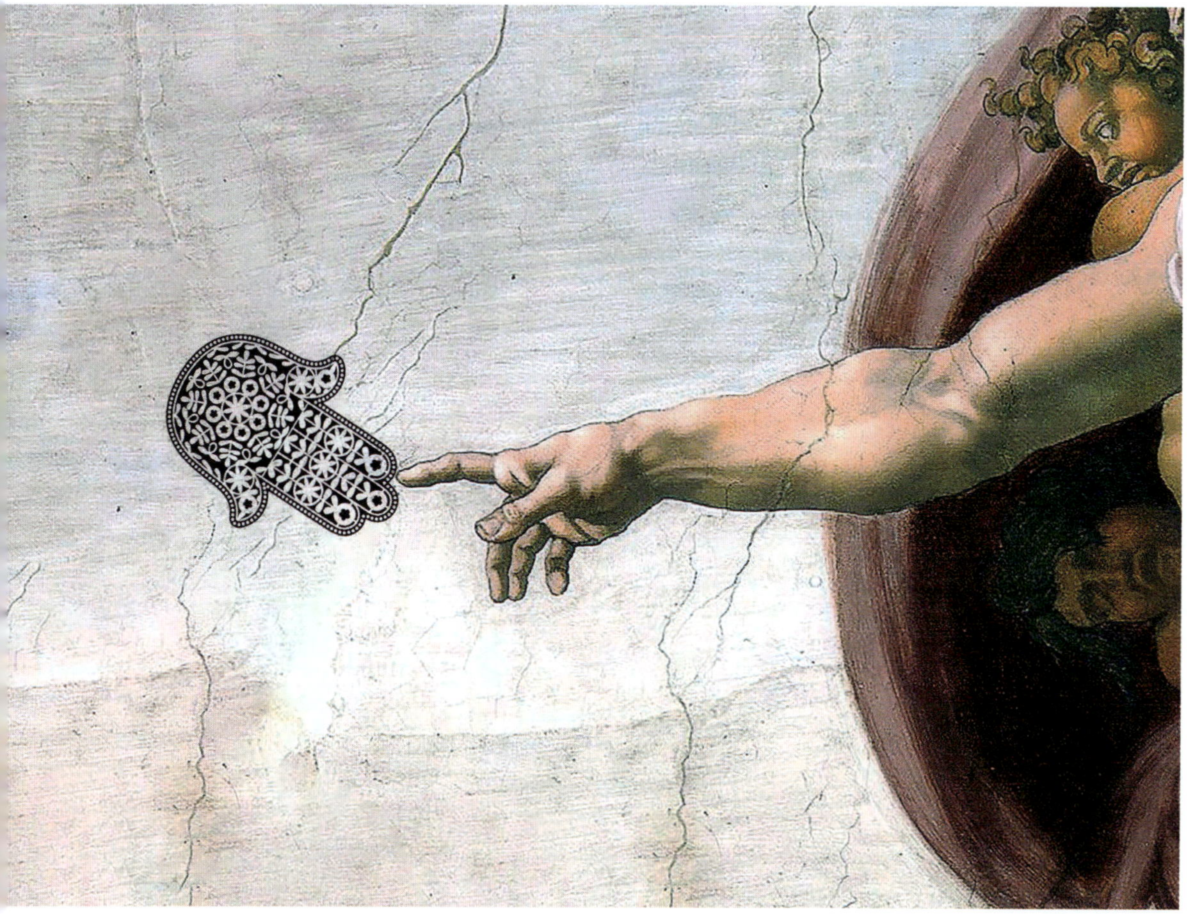

fut rien : le différentiel de niveau de vie réel du Maghreb avec l'Europe riche demeure, soixante ans après les indépendances, dans une fourchette de 1 à 7. Entre régimes autoritaires, absence de filets sociaux et pauvreté économique, personne ou presque ne veut rentrer (élites ou retraités mis à part). D'autant plus que les migrants du Maghreb se sont installés non loin de chez eux : Marseille est à mi-distance entre Alger et Paris. À l'heure des transports rapides et des *low cost*, de l'internet et des télévisions par satellites, des réseaux sociaux et des téléphones portables, des transferts financiers immédiats et du télétravail, ils peuvent partir, mais une myriade de fils les rattache au pays d'origine. Ainsi, ces immigrés sans retour demeurent souvent reliés à son imaginaire et à ses réalités.

DÉNOMBRER LES COMMUNAUTÉS IMMIGRÉES

Le comptage des immigrés illustre ces ambivalences. Pour la France, sont dits « immigrés » les étrangers et les personnes naturalisées nées à l'étranger vivant en France ; l'INSEE dénombre aussi les enfants d'immigrés, nés en France de parents nés à l'étranger, promis à l'acquisition de la nationalité à 16 ou 18 ans. Pour l'INSEE et la République, en 2018, il y a en France 4,32 millions d'immigrés maghrébins sur deux générations, à quoi Michèle Tribalat ajoute qu'il faudrait prendre en compte la troisième génération, estimée selon elle en 2011 à 811 000 personnes (chez les moins de 60 ans) ; ce chiffre serait supérieur aujourd'hui. Pour être exhaustif, il faudrait ajouter une majorité des 117 000 Français immatriculés au Maghreb (chiffre non exhaustif), ainsi que des clandestins, nombreux en France. L'ensemble atteint 5 à 5,5 millions de personnes maghrébines ou d'origine. Or, l'Algérie estime que ce

chiffre est celui de ses seuls ressortissants en France (5 millions évoqués en 2010, 6 millions selon le président Tebboune en 2020). Si Alger prend de grandes libertés avec les chiffres de la guerre d'Algérie (comme le 1,5 million de martyrs), les 18 consulats algériens en France tiennent une comptabilité précise de ceux qu'ils considèrent comme leurs ressortissants et leurs descendants, même s'ils sont officiellement des Français. Tout retour en Algérie d'un Algérien de nationalité ou d'origine passe par de savantes enquêtes et démarches administratives. Il en va de la sécurité nationale. 85 % de la diaspora algérienne réside en France, ainsi que les élites, qui y passent leur retraite ou s'y font soigner. Les Algériens sont les premiers acheteurs étrangers de biens immobiliers à Paris, ville dans laquelle circulent ou résident tant d'opposants.

En effet, des milliers de familles algériennes ont acquis la citoyenneté française dès la colonisation, ou en vertu du passé colonial, et ce depuis trois ou quatre générations : 50 000 notables musulmans rapatriés d'Algérie en 1962 et 110 000 harkis et membres de leurs familles. En comptant les descendants, on arrive à une fourchette de 500 000 à 800 000 aujourd'hui. Enfin, des milliers de fonctionnaires ou membres des professions intellectuelles sont venus pendant la guerre civile des années 1990, faisant souvent rejouer d'anciennes clauses de nationalité. Tout cela constitue une masse de population ignorée des statistiques françaises, mais que l'Algérie n'a cessé de recenser comme Algériens, harkis compris.

S'ajoutent à cela deux autres grosses communautés issues du Maghreb : les Tunisiens, qui sont officiellement 728 094 en 2014 selon Tunis[2] (ce chiffre avoisinerait 800 000 en 2020, soit 54 % des Tunisiens dans le monde) ; les Marocains seraient 1,6 million en France, selon le Haut-commissariat marocain au plan. Mais contrairement à l'Algérie, le Maroc, qui tient compte des réticences de la France envers l'immigration de masse et les risques encourus, minimise sa communauté. Or, la nationalité marocaine se transmet automatiquement elle aussi. L'INSEE dénombre 1,7 million de Marocains en France en 2018 sur deux générations, outre 130 000 Marocains de deuxième génération selon Michèle Tribalat en 2011 (chiffre dépassé en 2020).

L'immigration marocaine ayant commencé dès l'entre-deux-guerres dans les mines du Nord Pas-de-Calais, 80 000 Marocains travaillaient en France dès 1962. La profondeur historique invisibilise la partie la plus ancienne de cette diaspora, quatre générations obligent. Un émigré marocain sur trois vivrait en France, soit 2 à 2,5 millions de personnes. Pour la Tunisie comme pour le Maroc, il convient aussi de prendre en compte les clandestins, ainsi que les naturalisés français vivant dans leur pays d'origine. Les pieds-noirs et les juifs maghrébins n'étant pas comptés, la diaspora maghrébine en France nous semble donc plus proche au total de 8 millions de personnes (dont

« HASSAN II A DÉCLARÉ À LA TÉLÉVISION FRANÇAISE EN 1993 QUE SES SUJETS AVAIENT VOCATION À RENTRER DANS LEUR PAYS. SOUS LE RÈGNE DE SON FILS, LA PERSPECTIVE A CHANGÉ : LA CONSCIENCE DE LA PÉRENNITÉ DE L'ÉMIGRATION S'EST IMPOSÉE. »

[2] *Ces Tunisiens dans le monde : Qui sont-ils ? Où résident-ils ?* Revue Leaders, mai 2016

1,5 million d'étrangers) que de 5 millions.
L'immigration maghrébine en France, ancienne et continue, est aussi très complexe car elle recouvre de nombreux statuts ; elle demeure au cœur des préoccupations des États émetteurs. Ceux-ci exercent en effet une sorte de droit de suite sur ceux qu'ils considèrent comme leurs ressortissants. Hassan II a déclaré à la télévision française en 1993 que ses sujets avaient vocation à rentrer dans leur pays. Sous le règne de son fils, la perspective a changé : la conscience de la pérennité de l'émigration s'est imposée. Mais le Maroc, à l'instar de l'Algérie, n'a pas renoncé au contrôle de ses expatriés (les bien nommés MRE : Marocains résidant à l'étranger) ; au contraire, il a travaillé sur le *soft power* que lui confère la présence de grandes colonies marocaines dans les pays d'Europe de l'Ouest.

IMMIGRÉS OU **DIASPORAS ?**

Le concept d'immigration demeure pertinent, puisque celle-ci se poursuit bon an mal an. Ainsi en 2018, sur les 259 000 titres de séjour accordés à des primo-arrivants en France, 31 % concernent des Maghrébins (dont 27 % des étudiants étrangers). En 2017, 42 000 Maghrébins ont été recensés par Bruxelles comme entrés illégalement dans l'Union européenne ou demandeurs d'asile. Et en 2018, la France a accordé près de 800 000 visas au Maghreb, dont une fraction notoire mais indéterminée donne lieu à une prolongation illégale du séjour, ce qui constitue selon le ministère de l'Intérieur la principale origine de l'immigration clandestine.
En parallèle, les acquisitions de nationalité française se poursuivent, au rythme soutenu voulu par les autorités : 119 152 personnes en 2016. Les trois premiers pays d'origine sont le Maroc (14 900 naturalisés), l'Algérie (14 800) et la Tunisie (6 400), soit 30,3 % des naturalisés pour le Maghreb. En 2018, 27 % des mariages contractés en France ou dans les consulats français étaient mixtes (contre 44 % lors du pic de 2003) : 28 000 environ (10 %) l'étaient avec un conjoint de nationalité maghrébine exclusive[3]. La conjoncture des mariages mixtes est directement liée à la conjoncture politique : les pics sont atteints sous Bérégovoy et Hollande, et les bas sous Pasqua et Sarkozy.
L'immigration n'est que la partie émergée de l'iceberg diasporique. Elle est l'actualité d'un mouvement de grande ampleur qui a conduit une partie non négligeable de la population maghrébine à s'installer en France et en Europe. Refonder nos relations migratoires avec le Maghreb est une nécessité, au regard de la stagnation française, de la fragilisation sociale et culturelle du pays, et de son endettement structurel depuis quarante ans, mais cela ne peut se faire que dans un cadre global. La France toute-puissante des années 60 face à de petits partenaires dépendants a vécu. Elle est affaiblie en Europe et en Méditerranée, sa démographie est terne, même si elle conserve une économie considérable à l'échelle de l'Afrique (le produit intérieur

brut nominal de la France équivalait en 2019 à celui du continent africain). Les pays du Maghreb, notamment le Maroc et l'Algérie, ont pris un gage considérable sur la France à travers leur diaspora. Les autorités d'Alger, Rabat et Tunis veulent contrôler leur diaspora, source potentielle de désordre chez elles : terrorisme, islam consulaire, djihadisme et islam radicalisé, économie mafieuse, fuite des capitaux, foyers d'oppositions, médias et réseaux sociaux hors de contrôle, etc. Cette interpénétration et ces ingérences étrangères sont acceptées par la France : la police et les services de renseignements français coopèrent au jour le jour avec ces États autoritaires, car il en va de la sécurité nationale française (terrorisme, contrôle

[3]Le chiffre communiqué par l'INSEE est de 12 500, car il ne concerne que les mariages contractés en France. Or depuis 2004, la majorité des mariages mixtes n'ont pas lieu en France mais à l'étranger. Si le taux de 37% d'unions franco-maghrébines parmi les mariages mixtes contractés en France est transférable, cela donne 28 000 mariages mixtes franco-maghrébin. La grande majorité de ces unions concerne un Français d'ascendance maghrébine et un conjoint maghrébin (dit « mariage au bled » en langue populaire), ce qui n'était pas le cas à la fin du XXe siècle.

de l'islam, délinquance et trafic de drogue, immigration clandestine, etc.). Mais cette situation mine la souveraineté de la France. Avec son pacte national fracturé, celle-ci est d'autant plus fragilisée que des segments importants de sa population (certaines minorités actives, des acteurs associatifs, culturels et politiques) lui échappent en partie, tiraillés par une double loyauté qui rend problématique leur intégration – l'assimilation ayant été décrétée coloniale, alors qu'elle a surtout concerné les paysans français puis les étrangers en métropole sous la Troisième République.

COMMENT REDÉFINIR LE **PACTE MIGRATOIRE** ET DE **CO-DÉVELOPPEMENT** ?

Si cette redéfinition n'est pas un enjeu de la campagne présidentielle de 2022, elle sera en revanche un défi pour le gouvernement français du prochain quinquennat. Celle-ci suppose une négociation globale, tant les sujets sont nombreux et imbriqués. Elle devrait idéalement être multilatérale entre l'Europe et le Maghreb. Mais celui-ci n'existe pas à ce jour, et la diaspora maghrébine, cruciale pour la France, est une non-question pour la Pologne. C'est pourquoi l'essentiel devrait à nouveau se faire bilatéralement entre la France et ses partenaires du Maghreb. La loi confortant les principes républicains en préparation à l'hiver 2021 et la tentative de création d'un islam de France tentent de sanctuariser l'islam et les musulmans de France. Cette affaire concerne le culte musulman, les imams et leur formation, le financement de l'islam et son autonomie. Avec une richesse agrégée équivalente à celle du Maghreb, la diaspora maghrébine en Europe a plus que les moyens de bâtir un islam autonome et indépendant. Encore faut-il le vouloir. Il ne revient pas à l'État laïque de s'occuper de ces choses, mais seulement de faire respecter les lois, notamment la laïcité dans sa stricte obédience. La liberté de culte et la liberté de conscience, l'égalité entre les citoyens et le respect des grands principes de la République relèvent de la loi et de la justice.

L'un des enjeux majeurs tient à la binationalité. La double allégeance qui est *de facto* demandée aux citoyens français d'origine (et donc de nationalité) maghrébine, les place dans une situation difficile, excepté ceux qui ont coupé avec le pays de leurs ancêtres. Mais pour la majorité, il ne peut pas y avoir de réelle intégration si ces citoyens vivent sous le regard et le contrôle de fonctionnaires ou de religieux étrangers. Il faudrait que le choix de la nationalité soit positif et non contraint, mais qu'une fois réalisé, il implique des droits et des devoirs particuliers. Pourquoi imposer la nationalité française à quelqu'un qui la refuse ? Et comment garantir aux citoyens français (notamment aux élus, artistes, sportifs et cadres qui subissent d'invisibles mais constantes pressions) que leur allégeance ne peut aller qu'à la patrie de leur choix ? Au fond, un immigré peut parfaitementent rester étranger s'il le souhaite, et transmette à ses enfants sa nationalité. Mais en cas de naturalisation, il doit être soumis au seul Code civil français, régi par les seules lois de la République. Et protégé par son pays dans ses droits. Ce n'est pas vraiment le cas. Cela s'observe quand un Franco-Maghrébin est en prison au Maghreb (notamment pour quelques prisonniers politiques) : la France se tait.

La République ne protège pas les petites filles voilées, non plus que les femmes vivant avec un homme polygame qui en tire profit, ni certains convertis ou athées malmenés. La République n'impose pas aux musulmans le mariage civil avant le mariage islamique (ce qui est pourtant la loi), car elle ne le considère pas. Elle s'immisce peu dans la pratique des mariages mixtes

> « IL FAUDRAIT QUE LE CHOIX DE LA NATIONALITÉ SOIT POSITIF ET NON CONTRAINT, MAIS QU'UNE FOIS RÉALISÉ, IL IMPLIQUE DES DROITS ET DES DEVOIRS PARTICULIERS. »

[1] *Citoyenneté et Loyauté*, Michaud Y., éd. Kero, 2017

FP
N°4
PRINTEMPS
2021

forcés ou familiaux qui, notamment, nuisent à l'intégration. Elle prend mal la mesure du défi que constituent salafistes et radicalisés, car elle attribue à ces pratiques un caractère temporaire, voire folklorique : dans le cas des étrangers, elle devrait les renvoyer systématiquement (d'ailleurs, la binationalité empêche la condition d'apatride). L'administration devrait appliquer les lois relatives à l'expulsion des clandestins ou imposer aux politiques de changer la loi, au lieu de quoi elle se discrédite par des non-choix et des lois inapplicables. Ce ne sont là que quelques-uns des sujets d'action pour refonder et clarifier les relations franco-maghrébines (qui concernent aussi le terrorisme, l'économie mafieuse de la drogue, la fuite des capitaux, les trafics d'êtres humains et de biens, etc.).
En échange de la non-ingérence de ces États dans les affaires de la France, la République a beaucoup à offrir à des États qui vivent *de facto* dans la dépendance de l'Europe, et dont les perspectives de développement et de croissance sont intimement liées à leur intégration dans une sphère euro-méditerranéenne de production et d'échanges. La relocalisation de filières de productions parties en Asie et l'implantation de nouvelles filières industrielles devraient être conçues dans cette dynamique. Sans partage des processus de production, il ne peut y avoir de baisse durable de la pression migratoire avec le Maghreb, d'autant plus que son potentiel de développement est très élevé, sous réserve de l'hypothèque politique. La formation des élites scientifiques et technologiques est un point clé du décollage économique, elle devrait être centrale. Celle-ci ne devrait pas aboutir au pillage des compétences intellectuelles et scientifiques que la France et l'Europe pratiquent sans vergogne, car il interdit aux États du Sud de se développer, de produire, d'être soignés et bien gérés. Si les États du Maghreb acceptent de reprendre ou d'accueillir des individus en rupture de ban avec la France, il faut leur garantir que leurs informaticiens et leurs médecins leur seront rendus.
Face à l'Afrique subsaharienne, l'Europe de l'Ouest et le Maghreb ont des intérêts communs. La francophonie, la sécurisation du Sahara et du Sahel, la coordination face à la poussée démographique en cours en Afrique (qui pourrait déstabiliser les deux rives de la Méditerranée dans des proportions inconnues), le potentiel de croissance du continent le moins pollué et le plus riche en matières premières du monde, tout cela crée des synergies bien comprises, une fois réglées les questions pénalisantes héritées d'un autre siècle. ◆

[1] *Citoyenneté et Loyauté*, Michaud Y., éd. Kero, 2017

DR

Pierre Vermeren
Normalien, agrégé et docteur en Histoire, Pierre Vermeren est professeur à l'université Panthéon-Sorbonne (Paris), où il dirige notamment le master Coopération internationale en Afrique et au Moyen-Orient (CIAMO). Auteur de nombreux ouvrages dont une *Histoire du Maroc depuis l'indépendance* (éd. La Découverte) qui fait référence, il a publié en septembre dernier un essai particulièrement stimulant : *On a cassé la République, 150 ans d'histoire de la nation* (éd. Tallandier).

IDÉOLOGIE

UN PAPE CONTRE LES FRONTIÈRES ET CONTRE L'OCCIDENT

PAR

CHANTAL DELSOL

Le 3 octobre dernier, le pape François publiait l'encyclique *Fratelli tutti* (en français « Tous frères »), dans laquelle il plaide pour l'accueil illimité des migrants. Pour la philosophe catholique Chantal Delsol, cette morale éthérée trahit un certain ressentiment envers l'Europe, doublé d'un goût coupable pour les idéologies postchrétiennes.

Une encyclique ne prétend pas au titre de dogme. C'est un texte ancré dans une histoire et rédigé, ou en tout cas commandé et corrigé, par une personne singulière, avec ses préférences et ses choix personnels. Le pape François vient d'Amérique latine et trouve là beaucoup de ses sources d'inspiration, ce qui est bien naturel. Contrairement à son prédécesseur Benoît XVI, il comprend et prend à son compte bien des positions postmodernes. Cette attitude conceptuelle lui permet à la fois de se solidariser avec les générations présentes, et l'empêche de saisir toujours la mentalité présente, parce qu'il lui est trop intégré, sans distance. Dans l'encyclique *Fratelli tutti*, le pape François rappelle des affirmations essentielles du magistère de l'Église. Il est d'usage pour une encyclique d'insister sur les exigences qui risquent au moment même de se voir mises à mal en raison des circonstances. La question cruciale des migrations exigeait de rappeler que nous sommes tous frères.

La religion catholique est associée à une morale, comme d'ailleurs toutes les religions dites secondaires, qui ne se contente pas d'exiger des rites, mais énonce des normes. À cet égard, c'est bien le rôle d'un pape de réaffirmer encore et toujours la morale contenue dans l'Évangile. C'est son rôle de la décrire et d'y encourager. Pour les catholiques, la vie éternelle est déjà commencée : nous pouvons en trouver un arrière-goût, ici-bas, par un comportement éthique. Il est donc naturel que le pape fasse de la pastorale et rappelle les règles morales du magistère. Comme le sujet l'exige, il part de la parabole du bon Samaritain qui met en avant une fraternité hors les murs, étendue à tous les humains quelle que soit leur appartenance. La notion d'amitié sociale est ancienne et avait été évoquée par Aristote, les Chrétiens peuvent l'appeler « charité politique » mais ils en étendent la notion à l'ensemble des humains, sans s'arrêter à une patrie ou à une ethnie. Le concept de « citoyenneté du monde », si présent aujourd'hui, vient des stoïciens puis des chrétiens. C'est cette idée que le pape François veut promouvoir quand il critique ici l'individualisme et la soi-disant morale transformée en calculs d'intérêts. Le refus de l'individualisme moderne est une constante dans la doctrine catholique, qui promeut au contraire l'idée de personne. La personne est une entité singulière et dotée de conscience et de liberté mais trouvant son devenir dans ses liens et relations aux autres. La personne est enracinée dans le temps : héritière de ses ascendants et responsable de ses descendants. Elle est enracinée dans l'espace : responsable et dépendante de ses proches. Très éloignée, donc, de l'individu contemporain qui se prend pour une île et n'accepte aucun engagement, sauf à pouvoir le rompre à tout moment, au gré de ses humeurs. Dans *Fratelli tutti*, le pape rappelle cette doctrine personnaliste du lien, mais du lien compris et assumé par une entité

« DANS LA DOCTRINE CATHOLIQUE, LA PERSONNE EST ENRACINÉE DANS L'ESPACE : RESPONSABLE ET DÉPENDANTE DE SES PROCHES. TRÈS ÉLOIGNÉE, DONC, DE L'INDIVIDU CONTEMPORAIN QUI SE PREND POUR UNE ÎLE ET N'ACCEPTE AUCUN ENGAGEMENT. »

responsable et autonome. Il étend cette responsabilité au monde entier, afin d'entrer dans le cadre de la question qui lui importe : celle de l'immigration. Le christianisme est universaliste. Dieu n'est pas venu pour les seuls chrétiens, peuple élu, mais pour tous. Il est le Dieu de tous, et c'est pourquoi nous sommes tous frères. Nous sommes donc responsables non seulement de notre famille et de nos concitoyens, mais du migrant inconnu qui frappe à notre porte. C'est l'histoire du bon Samaritain.
Il faut bien noter qu'il s'agit d'un discours moral, c'est-à-dire d'une objurgation à faire le bien. Si l'on y réfléchit, il existe peu d'occasions légitimes de « faire la morale », car chacun a sa conscience et il est très périlleux de dicter à un autre sa conduite intime. Les parents ont légitimité à donner des leçons de morale à leurs enfants, c'est même leur rôle. Il peut exister des cas rares d'admonestation fraternelle où l'on se permet de donner à un ami proche des conseils moraux. Et puis il y a le pasteur, ce qu'est précisément le pape. Il est dans son rôle quand il exhorte les chrétiens à pratiquer la charité politique ou l'amitié sociale vis-à-vis de tous les hommes de la Terre. Cependant, et il faut insister, cela reste et doit demeurer de la morale, c'est-à-dire des conseils éclairés qui désignent un chemin de vie estimé meilleur que les autres. Or dans ce texte, il est question en permanence de politique. C'est là qu'il est problématique et en même temps significatif : dans le lien qu'il établit entre la politique et la morale.
Bien entendu, on ne peut pas séparer les deux domaines en prétendant que la politique serait séparée de la morale. Celle-ci irrigue toutes les branches de la vie humaine, ou devrait le faire. La politique a ses propres exigences, et c'est précisément cela que le texte ignore.
La doctrine de *Fratelli tutti* sur l'immigration est radicale. Tout être humain sur la Terre devrait avoir le droit d'aller s'installer dans le pays où il peut trouver son épanouissement, et partout où il veut aller, il doit pouvoir être « accueilli, protégé, promu et intégré ». Il ne s'agit pas de distinguer les raisons politiques et les raisons économiques de la migration. Toute volonté de migration doit être accueillie dans l'esprit du bon Samaritain. Sur un autre sujet, nous dit encore le texte, la guerre est infâme dans tous les cas, quelle qu'elle soit. Elle doit donc être bannie sans réserve. De même, la peine de mort est une horreur morale, quels que soient les crimes perpétrés, et doit être combattue sur toute la Terre jusqu'à son extinction définitive.

« LA MORALE COMMANDE D'ACCUEILLIR L'ÉTRANGER, ET QUI NE VOUDRAIT PAS ÊTRE LE BON SAMARITAIN ? EN MÊME TEMPS, LA POLITIQUE COMMANDE DE PROTÉGER LA CULTURE DE LA SOCIÉTÉ QU'ELLE A EN CHARGE. »

CONTRE **LA GUERRE**

Ici, la morale dépasse ses droits et vient se heurter à la politique. Il est souvent difficile et parfois impossible de pratiquer la morale directement en politique. Pourquoi ? Parce que le monde humain est tragique, autrement dit tissé de devoirs à la fois contradictoires et également justes. Le monde humain n'est pas simplement un drame où on sait où est le bien, même s'il est ardu de l'atteindre. Il est une tragédie où nous nous trouvons sans cesse écartelés entre des pôles essentiels et contraires. La morale commande d'accueillir l'étranger : qui ne voudrait pas être le bon Samaritain ? En même temps, la politique commande de protéger la culture de la société qu'elle a en charge – et les deux exigences se contredisent souvent. Le texte de l'encyclique ne parle que du premier pôle, ce qui est normal puisque c'est un pôle entièrement moral, mais il en fait une politique, et c'est là qu'il est impossible de le suivre. De même pour la guerre. On se souvient que des théories brillantes ont été élaborées depuis le XVIe siècle par des auteurs chrétiens pour proposer une théorie de la guerre juste : essentiellement la guerre défensive. Car il est bien épineux pour un gouvernement de refuser toute guerre et, en même temps, de défendre la patrie et la société placées sous sa garde : autre type de polarité. Le pape François est formel : il refuse toute guerre, tant en politique qu'en morale. Fallait-il refuser de se battre contre Hitler ? Où l'on voit la faiblesse du raisonnement.

Ne croyons pas que c'est là une constante du discours ecclésial, dont après tout c'est le métier de brandir les normes morales. Toute une tradition chrétienne, au contraire, a appris à réfléchir sur les polarités et à en assumer les contradictions. Nous en trouvons l'expression bien visible dans le *Compendium de la doctrine sociale de l'Église* du Conseil pontifical justice et paix (éd. Cerf-Bayard-Fleuris Mama, 2005). En ce qui concerne ces deux sujets précis, l'immigration et la guerre, voici ce que nous y trouvons. Les immigrés doivent être accueillis dignement dans le pays d'arrivée et le regroupement familial est une nécessité. Cependant, « la réglementation des flux migratoires selon des critères d'équité et d'équilibre est une des conditions indispensables pour que les insertions adviennent avec les garanties requises par la dignité de la personne humaine ». Nous sommes loin du droit que tout être humain aurait de s'installer dans le pays de son choix. Les exigences politiques et culturelles du pays d'accueil sont prises en compte. Et de surcroît, on envisage des seuils au-delà desquels le nombre des accueillis serait trop grand pour que l'accueil demeure possible dans de bonnes conditions. Autrement dit, on tente d'analyser cette tragédie : la rencontre entre le devoir de l'accueil et le devoir politique. Il en va de même pour la question de la guerre, où le *Compendium* montre bien que la doctrine de l'Église se situe dans la ligne de sa tradition depuis Francisco de Vitoria : « Une guerre d'agression est

intrinsèquement immorale. Dans le cas tragique où elle éclate, les responsables d'un État agressé ont le droit et le devoir d'organiser leur défense en utilisant notamment la force des armes. » Il est clair qu'ici, on ne peut pas acheter la paix à n'importe quel prix. On est loin du refus absolu de la guerre. La doctrine de l'Église est morale, c'est sa vocation, mais elle demeure réaliste et nuancée parce qu'elle prend en compte les exigences de toutes sortes, sachant qu'il est impossible, en tout cas sur le plan social et politique, de mettre en pratique la morale toute pure.

NAÏVETÉ ET **RANCUNE**

On ne peut pas se contenter de voir dans *Fratelli tutti* une sorte de naïveté ou d'ignorance devant les réalités sociopolitiques. Car cette option qui réclame, par moralité pure, d'accueillir tous les migrants qui le désirent ou de refuser toute guerre, quelle qu'elle soit, cette option a un nom et elle constitue,

bien plus qu'une candeur, un courant de pensée utopique bien connu.
Il est naturel qu'un pape ait des opinions idéologiques. Un pape n'est pas un ange écarté du commun des mortels par une sorte de neutralité céleste. Le pape François est à gauche, comme Jean-Paul II était à droite. En soi, ce n'est pas un problème, mais l'encyclique *Fratelli tutti* en est entièrement imprégnée.

« ON VOIT BIEN QU'ENTRE L'APPEL À LA FRATERNITÉ SANS PRÉJUGÉ DU BON SAMARITAIN ET L'APPEL À L'INCLUSION MONDIALE ET À L'APLANISSEMENT DES FRONTIÈRES, IL Y A UN PAS DE GÉANT, CELUI QUI SÉPARE UNE MORALE UNIVERSELLE D'UNE POLITIQUE UTOPIQUE. »

Cette tendance idéologique est d'abord limpide dans la désignation des adversaires. Ceux-ci sont exclusivement les nationalistes et les populistes. Les régimes pervers ne sont jamais du côté des dictatures islamistes ou du despotisme chinois, par exemple. Il y a dans le texte une sourde rancune contre l'Occident contemporain. Et les reproches vont toujours dans le sens d'un appel au cosmopolitisme et de l'oubli des différences : critiques acerbes contre l'érection des murs, contre l'exclusion qui devrait partout laisser place à l'inclusion. Les riches sont constamment soupçonnés de cynisme, tous les efforts des États occidentaux pour accueillir les migrants sont oubliés, les efforts des États riches pour assécher la dette des pays pauvres sont considérés comme inexistants, bref le monde est séparé, de façon manichéenne, entre des pauvres, humiliés et écrasés, et des riches, arrogants et avares. Il est bien difficile de recevoir sans broncher cette description quand on voit tout ce qui est fait, en termes de financement et d'ouverture, pour accueillir et secourir.
On voit bien qu'entre l'appel à la fraternité sans préjugé du bon Samaritain et l'appel à l'inclusion mondiale et à l'aplanissement des frontières, il y a un pas de géant, celui qui sépare une morale universelle d'une politique utopique. Je puis faire l'effort de fraterniser avec cet étranger, mais je ne puis pas établir comme loi la suppression des frontières et le mélange politique universel. Je puis défendre le principe de l'égalité en dignité de tous les humains, mais si j'en fais une action politique radicale en égalisant tout à la base et au sommet, alors le monstrueux prend la place du divin. Le communisme a été précisément une reprise de l'égalité chrétienne en dignité, mais installée au plan social. Pour mieux comprendre cette dénaturation, il faut rappeler l'histoire racontée par Saint-Exupéry : quand le capitaine du navire descend pour rendre visite au soutier, il le salue et le traite dignement, parce qu'ils sont tous les deux ambassadeurs de Dieu, et on n'humilie pas un ambassadeur. Oui, mais ce n'est pas pour autant que le capitaine supprimera les grades et se mettra alternativement sous les ordres du soutier pour gouverner le bateau. Il y a une sorte de mécompréhension des ordres, d'exagération ou même de bacchanale des concepts, qui entraîne les principes chrétiens hors de leurs gonds et en fait de hideux travestis.

PALIMPSESTE

C'est la tendance de la morale contemporaine aujourd'hui dominante. Elle puise ses principes dans le christianisme, même si la chrétienté est effacée en tant qu'influence dominante du christianisme sur la culture et les mœurs. Il y a là un phénomène bien naturel : une société qui a été chrétienne pendant seize siècles et qui ne l'est plus, cherche des principes moraux et reprend les anciens principes qu'elle arrange ou déguise à son gré. Péguy appelait cela du parasitisme. Je serais moins sévère. J'appelle cela un palimpseste. Personne ne produit à partir de rien, et quand les chrétiens se sont développés, ils ont habité les temples païens. C'est ainsi que nous avons devant les yeux une morale post-chrétienne ou post-évangélique, qu'on peut appeler un humanitarisme – pour la distinguer de l'humanisme qui plaçait l'homme-image de Dieu au centre de la création. Cet humanitarisme est une sorte d'évangile utopique, une morale éthérée, ce que n'a jamais été le véritable *Évangile*, qui prenait constamment en compte les réalités humaines. Je puis m'efforcer au geste charitable du bon Samaritain, mais je ne puis fraterniser avec tous les hommes de la Terre, de même qu'un seul homme, fût-il Don Juan, ne peut tomber amoureux de toutes les femmes de la Terre. Autre exemple, ce n'est pas du « nationalisme étriqué » que d'avancer la « prétendue défense des intérêts nationaux ». La défense des intérêts nationaux n'est pas une prétention mais une exigence – les nations, comme le disait bien Montalembert, n'ont pas que des idéaux, elles ont surtout des intérêts et il n'y a aucune honte, au contraire, à les défendre. Car ce sont eux, ces intérêts, qui garantissent les enracinements dont nous avons tous besoin pour vivre et grandir.

Le personnel de l'Église a toujours été tenté par la séduction des doctrines d'époque, quitte à parfois y laisser une partie de son authenticité. On se souvient qu'au XVIIe siècle, les jésuites de Chine étaient si fascinés par cette civilisation prodigieuse qu'ils avaient fini par concocter une sorte de mixte sino-chrétien d'un goût assez douteux. Nous avons eu au XXe siècle un grand mouvement de chrétiens éperdus devant le marxisme, avec lequel il était de bon ton de « faire un bout de chemin ». Aujourd'hui, une partie de nos clercs sont envoûtés par le déconstructionnisme en vogue, philosophique ou artistique. Le pape François regarde avec envie du côté du panthéisme de Gaïa et de l'humanitarisme moral, dans lequel la transcendance est caviardée. Mais en réalité, le bon Samaritain de la parabole n'est pas George Soros ou Bill Gates : c'est le Christ lui-même.

L'encyclique *Fratelli tutti* est un libelle caractéristique de l'époque : le monde y est entièrement binaire, clivé entre les bons (les pauvres) et les méchants (les riches) – un reste du marxisme. La pensée y est mondialiste, tenant les particularités nationales pour des injustices – une expression typique de notre temps. La parabole du bon Samaritain y est traduite en récit cosmopolitique. Le texte est intéressant non pas pour avancer dans la compréhension de la doctrine catholique, mais pour saisir les opinions politiques du pape François.◆

DR

Chantal Delsol
Membre de l'Institut, cette professeur émérite de philosophie a créé en 1993 le Laboratoire interdisciplinaire d'études du politique Hannah Arendt (université Paris-Est) où elle a notamment travaillé sur le concept de « modernité tardive ». Membre de l'institut Thomas More (Bruxelles) et de la fondation du Pont-Neuf (Paris), deux clubs de réflexion conservateurs, et auteure d'une trentaine d'ouvrages, elle a publié l'an dernier *Le Crépuscule de l'universel* (éd. du Cerf).

RENCONTRE

UNE HOSPITALITÉ EXIGEANTE

ENTRETIEN AVEC

AYYAM SUREAU

PAR

BARBARA LEFEBVRE

FP

Ayyam Sureau a créé en 2008 l'association Pierre-Claver, qui dispense des cours de langues et de civilisation française auprès de plus de 200 réfugiés par an, pour la plupart venus d'Afghanistan. Cette petite structure, dont le financement est entièrement privé, accueille ses élèves dans un immeuble parisien non loin de l'Assemblée nationale. La fondatrice nous confie ses motivations, ses combats et ses doutes.

Ayyam Sureau
Diplômée de Sorbonne université, cette Américano-Égyptienne a animé les rencontres philosophiques de l'UNESCO et travaillé comme éditrice pour la collection Découvertes chez Gallimard, avant de fonder, avec son mari François Sureau (de l'Académie française), l'association Claver en 2008.

F.P. : Qui était Ayyam Sureau avant de créer l'association Claver ?

AYYAM SUREAU : Une lectrice assidue de Martin Buber, Lévinas, Arendt, Ricœur, Jeanne Hersch... particulièrement intéressée par les penseurs qui posent la relation humaine comme socle inaugural de toute attitude responsable. À l'UNESCO, à la division de la philosophie, le travail que je faisais ne me paraissait pas assez incarné, assez engageant. J'ai toujours eu la tentation d'aller voir si une manière de penser peut justifier une manière de vivre. Je crois que j'ai fondé Claver pour me frotter au réel, j'en suis toujours là. Claver est une expérience éthique concrète et n'a pas d'autre sens. On y éprouve une résistance. C'est un laboratoire, un modèle qui se cherche sans cesse, où l'on est inquiet par vocation. Une chose est de déclarer, assis derrière son bureau, que « le visage de l'étranger me commande » – ce qui est vrai, du reste – autre chose est de vivre auprès des réfugiés les contraintes de l'accueil et de l'enseignement. De créer les conditions réelles, durables, politiques en un mot, de cette réciprocité si chère aux philosophes de la rencontre. Ce que je dis est valable pour tous les membres de notre association, confrontés en permanence à la question de la coexistence avec l'étranger, de la réparation des blessures de l'exil, de la transformation inévitable de soi et d'autrui qui s'opère dans le même temps où un « nous » doit se former. Pas une seule personne ne rentre ici, bénévole ou réfugiée, qui ne prenne le risque d'une transformation radicale.

F.P. : Avez-vous ce faisant changé de regard sur l'humanité ?

AYYAM SUREAU : Je me suis renforcée dans l'idée que l'expérience de l'exil et celle de l'hospitalité étaient les plus propres à définir notre humanité. À Claver, nous rencontrons des personnes qui, arrachées à leur pays, transforment leur exil en opportunité de contribuer à un monde habitable. Face à eux, les bénévoles font aussi l'expérience d'une sortie d'eux-mêmes, puis d'une redécouverte. Alors qu'ils pensaient être venus enseigner le français ou l'histoire, ils finissent par constater combien ce qu'ils ont à transmettre est compliqué, parfois absurde, voire inexplicable. Ce sont les questions des élèves, leur incompréhension, le dialogue qui s'ensuit, qui les conduisent à saisir l'ampleur de l'impensé de la langue, ses silences, ce fond sourd qui se dit à son insu, cette mémoire que l'on charrie l'air de rien et qu'il s'agit soudain de mettre au clair pour l'autre, mais pour soi aussi. Ceux qui enseignent l'histoire se retrouvent dans une situation étrange, s'entendant raconter ce dont ils sont fiers et ce dont ils ont honte dans notre passé, et s'avisant tout d'un coup qu'ils n'en avaient pas perçu jusqu'ici toute la profondeur. Ces échanges sont vivifiants. Cet aller-retour est indispensable au renouvellement de notre héritage. Si nous demeurions entre nous, notre parole mourrait de n'être pas entendue.

F.P. : Cela dit, l'hospitalité est un phénomène asymétrique…

AYYAM SUREAU : Je suis d'accord. Les réfugiés demandent l'asile, et le pays d'accueil le leur accorde. Il ne s'agit pas d'un échange à égalité. Cependant, l'hospitalité se fonde toujours sur la possibilité d'une réciprocité, antérieure ou à venir. Elle suppose d'avoir intégré le besoin d'accueillir et d'être accueilli comme un état partagé par tous les hommes. Les réfugiés viennent aujourd'hui demander la protection de nos lois. Notre maison est ouverte, mais ce sont ses lois qui prévalent. Aussi, notre cours sur la laïcité, délivré par le conseiller d'État Didier Casas, et qui s'étend sur quatre fois deux heures, est-il obligatoire, malgré les réticences qui peuvent survenir. Beaucoup s'étonnent de cette fermeté. Ils s'étonnent que la France ne soit pas le pays de tolérance qu'elle prétend être. Nous leur répondons qu'ils sont mal tombés en effet, et que les conditions qui font de la France ce pays où chacun demeure libre, ne sont pas négociables. Il est rare d'ailleurs, en dehors de ce cours, que nous ayons à parler de laïcité. Dans notre maison, nous lui préférons la notion de civilité.

F.P. : Comment définissez-vous cette civilité ?

AYYAM SUREAU : Quand ils débutent chez nous, les bénévoles sont motivés par la générosité. Ils se rendent compte rapidement qu'ils ne supportent pas certains comportements, envers les femmes par exemple. Ils mesurent alors l'importance d'expliquer aux réfugiés quelles sont non seulement nos lois mais notre histoire, nos pratiques, nos habitudes, nos convictions tacites, celles qui nous habitent sans même être écrites. Un réfugié peut être considéré comme un invité en transit qui attend que la guerre cesse dans son pays. Nous pourrions lui dire : « Mettez-vous à l'abri, vous repartirez quand vous le pourrez. » Mais c'est une bonne hypothèse de travail que d'agir comme si nous devions durablement vivre ensemble. Il s'agit alors de dire : « Vous êtes venus dans ce pays, attirés par les avantages d'un État de droit, la liberté, la justice, la prospérité. Tout cela n'existe pas chez nous par hasard. Aidez-nous à préserver ces acquis, à les perfectionner même, afin de garder la maison ouverte pour ceux qui viendront après vous. » Pour pouvoir dire cela, il ne faut jamais oublier que nos réfugiés sont des adultes qui ont fait un choix. Un choix qui leur a paru justifier l'effarant voyage qu'ils ont fait pour venir.

F.P. : Certes, mais pourquoi ne pas employer les bonnes méthodes intégratives de l'école républicaine d'antan ?

AYYAM SUREAU : Le catéchisme républicain donne l'impression d'un pays figé, en train de s'éteindre. Un jour, nous avons reçu une affiche officielle de la Charte de la laïcité. Nous l'avons collée au mur comme il se doit… elle n'a pas tenu une semaine. Cette affiche ne servait à rien. Pourquoi ? Parce que face à un élève qui demande à sortir d'un cours pour aller prier, ou à une femme qui ne prend pas la main d'un camarade qui voulait la saluer, il est plus efficace de dire, les yeux dans les yeux, face à face, « je ne le permets pas et je vais m'efforcer de te dire pourquoi » plutôt que de pointer du doigt une affiche en disant « c'est la loi, regarde ! ». Il vaut mieux incarner cette exigence de civilité, d'amitié primordiale, dans chaque geste, chaque regard, chaque parole. Un exemple : nous organisons tous les samedis matin des séances de course à pied dans Paris avec un ancien capitaine de la Légion étrangère. En bon soldat, il demande à son équipe de courir ensemble, ce qui induit d'être capable d'attendre les plus faibles. Résultat, il y a quelques années, lors des 10 km de Paris, notre meilleur coureur, qui aurait pu faire un excellent score, a préféré sacrifier sa course pour soutenir une fille de l'équipe qui avait une crampe. Vous imaginez les applaudissements du public devant cet héroïsme, ce panache qui a beaucoup plus de valeur que la première place. C'est ça, l'incarnation.

F.P. : Comment se fait le recrutement ?

AYYAM SUREAU : Nous sommes élitistes. Non pas que nous ayons une préférence pour les réfugiés diplômés, bien au contraire puisque la majorité des personnes que nous accueillons sont analphabètes dans leur

«

LE MOT « MIGRANT » CONSACRE LA SEULE VALEUR DU MOUVEMENT. IL OCCULTE LA RAISON QUI POUSSE DES HOMMES ET DES FEMMES À QUITTER LEURS PAYS. »

DR

propre langue. Mais sur les 800 candidats qui se présentent chaque année, nous avons nos inclinations : peut-être un musicien ou une brodeuse, mais aussi une personne attentive aux autres que nous aurions vu aider une dame à rentrer sa poussette dans la cour au moment d'arriver, un blagueur qui fait mourir de rire ses camarades dans la file d'attente, un homme qui dort sous un pont et dont la dignité irréductible vous désarme. En réalité, les futurs membres de l'association se désignent par eux-mêmes. Nous n'avons que soixante places à chaque recrutement, c'est une épreuve pour nous comme pour les candidats, car à aucun moment l'injonction des visages, leur présence absente de toute catégorie, n'est aussi personnelle.

F.P. : Quelle est la part d'hommes et de femmes parmi les élèves ?

AYYAM SUREAU : Il y a une majorité d'hommes, mais le nombre de femmes augmente. Nous recevons surtout des réfugiés masculins partis en éclaireurs et qui feront ensuite venir l'épouse, laquelle se retrouvera bien souvent en France plus isolée que dans son pays d'origine, voire plus soumise. Il est en effet étonnant de voir que les maris demandent la nationalité française pour eux, rarement pour leur femme. La pression est forte, souvent exercée par la famille restée au pays, à qui les femmes comme les hommes doivent prouver, sur Skype, qu'ils ne sont pas en train de s'occidentaliser. Nos anciens élèves adressent d'ailleurs trop peu leurs épouses à Claver une fois qu'elles sont arrivées. Cela dit, nous voyons aussi des femmes qui arrivent seules et ne posent pas ces difficultés.

F.P. : Comment traitez-vous les familles ?

AYYAM SUREAU : La famille est une question cruciale. Car si notre ambition consiste à aider les réfugiés à vivre un peu moins mal leur exil, c'est la réussite de leurs enfants qui marquera le succès de l'intégration. Raison pour laquelle nous avons décidé de nous assurer que les enfants de nos élèves apprennent la langue maternelle de leurs parents : le pachto, le dari, l'arabe. À un très haut niveau, c'est-à-dire qu'ils s'approprient un trésor inestimable qui leur permettra d'être des Français toujours plus amples, nourris à plusieurs sources. Pourquoi nous priver de cet enrichissement pour notre littérature, notre inventivité, notre commerce, notre diplomatie ? Les réfugiés que nous accueillons peuvent tant donner à la France. Je dis à la France. Pas à une communauté sans histoire, sans visage et sans nom.

F.P. : Existe-t-il d'autres centres comme le vôtre ?

AYYAM SUREAU : Il y a beaucoup d'associations dédiées aux réfugiés qui font un excellent travail. Ce qui m'inquiète, ce n'est pas ce qui est fait, mais ce qui n'est pas fait.

F.P. : Quel regard portez-vous sur la politique migratoire de la France ?

AYYAM SUREAU : Je tiens à distinguer l'immigration du droit d'asile, deux réalités trop souvent confondues. Mais il est temps de regarder la réalité en face. Nous n'avons plus, ni de politique de l'asile, ni de politique migratoire. D'une part, une politique migratoire ouverte suppose un optimisme et un volontarisme qui sont mis à mal chaque jour par les caractéristiques de notre temps : crise institutionnelle, crise économique, crise morale. D'autre part, une politique de l'asile suppose une grande fermeté conceptuelle, une grande conscience de soi. Celle-là aussi est en train de disparaître. Accorder l'asile, c'est à la fois proposer la protection de nos lois et exiger leur respect. Pour y parvenir, il faut être cohérent. Cette cohérence fait souvent défaut. En pratique, parce que l'asile est devenu la soupape de sûreté d'une politique migratoire inexistante. Dans les symboles, parce que nos lois ne véhiculent pas simplement un droit positif mais un contenu de civilisation. Quelle valeur, en définitive, paraît accorder à l'asile un pays qui reconnaît le statut de réfugié à des personnes persécutées par un tyran auquel, dans le même temps, le gouvernement confère la plus haute distinction nationale, la grand-croix de la Légion d'honneur ? En matière d'asile, on n'a pas su accueillir, ni intégrer, ni reconduire. L'Europe se disloque, le monde du travail est en pleine mutation, notre culture commune vacille. Notre société peut-elle encore donner une place digne à chacun d'entre nous ? Intégrer des étrangers dans ces conditions est difficile, quoiqu'en disent les militants pour un accueil inconditionnel.

F.P. : Faut-il alors redéfinir le droit d'asile ?

AYYAM SUREAU : Le droit d'asile tel que nous le pratiquons aujourd'hui repose sur une Convention internationale qui date de l'après-guerre. Qu'est-ce qui a changé ? Les réfugiés ont changé, et nous aussi. Les réfugiés ne sont pas pour la plupart des combattants de la liberté au sens où la Constitution en parle. Ils viennent chercher chez nous la vie simple et digne que leur pays d'origine leur refuse. Beaucoup d'entre eux ne cherchent pas un asile politique mais un asile existentiel. Nous, nous avons cessé de voir dans les réfugiés cette avant-garde d'un combat pour la liberté auquel nous étions attachés partout dans le monde. C'est ce qui explique qu'on accueille des réfugiés venant de pays dont nous soutenons les gouvernements. À leur asile existentiel s'oppose trait pour trait notre asile de la mauvaise conscience. Je ne pense pas qu'une simple redéfinition des termes juridiques du droit d'asile suffise à résoudre nos contradictions.

F.P. : Le mot « migrant » n'est-il pas justement révélateur de ces contradictions ?

AYYAM SUREAU : Vous avez raison. Le migrant serait comme un canard sauvage, venant d'on ne sait où pour se poser n'importe où. Nous avons intégré l'idée que l'histoire, comme combat pour la liberté, s'était arrêtée dans la plupart des pays du monde et qu'il n'y avait pas d'autre issue pour les opprimés que la fuite. On professe là un double mépris, à l'égard de la France, qui n'est pas une piste d'atterrissage, et à l'égard des réfugiés, qui ne sont pas des canards mais des hommes. Est-ce qu'on a idée de ce que cela signifie de demander la protection d'un autre pays, ce que cela suppose d'humilité, de désespoir, de honte. La seule réponse possible à cette demande, qui est infiniment sérieuse, est de sauvegarder le respect de nous-mêmes. Le mot « migrant » consacre la seule valeur du mouvement. Il occulte la raison qui pousse des hommes et des femmes à quitter leurs pays.

F.P. : Le parcours des réfugiés a-t-il changé depuis la création de votre centre ?

AYYAM SUREAU : Assurément. Il y a douze ans, c'était par choix que la plupart des personnes qui se présentaient à nous arrivaient en France. Alors que cette année, nous n'avons pas rencontré plus de 5 % de candidats ayant opté à l'origine pour notre pays. Dans une écrasante majorité, le réfugié vise initialement les pays scandinaves d'où il est rejeté. Ensuite, il tente sa chance en Autriche ou en Allemagne. Il y essuie le même refus des autorités locales. À l'issue donc d'une véritable dégringolade géographique et administrative, le voilà, fatigué, démotivé, humilié, aux portes de la France, pays qui représente pour lui un pis-aller. Charge à nous de le convaincre que cette infortune est une chance pour lui. J'avoue que je ne sais pas si nous allons réussir cet exploit.◆

SOCIÉTÉ

POLYGAMIE

UNE OMERTA FRANÇAISE

PAR

ANNE-SOPHIE NOGARET

FP

Dans son projet de loi « confortant les principes républicains », le gouvernement semble reconnaître que la polygamie relève de mœurs incompatibles avec les principes républicains. Il était temps ! Car depuis des décennies, nos institutions se montrent très accommodantes avec ce phénomène séparatiste et phallocratique, principalement lié à l'immigration sahélienne.

La polygamie est bel et bien installée en France. Tout fonctionnaire œuvrant sur le terrain le sait, tout comme il sait qu'elle fait l'objet d'une puissante omerta. Évoquer le taux de délinquance chez les garçons issus de ces familles, parler des femmes qui accouchent plusieurs fois dans l'année sous couvert d'une seule carte Vitale, ou des musulmanes en tenue rigoriste qui bénéficient de l'Allocation de soutien familial (ASF) ne se fait qu'à l'abri des oreilles. Nos institutions en effet semblent régies par une idéologie multiculturaliste selon laquelle, paradoxalement, la contradiction entre les cultures serait impossible.

Le phénomène polygame en France, comme l'immigration africaine musulmane à laquelle il est essentiellement lié, n'est pas récent. Il est concomitant du regroupement familial autorisé depuis 1976. Pour nommer précisément les choses, la polygamie africaine est en réalité une polygynie, soit le mariage d'un homme à plusieurs femmes. Étrangement, quarante ans plus tard, les statistiques sur le sujet sont inexistantes. Le dernier rapport évoquant la polygynie émane de l'institut Montaigne et date de 2010. Évoquant déjà l'absence de chiffres disponibles, ses auteurs se réfèrent à un rapport de la Commission nationale consultative des droits de l'homme (CNCDH) de 2006, qui lui-même, faute de statistiques dédiées, avait estimé au doigt mouillé qu'entre 8 000 et 10 000 ménages polygames vivaient en France, ayant donné naissance à 40 000 ou 60 000 enfants. Le jeu de poupées russes statistiques ne s'arrête pas là : les estimations de 2006 ne sont en effet que la reprise d'une note de 1996[1], laquelle à son tour s'appuyait sur des études de 1992 et 1993. En clair, nous ne disposons aujourd'hui que d'estimations fondées sur des données obsolètes : cela fait près de trente ans qu'aucune étude statistique sur la polygamie n'a été entreprise, alors même que l'immigration sahélienne s'est, elle, bel et bien poursuivie. Les statistiques constituant un nécessaire préalable à l'action politique, qu'exprime cette lacune évidente ? Que penser de la lapidaire fin de non-recevoir que la Direction de l'accueil, de l'accompagnement des étrangers et de la nationalité (DAAEN) a opposée à nos questions, sinon qu'il est très malvenu d'aborder le sujet ?

> « POUR NOMMER PRÉCISÉMENT LES CHOSES, LA POLYGAMIE AFRICAINE EST EN RÉALITÉ UNE POLYGYNIE, SOIT LE MARIAGE D'UN HOMME À PLUSIEURS FEMMES. »

LE VER **MULTICULTURALISTE**

En 1980, le Conseil d'État[2] reconnaît aux maris polygames le droit de faire venir en France épouses et enfants. La polygamie, argumente le législateur, ne contrevient pas à l'ordre public. Et les immigrés ont le droit de mener « une vie familiale normale », au sens de l'article 8 de la Convention européenne des droits de l'homme. Sans que le législateur semble en avoir conscience, en se référant au droit international privé et au statut personnel, il introduit en réalité le ver multiculturaliste dans le fruit juridique. Certes, la vie « familiale normale » d'une personne en Afrique peut impliquer la polygamie. Certes également, si une union polygame ne peut être contractée en France, le législateur de 1980 est en droit de considérer qu'un tel statut matrimonial acquis à l'étranger ne contrevient pas en soi à l'ordre public français.

[1] Note de Béatrice de la Chapelle, élaborée pour le ministère de l'Aménagement du territoire de la ville et de l'intégration.

[2] Arrêt Montcho.

Ce statut introduit néanmoins une dommageable confusion, en repliant la polygamie sur une conception occidentale moderne du mariage, celle d'un engagement réciproque entre époux égaux en droit, aussi révocable que les sentiments qui le fondent. Le mariage civil, qui n'a pas le privilège d'établir la filiation, n'est en effet plus en France une institution sociale mais un lien privé entraînant du point de vue du droit des avantages fiscaux et successoraux pour les époux.

Dès 1980, la polygamie serait donc pour le Conseil d'État un type d'union parmi d'autres, le seul facteur discriminant envisagé étant en l'occurrence un trouble éventuel de l'ordre public, et non l'atteinte à la dignité des femmes. Le législateur ignore-t-il le contexte tribal et patriarcal dans lequel s'inscrit la polygynie ? Ignore-t-il que ce type d'union, si tant est qu'il soit consenti, exclut toujours l'égalité des droits entre sexes ? Il ne l'ignore sans doute pas, mais il pratique, pour paraphraser le sociologue Hugues Lagrange, le déni de culture qu'autorisent implicitement les droits de l'homme en définissant l'être humain par la seule potentialité de son libre arbitre. Aurélien Taché ne fait pas autre chose lorsqu'il confond polygamie et sexualité libérée. Et Assa Traoré participe de la même confusion lorsqu'elle évoque la grande « famille recomposée » de son enfance avec « ses mamans ».

Ce n'est qu'en 1993 que le législateur s'attaque à la polygamie, via la loi Pasqua qui subordonne la prolongation du titre de séjour des étrangers polygames vivant en France à l'abandon de leur statut matrimonial. Par la suite pourtant, les textes vont opérer un glissement, passant de la « lutte » contre la polygamie à l'« aménagement » de celle-ci. Cette évolution subreptice va s'opérer au nom du devenir des coépouses, qui, dès lors qu'on les sépare légalement de leur mari, se retrouvent dépourvues de titre de séjour, de moyens de subsistance et deviennent en conséquence potentiellement sans ressources et expulsables. À la logique législatrice se substitue, sous couvert du droit, une idéologie compassionnelle qui légifère sur la base de cas particuliers, ceux de femmes étrangères sans titre de séjour, soumises au droit religieux et coutumier de leur pays d'origine, et que la loi française se propose de sauver.

La circulaire du 25 avril 2000 estime ainsi qu'il y aurait un conflit possible entre les principes républicains et les droits de l'homme, dès

« LA CIRCULAIRE DU 25 AVRIL 2000 ESTIME AINSI QU'IL Y AURAIT UN CONFLIT POSSIBLE ENTRE LES PRINCIPES RÉPUBLICAINS ET LES DROITS DE L'HOMME, DÈS LORS QUE L'ON OMETTRAIT LA DIMENSION CULTURELLE DE LA POLYGAMIE. »

lors que l'on omettrait la dimension culturelle de la polygamie. Étrange texte, dont les « dispositions de principe » affirment d'un côté que « les étrangers polygames ne peuvent jamais se prévaloir de l'article 8 de la Convention européenne des droits de l'homme relatives à la protection de la vie privée et familiale », pour ensuite énoncer que le refus d'accorder aux polygames arrivés en France avant 1993 un renouvellement de titre de séjour porterait atteinte « de façon disproportionnée » au respect de leur vie privée... Cette circulaire, posant une chose et son contraire, est une cote mal taillée entre droit national et droit supranational.

À cette contradiction de principes se juxtapose la réalité du terrain, à savoir la présence en France d'un système tribal à l'œuvre dans certains de nos quartiers, organisant la vie sociale et privée de ses habitants selon des usages religieux et coutumiers. La référence aux droits de l'homme, présentés fallacieusement comme une nécessité juridique, sert ainsi de fait le tribalisme, en fermant délibérément les yeux sur l'appartenance culturelle qui, tout autant que la possession de la raison, façonne les gens. On peut aussi supposer que les arguties juridiques de la circulaire de 2000 expriment une réalité plus prosaïque : les gouvernements successifs ne savent tout simplement pas quoi faire de ces familles polygames, tétanisés par le reproche d'inhumanité qui pourrait leur être adressé en cas d'expulsion des contrevenants. Le droit aménage donc ce contre quoi il refuse de lutter, interdisant d'une main ce qu'il autorise de l'autre : ainsi, les cartes de séjour sont accordées aux coépouses, même en cas de maintien de la polygamie. Certes, elles portent la mention « visiteurs » qui leur interdit de travailler, mais qu'à cela ne tienne : les aides sociales prendront le relais. Autrement dit, la loi prévoit au nom de l'émancipation des coépouses leur assistanat en règle, par lequel l'État se substitue à leur mari, se calquant sur le modèle patriarcal auquel il est pourtant censé s'opposer. Il en va de même de la « décohabitation », présentée comme la condition première de l'émancipation. C'est méconnaître le fait que, le plus souvent, vivre dans des appartements séparés n'empêche pas la polygynie, la référence des ménages polygames étant l'usage coutumier et religieux, et non la loi française. Le mariage civil n'a pas de légitimité dès lors que prime le référentiel tribal. Ce phénomène exigerait, pour être effectivement combattu, un croisement des fichiers des institutions (mairies, caisses d'allocations familiales, services sociaux, bailleurs, hôpitaux, écoles...) et l'exercice d'une volonté véritablement politique. Par l'assistanat organisé et la décohabitation (qui reproduit d'ailleurs le système en vigueur en Afrique, où les coépouses disposent de leur propre logement), l'État finalement endosse avec l'argent public les devoirs et responsabilités de l'époux polygame, s'inscrivant par humanisme comme acteur d'un système éminemment patriarcal.◆

Anne-Sophie Nogaret

Ancienne professeure de philosophie dans le secondaire, elle anime le blog Decadrage.com, consacré au cinéma. Auteur en 2017 de *Du mammouth au* Titanic - *La déséducation nationale* (éd. L'Artilleur), elle a publié chez le même éditeur l'an dernier, un essai cosigné avec Sami Biasoni : *Français malgré eux - Racialistes, décolonialistes, indigénistes : ceux qui veulent déconstruire la France.*

DÉMOGRAPHIE

LA QUESTION DE L'EUROPE DE L'EST

PAR

JACQUES SAPIR

FP

Allemagne
Royaume-Uni
Ukraine
Bélarus
Espagne
Autriche
Moldavie
Slovaquie
Serbie

Depuis la chute du mur de Berlin, des millions d'Européens de l'Est ont émigré vers l'ouest du continent, et notamment vers la France, avec le plus souvent des motivations économiques. De puissants réseaux mafieux exercent, hélas, leur mainmise sur bon nombre d'entre eux.

La question des immigrants et des migrations est la plus fréquemment évoquée en France à propos des personnes venues de l'Afrique du Nord, de l'Afrique subsahélienne et du Moyen-Orient. Or, ces migrations ne sont qu'une partie du flux global. En effet, un tiers des migrants présents sur le territoire français sont d'origine européenne et 34 % des migrants arrivés en France en 2018 sont aussi d'origine européenne. Les flux intra-européens, qu'il s'agisse des pays de l'Europe du Sud ou de l'Europe de l'Est, sont donc loin d'être négligeables. Ce qui est vrai pour la France l'est aussi pour l'UE, où résident près de 14 millions d'immigrés d'Europe de l'Est, y compris des pays non-membres de l'Union européenne (UE).

FAITS ET **FLUX**

La dynamique est ici intéressante. Les flux migratoires ont explosé à partir des années 1990. Si l'on considère l'ancienne UE à quinze membres, le nombre de migrants venus de l'est de l'Europe a explosé dans les deux décennies qui ont suivi la chute du mur de Berlin. Ce nombre est donc passé d'environ 2,8 millions de personnes en 1990 à 13,8 millions en 2019.

Il a fallu attendre 2010 et l'impact de la crise de la dette engendrée par la crise financière de 2008-2010, pour que le flot ralentisse. Ce flot s'est tout d'abord porté sur les pays frontaliers (Allemagne, Autriche), mais il a touché aussi des pays plus lointains comme la Grèce, l'Italie et la France. De fait, la question du cadre politique, de la politique du droit d'asile, jouait un grand rôle dans l'orientation de cette immigration avant 1990 ; elle était à l'époque majoritairement composée de réfugiés politiques, les anciens dissidents des régimes en place. Puis, ce flot s'est réorienté et les raisons du départ du pays d'origine ont évolué ; l'immigration de travail, comme dans les années 1920-1930, a supplanté l'immigration politique.

En 2019, les pays accueillant le plus d'immigrés venus d'Europe de l'Est sont l'Allemagne, le Royaume-Uni, l'Espagne et l'Autriche. Ce phénomène s'explique par de nombreuses raisons : dynamisme économique, proximité, mais aussi caractère plus libéral de la législation concernant les travailleurs immigrés.

En fait, s'il y a actuellement près de 14 millions d'immigrés en provenance de l'Europe du Sud-Est et de l'Est, ce sont plus de 28 millions de personnes qui ont quitté ces pays, ce qui représente près de 10 % des populations d'origine, chiffre très au-dessus de la moyenne mondiale, qui est de 3 %.

En fait, la Fédération de Russie est aujourd'hui le deuxième plus grand pays de destination pour les migrants dans le monde. Elle accueille plus de 11 millions de personnes, dont naturellement une bonne partie vient de l'Europe du Sud-Est et de l'Est, et plus particulièrement des immigrants issus de l'Ukraine, du Bélarus, mais aussi de la Moldavie et même de la Slovaquie et de la Serbie.

Quelles sont aujourd'hui les dynamiques principales ? Pour la plupart

«

CE SONT PLUS DE 28 MILLIONS DE PERSONNES QUI ONT QUITTÉ CES PAYS, CE QUI REPRÉSENTE PRÈS DE 10 % DES POPULATIONS D'ORIGINE, CHIFFRE TRÈS AU-DESSUS DE LA MOYENNE MONDIALE, QUI EST DE 3 %.

»

des pays d'Europe du Sud-Est et de l'Est, l'émigration a été la principale caractéristique au cours des dernières années et décennies. La raison en fut la crise importante liée à la transition économique mais aussi, et peut-être surtout, la différence de niveau de vie entre les pays du cœur historique de l'UE et les pays se trouvant, de fait, à sa périphérie. Après la vague d'émigration dans les années 1990 et le début des années 2000, l'émigration des pays d'Europe orientale vers l'Europe occidentale s'est ralentie tout en restant à un niveau élevé. L'élargissement de l'UE vers l'est a abouti à englober davantage d'États membres d'Europe de l'Est, tout en étendant les frontières extérieures de l'UE vers les pays non-membres de l'Est. La législation de l'UE a favorisé ces mouvements. Pour le gouvernement allemand, mais aussi pour le gouvernement britannique, le recours à une immigration massive des pays de l'Europe de l'Est a notamment été perçu comme une réponse à la crise démographique (Allemagne) mais aussi comme un moyen de faire baisser, en termes relatifs ou absolus, les salaires (Royaume-Uni).

LES DEUX **EUROPE**

Se pose alors la question du pourquoi de cette émigration massive vers l'Europe occidentale. Une partie de la réponse se trouve bien entendu dans les situations économiques et sociales de ces pays de l'Europe de l'Est et du Sud-Est. Il faut ici revenir sur la coupure historique de l'Europe en deux, une coupure qui ne résultait pas de la mainmise soviétique après 1945, mais remontait bien plus avant dans l'Histoire. Au XIXe siècle, l'Empire austro-hongrois ne se dota jamais d'une politique d'industrialisation, même minimale (telle que celle menée par la Russie tsariste au même moment, avec des ministres comme Vichnegradski, Mendeleïev et Witte, qui tentèrent de moderniser leur pays).
Aussi, à l'exception de ce qui devait devenir après 1918 la Tchécoslovaquie, l'économie moderne ne pénétra pas profondément dans l'Europe centrale et danubienne. De fait, l'Europe centrale et balkanique, ce que l'on appelle désormais l'Europe de l'Est et du Sud-Est, telle qu'elle avait émergé de la dissolution de l'Empire austro-hongrois en 1918, était donc majoritairement reléguée à la périphérie du développement européen. Cela se traduisait dans le revenu national par habitant : à l'exception de la Tchécoslovaquie, les écarts avec la France ou l'Allemagne étaient considérables. Cette situation a perduré après 1945.
Ces pays ont subi les destructions de la Seconde Guerre mondiale à des degrés divers. La Tchécoslovaquie a ainsi été plus épargnée, tant par les combats que par les bombardements. La délocalisation de certaines des industries de guerre allemandes vers le pays tchèque, pour soustraire les usines aux bombardements anglais et américains, avait néanmoins contribué à une accumulation de capital. Globalement, l'ensemble de la zone était toujours pauvre en 1945. Durant la période où cette région fut incluse dans la sphère soviétique, on y a connu une croissance relativement forte entre 1950 et 1970. En revanche, les deux décennies suivantes, et en particulier celle qui précéda immédiatement la chute du Mur, se sont caractérisées par une croissance bien plus faible et des désordres économiques croissants. La transition a plongé ces pays dans une dépression qui fut à la fois profonde et durable. En 1999, soit dix ans après le début du processus, seuls trois pays (la Pologne, la Slovaquie et la Hongrie) avaient retrouvé et dépassé leur niveau de richesse du début de la transition. Qui plus est, si l'on retient l'hypothèse que les systèmes économiques de « prétransition » auraient pu engendrer une croissance moyenne de 1,5 % par an (soit un niveau nettement inférieur à celui que l'on a enregistré entre 1950 et 1989), seule la Pologne se trouvait en 2003 dans une situation économique plus favorable que si elle avait conservé l'ancien système.

NATURE DE L'IMMIGRATION DE **« L'AUTRE EUROPE »**

L'immigration depuis l'Europe de l'Est et du Sud est une immigration composite. Une partie est constituée de travailleurs migrants hautement qualifiés qui vont donc viser des postes à haute compétence, comme c'est le cas avec l'augmentation du nombre de médecins et infirmiers se rendant en Europe occidentale. Attirés par des salaires plus élevés, un nombre important de professionnels de la santé de pays comme la Roumanie, la Pologne et la Slovaquie ont quitté leur pays pour travailler en Europe occidentale. On estime qu'en 2015, la Roumanie avait perdu la moitié de ses médecins, ce qui n'est pas sans poser des problèmes importants pour le maintien du système de santé. L'émigration de professionnels hautement qualifiés, en plus d'une population en déclin, a créé une grave pénurie de main-d'œuvre dans certains secteurs de plusieurs pays d'Europe de l'Est. Mais il y a aussi une émigration de travailleurs manuels (dans le bâtiment et la construction) peu qualifiés.
Par ailleurs, plus de 52 % de tous les migrants internationaux issus des pays de l'Europe de l'Est et du Sud-Est sont des femmes, ce qui est significativement

«
ON ESTIME QU'EN 2015, LA ROUMANIE AVAIT PERDU LA MOITIÉ DE SES MÉDECINS, CE QUI N'EST PAS SANS POSER DES PROBLÈMES IMPORTANTS POUR LE MAINTIEN DU SYSTÈME DE SANTÉ.
»

au-dessus de la moyenne mondiale, qui se situe autour de 48 %. Ajoutons qu'une partie importante (9 %) est constituée de mineurs ou de jeunes adultes (15-24 ans), ce qui diffère aussi significativement de la moyenne mondiale (4,7 %).
Cette émigration, induite à la fois par la dissolution du bloc socialiste en Europe de l'Est et du Sud-Est, et par l'extension de l'UE, a provoqué de manière générale une hémorragie importante dans les pays d'origine, que ce soit quantitativement, ce qui pose dès à présent un problème de stabilité des systèmes de retraite, mais aussi qualitativement, car les personnes migrantes sont en partie très bien formées et (globalement) représentent la fraction la plus dynamique et la plus entreprenante de ces populations. Si l'émigration provoque des problèmes – tout autant qu'elle y répond – dans les pays d'origine en particulier en les vidant d'une partie de leurs forces vives, elle s'accompagne aussi d'autres drames.

IMMIGRATION ET TRAFIC DES ÊTRES HUMAINS

En effet, une partie de l'émigration hors de ces pays, et donc de l'immigration dans les pays d'Europe occidentale, est liée à l'exploitation et au trafic des êtres humains qui sont le plus souvent le fait de bandes organisées faisant déjà régner la terreur dans les pays d'origine. La région a connu une augmentation de ce phénomène en particulier au sein d'entreprises engagées dans la sous-traitance et la fourniture de travailleurs à bon marché. Un sujet qui fait rarement la une des journaux, car ces sociétés utilisent la législation libre-échangiste de l'UE pour camoufler leurs pratiques, qui inclent notamment l'exploitation sexuelle.
L'exploitation sexuelle reste la forme prédominante de traite ouvertement illégale des êtres humains en Europe (56 %). Elle est suivie de l'exploitation par le travail (26 %), avec les fraudes à la TVA et aux prestations sociales, et des autres formes d'exploitation, comme la mendicité forcée ou le prélèvement d'organes (18 %). Les femmes et les filles restent naturellement le groupe le plus vulnérable (elles constituent 68 % des victimes). Elles sont repérées par des organisations criminelles sévissant dans les pays d'origine et le plus souvent exploitées dans les filières de l'aide à la personne, du ménage et

de la prostitution forcée. Ces dernières années, deux tendances importantes sont signalées par les États membres de l'UE : la forte augmentation de la traite des enfants (23 % des victimes) et la croissance de la traite intra-UE (44 % des victimes sont des citoyens de l'UE). Les profils des trafiquants et leur mode de fonctionnement ont changé, même si la violence, physique ou morale, joue toujours un rôle décisif dans le mécanisme de la traite. On observe en effet une augmentation du nombre de femmes parmi les organisateurs de ces trafics ainsi que de jeunes hommes éduqués, ce qui est lié au rôle croissant d'internet et des médias sociaux pour le recrutement des personnes qui sont victimes de ces trafics, mais aussi (dans le cas de la traite à des fins de travail) pour établir le contact avec les employeurs potentiels dans les pays d'Europe occidentale. Une partie non négligeable de l'immigration en provenance de l'Europe de l'Est et du Sud-Est est donc directement et indirectement liée à des organisations criminelles.

SITUATION **EN FRANCE**

On l'a vu, la France, est modérément concernée par l'immigration en provenance de l'Europe de l'Est et du Sud-Est, même si elle l'est un peu plus que son voisin italien, par exemple. Pour l'année 2019, selon les chiffres des Nations unies, il y avait environ 518 000 immigrés issus de l'Europe de l'Est et du Sud-Est sur notre territoire, et 58,6 % venaient de pays nouvellement intégrés à l'UE. Dans les pays européens hors UE, on retrouve la Serbie, mais aussi des pays de l'ex-URSS, comme la Russie, l'Ukraine, le Bélarus et la Moldavie. Ces diverses origines renvoient à des histoires et des pratiques migratoires différentes. L'immigration issue de la Russie, de l'Ukraine et du Bélarus est plutôt composée de personnes à haut niveau d'éducation (si l'on excepte la communauté tchétchène qui a bénéficié de l'asile politique et dont des membres ont défrayé la chronique judiciaire il y a quelques mois). En revanche, pour l'émigration en provenance des pays intra-UE, mais aussi de la Moldavie, de la Macédoine du Nord ou de la Bosnie, il est clair que les motifs économiques sont largement présents.◆

« **UNE PARTIE NON NÉGLIGEABLE DE L'IMMIGRATION EN PROVENANCE DE L'EUROPE DE L'EST ET DU SUD-EST EST DIRECTEMENT ET INDIRECTEMENT LIÉE À DES ORGANISATIONS CRIMINELLES.** »

Jacques Sapir
Membre à titre étranger de l'Académie des sciences de Russie, ce docteur d'État en économie est le directeur du Centre d'études des modes d'industrialisation à l'École des hautes études en sciences sociales (Paris). Chroniqueur régulier pour le média officiel russe *Sputnik*, il est l'auteur d'une trentaine de livres, dans lesquels il a notamment pris parti contre l'euro. Son dernier ouvrage : *Chroniques stratégiques* (éd. L'Esprit du temps, 2021).

AMÉRIQUE

LE MIRAGE CANADIEN

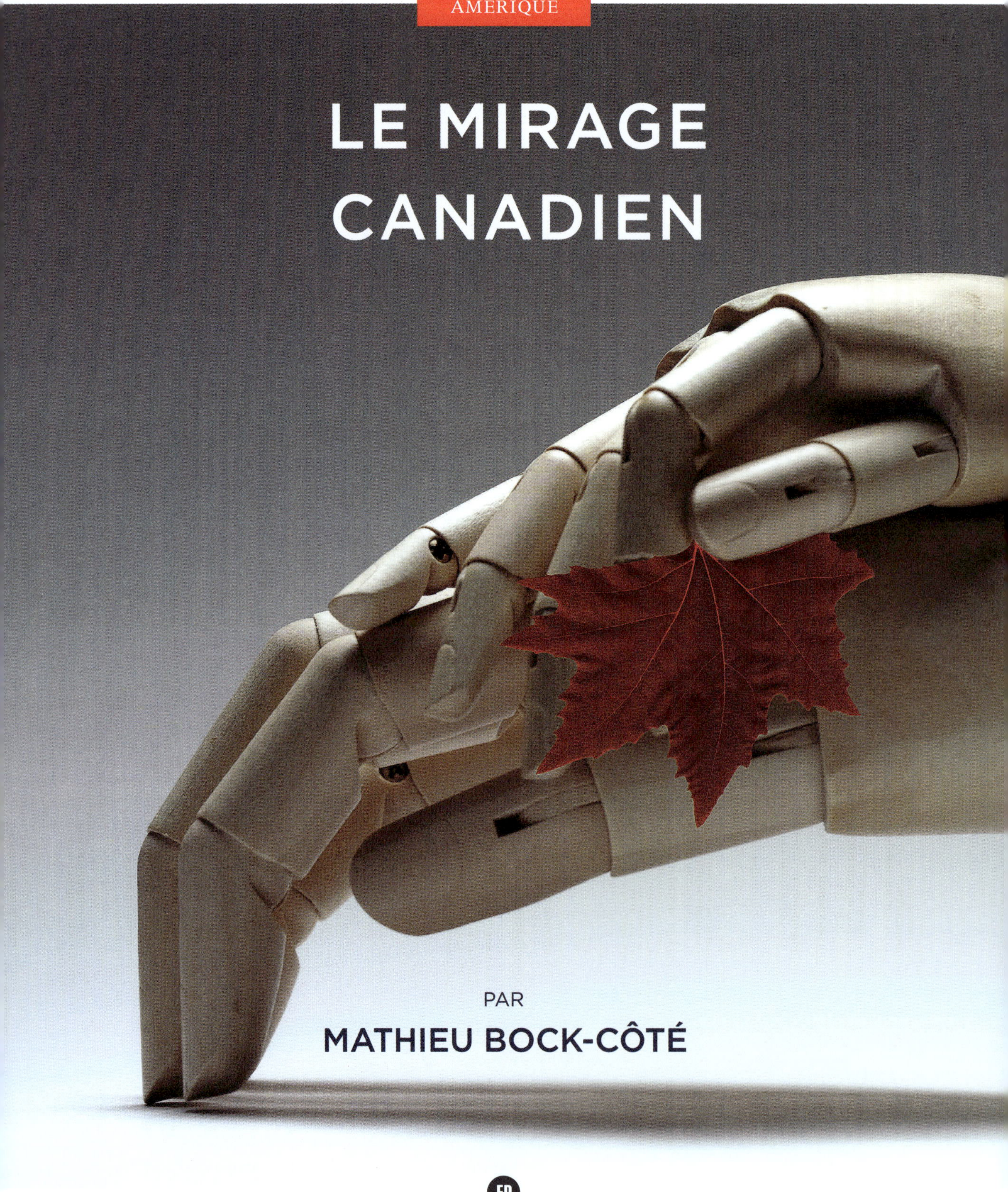

PAR

MATHIEU BOCK-CÔTÉ

FP

Pour les thuriféraires de la *start-up nation*, la politique migratoire du Canada, hyperaccueillante et ultratolérante, est un modèle d'excellence, tant au plan moral qu'économique. Mais cette surenchère d'ouverture ne risque-t-elle pas de dissoudre les particularismes locaux, à commencer par l'identité québécoise ? L'essayiste montréalais Mathieu Bock-Côté montre le revers de la médaille.

Le Canada a bonne réputation en matière d'immigration. En Europe, et même en France, on prête à ce pays une certaine maîtrise de ses flux migratoires. Mieux encore, il représenterait le pays de l'immigration choisie, et on veut même, en certains milieux, le prendre en exemple. On se le représente encore comme le pays des grands espaces vides ne demandant qu'à être peuplés par ceux qui veulent embrasser ce qu'ils présentent comme un *Canadian Dream* se substituant à l'*American Dream*. C'est désormais au Canada qu'on pourrait refaire sa vie en découvrant mille opportunités, comme veulent le faire croire chaque année certains hebdomadaires français qui se transforment en brochures publicitaires au service du ministère des Affaires mondiales du Canada.

LE PAYS DE **L'IMMIGRATION CHOISIE** ?

La rhétorique est connue : l'immigration serait la bienvenue au Canada, dans la mesure où elle contribuerait à la croissance économique du pays. Elle répondrait à la pénurie de main-d'œuvre, les travailleurs spécialisés étrangers venant combler les besoins locaux – une thèse nuancée par l'historien Jacques Houle, qui rappelle que la théorie de la pénurie de main-d'œuvre « sert à masquer les difficultés de recrutement systématique causées par des salaires trop bas, du temps partiel fréquent ou des horaires atypiques ». De même, les emplois spécialisés vacants justifiant l'ouverture des frontières sont loin d'être systématiquement comblés directement par les populations nouvelles, qui n'ont pas toujours le profil attendu. Les Canadiens verraient l'immigration de manière pragmatique et seraient même capables de l'intégrer à une société paisible et prospère : ils auraient trouvé le chemin conduisant au modèle de la diversité heureuse.

Officiellement, le Canada donne l'impression de maîtriser son immigration. Sur une base régulière, il fixe des objectifs migratoires qu'il cherche à remplir, tout en déterminant une série de critères pour distinguer ceux qui peuvent y entrer et ceux qui ne le peuvent pas. Ottawa sélectionne ceux dont il veut et ceux dont il ne veut pas. D'un point de vue extérieur, le Canada fixe ses seuils d'immigration en fonction de ses besoins et de ses moyens. Le Canada, vu de loin, semble aussi épargné par l'immigration clandestine. L'Atlantique n'étant pas la Méditerranée, il est plus difficile d'accoster au Canada qu'en France – mais la chose est moins vraie qu'il n'y paraît. J'y reviendrai brièvement à la fin de cet article.

IMMIGRATION MASSIVE ET **MULTICULTURALISME**

Cette vision est toutefois révélatrice de l'étonnante capacité qu'ont les Européens de fantasmer dès lors qu'ils parlent de ce qu'on appelait autrefois le Nouveau Monde. Car le rêve canadien relève surtout du mirage idéologique, et il suffit de voir le pays autrement qu'à travers le prisme de la propagande de l'État fédéral pour s'en convaincre. L'histoire de l'immigration au Canada est indissociable de son rôle dans le *nation building* (« construction nationale ») mené par le gouvernement fédéral. On pourrait même parler de sa fonction identitaire, dans la mesure où le Canada contemporain a fait de l'immigration massive, fonctionnant selon le dogme du « toujours plus », un dogme politique.

En 2016, un an après l'arrivée au pouvoir de Justin Trudeau, un groupe de travail chargé de penser à long terme l'avenir du Canada a proposé que le pays se donne pour objectif d'avoir 100 millions de citoyens en 2100, pour en faire non plus seulement une superpuissance morale mais une grande puissance à part entière. Cette proposition a été favorablement accueillie par la classe politique, qui a voulu y reconnaître une vision d'avenir fondamentalement positive pour le pays. Cette ambition est évidemment indissociable de l'utopie diversitaire, le fondement idéologique du Canada contemporain, et que Justin Trudeau a résumé de la plus simple manière au *New York Times* en octobre 2015, en expliquant que le Canada était un pays sans noyau culturel et identitaire, et qui n'avait pour fondement que sa diversité, ou plus exactement, son ouverture toujours plus grande à la diversité. Le Canada ne se présente pas, de ce point de vue, comme un État-nation mais comme le premier État postnational, reprenant le slogan selon lequel nous serions tous des immigrants. L'idéologie canadienne montre le pays comme un modèle pour le monde entier, comme s'il incarnait la prochaine étape dans l'histoire de l'humanité. Le Canada se présente comme un modèle de communauté politique nouveau, sectionnant le lien entre un peuple et son territoire, et aspirant désormais à recréer dans ses frontières l'humanité entière. C'est ce qui explique que le Canada a pu, depuis 2015, faire de son ouverture au niqab une marque de fierté nationale. L'histoire mérite d'être racontée tant elle illustre bien l'imaginaire politique canadien. Zunera Ishaq, une immigrée pakistanaise, s'est rendue devant les tribunaux en réclamant le droit de prêter son serment de citoyenneté en niqab, sans même dévoiler son visage un instant. Les tribunaux lui ont naturellement donné raison : Zunera Ishaq devenait même, dans le discours public, une citoyenne exemplaire, admirablement patriotique, et un double symbole d'émancipation. D'abord féministe parce qu'elle refusait de se laisser dicter sa tenue par des hommes, et diversitaire parce qu'elle refusait de se plier aux diktats culturels de la majorité. Elle incarnerait admirablement les valeurs de son pays et pourrait en remontrer aux natifs qui les trahiraient en cherchant à restreindre les droits humains en fonction de codes culturels particuliers.

L'IMMIGRATION MASSIVE D'UN **POINT DE VUE QUÉBÉCOIS**

C'est en regardant la question de l'immigration au Canada d'un point de vue québécois qu'on peut toutefois prendre pleinement conscience de ses fondements idéologiques. Un détour par l'histoire s'impose. Après la chute de la Nouvelle-France en 1760, les Britanniques se demandèrent que faire des 60 000 Français installés dans la vallée du Saint-Laurent et surtout, comment en finir avec eux. Si les Britanniques n'avaient pas hésité à déporter les Acadiens (en 1755, dans la première entreprise de nettoyage ethnique des temps modernes passée à l'Histoire sous le nom de « Grand dérangement »), la chose semblait pratiquement impossible avec ceux qu'on appelait alors « Canadiens », même si l'intention de les dissoudre culturellement dans l'empire était explicite. L'immigration a dès lors été considérée comme un moyen politique pour diluer démographiquement le peuple vaincu de 1760, même si ce projet a tardé à se concrétiser.

Sans en faire une histoire détaillée, on en retiendra l'élément central : l'objectif de l'État canadien, quel qu'en soit le régime, a toujours été de mettre les francophones en minorité dans leur propre pays en les traitant à la manière d'un résidu culturel devant tôt ou tard se dissoudre, en leur expliquant souvent que cela serait pour leur propre bien, leur groupe national étant insuffisamment évolué ou moderne et les condamnant pour cela à une existence diminuée

> « UN GROUPE DE TRAVAIL CHARGÉ DE PENSER À LONG TERME L'AVENIR DU CANADA A PROPOSÉ QUE LE PAYS SE DONNE POUR OBJECTIF D'AVOIR 100 MILLIONS DE CITOYENS EN 2100, POUR EN FAIRE NON PLUS SEULEMENT UNE SUPERPUISSANCE MORALE MAIS UNE GRANDE PUISSANCE À PART ENTIÈRE. »

et dégradée en Amérique. L'objectif fut atteint au milieu du XIXe siècle : les Canadiens français devenaient minoritaires dans le pays qu'ils avaient fondé. Ils parvinrent néanmoins à se reconstituer comme majorité en imposant la création de la province de Québec en 1867, au moment où se formait la fédération canadienne. Le Québec devenait l'État national des Canadiens français. Il s'agissait d'un État fédéré, d'un demi-État qui donnait néanmoins une existence politique à la nation. Il n'en demeure pas moins qu'à l'échelle du Canada, le poids des francophones n'a cessé de chuter au fil de l'histoire : ils ne représentent plus que 23 % et sont aujourd'hui en situation d'extinction culturelle dans les provinces anglaises.

René Lévesque, la figure fondatrice du souverainisme québécois moderne, avait bien compris cela dès 1970 en lançant de manière moqueuse : « On s'est donné un ministère de l'immigration. L'autre, à Ottawa, pour lequel on paie, a le droit de continuer à nous noyer, c'est lui qui a le pouvoir. Mais on en a un à Québec pour enregistrer la noyade. »

Les populations immigrées qui s'installent au Québec se « canadianisent » culturellement davantage qu'elles ne se « québécisent ». Elles ont tendance, presque naturellement, à adopter les comportements politiques et culturels des anglophones, davantage que ceux des francophones. La chose ne s'explique pas par un déficit d'hospitalité chez les Québécois francophones, qui repousseraient les immigrés dans les bras des anglophones, mais par un simple rapport de force, qui les désavantage dans la fédération canadienne et en Amérique du Nord. Dans leur propre espace politique, les Québécois francophones sont souvent vus comme une population de trop.

Dans le dernier quart du XXe siècle, alors que la question nationale s'est imposée au cœur de la vie politique, qui s'est restructurée autour de l'idée d'indépendance, Ottawa a consciemment utilisé l'immigration massive pour construire une minorité de blocage diminuant progressivement l'emprise des Québécois francophones sur leur propre État. En 1995, la stratégie a donné ses fruits. Alors que 61 % des Québécois francophones votèrent en faveur de l'indépendance (ils formaient alors 82 % de la population), 99 % des anglophones et plus de 90 % des populations issues de l'immigration ont voté contre elle. Le résultat fut un crève-cœur pour les souverainistes : le camp du Oui obtint 49,4 % d'appui, échappant de quelques dizaines de milliers de votes à la victoire. Depuis, l'État canadien, pris de panique, a mené une guerre idéologique intégrale contre le nationalisme québécois en radicalisant son multiculturalisme. Le Canada a pratiqué un coup d'État démographique contre le peuple québécois historique en le dépossédant politiquement dans son État. Il s'agissait une fois pour toutes de le noyer démographiquement et de le faire passer, comme le veut la doctrine multiculturaliste, du statut de peuple fondateur à celui de communauté ethnique parmi d'autres. Il suffit que les Québécois refusent cette logique pour se faire accuser de suprémacisme ethnique. Leur simple existence comme nation entre en contradiction avec l'idée que le Canada se fait de lui-même. Tant qu'ils se verront d'abord comme des Québécois et non comme de simples Canadiens francophones, ils représenteront un problème pour l'État canadien.

Certes, depuis 1978, le Québec dispose de certains pouvoirs en matière d'immigration, mais ils sont moins politiques qu'administratifs et lui permettent surtout, dans une certaine mesure, de sélectionner une immigration ayant un profil linguistique compatible avec son identité francophone. Il est par ailleurs piégé : puisque le Canada augmente toujours ses seuils d'immigration, le Québec est invité à faire de même pour conserver son poids démographique dans la fédération. Il

« L'ÉTAT CANADIEN, PRIS DE PANIQUE, A MENÉ UNE GUERRE IDÉOLOGIQUE INTÉGRALE CONTRE LE NATIONALISME QUÉBÉCOIS EN RADICALISANT SON MULTICULTURALISME. »

entre ainsi dans un dispositif piégé qui a pour conséquence de diminuer systématiquement le poids de la majorité historique francophone au Québec. Croyant augmenter son pouvoir dans la fédération, il en vient concrètement à se désubstantialiser et à programmer la disparition de son propre noyau historique et démographique. Pour que le Québec soit fort dans le Canada, il doit y avoir de moins en moins de Québécois francophones au Québec.

La chose est d'autant plus vraie qu'on constate que les politiques d'intégration québécoises sont d'une efficacité très limitée, comme en témoigne l'anglicisation de Montréal qui se poursuit, malgré l'existence de la loi 101 qui consacre le français comme langue officielle du Québec (votée par le parlement québécois en 1977, elle a depuis été démantelée morceau par morceau par les tribunaux canadiens). D'un point de vue québécois, la politique d'immigration canadienne peut donc être vue comme une immense entreprise d'ingénierie sociale et de *nation building*. Elle sert objectivement à la transformation de la nature même du Canada. Dans un pays de 100 millions d'habitants, le peuple québécois ne serait plus qu'un résidu ethnique impuissant, condamné à une forme de survivance culturelle folklorique.

LE CAS DU **CHEMIN ROXHAM**

Une réflexion sur la politique canadienne d'immigration serait incomplète si elle n'abordait pas la question de l'immigration illégale, que le discours public refuse naturellement de nommer comme telle. La question s'est imposée dans l'actualité pendant les années Trump quand, en 2017, ce dernier décida de suspendre l'autorisation de résidence accordée aux réfugiés haïtiens après le tremblement de terre de 2010. Plusieurs milliers firent le choix de ne pas rentrer dans leur pays et de se rendre au Canada en traversant la frontière par le désormais célèbre chemin Roxham, avec le consentement des autorités. Le phénomène a vite débordé le seul cas de la communauté haïtienne, d'autant que Justin Trudeau a signé quelques tweets en 2017 où il invitait tous les déshérités de la terre à venir s'installer au Canada : « À ceux qui fuient la persécution, la terreur et la guerre, sachez que le Canada vous accueillera indépendamment de votre foi. La diversité fait notre force. » Des réfugiés de nombreux pays firent ainsi le choix de pénétrer par ce chemin sur le territoire canadien. Le Canada connaissait, à son échelle, une crise des migrants.

Le chemin Roxham en est ainsi venu à symboliser cette forme de sans-frontiérisme d'État à la canadienne : le droit d'asile est instrumentalisé et devient une filière migratoire à part entière qui, en plus, se présente sous une bannière humanitaire. Les idéologues canadiens ont martelé la chose : l'immigration illégale n'existe pas. Celui qui utilisait ce concept était ainsi accusé de répandre une fausse nouvelle, de propager des *fake news*. Il faudrait plutôt parler d'immigration irrégulière. Il s'agit, au Canada comme ailleurs, d'exclure de l'espace mental la possibilité de l'immigration illégale et de normaliser la figure du migrant, autour de laquelle reconstituer le lien politique. On y verra, à bon droit, une manifestation particulièrement agressive de la novlangue à travers laquelle s'imposent le régime diversitaire et ses concepts. ◆

Mathieu Bock-Côté
Docteur en sociologie, il est chargé de cours à HEC Montréal et membre du comité d'orientation de l'institut Thomas More, un club de réflexion conservateur basé à Bruxelles. On peut également lire ses chroniques hebdomadaires dans *Le Journal de Montréal* et *Le Figaro*. Il est l'auteur de nombreux ouvrages, dont le dernier, *L'Empire du politiquement correct*, a paru en 2019 aux éditions du Cerf.

PHILOSOPHIE

IMMIGRATION : QUELLE INTÉGRATION ?

PAR

HENRI PENA-RUIZ

Le philosophe Emmanuel Kant distingue dans son *Projet de paix perpétuelle* (1795) le « droit de visite » et le « droit de résidence », tous deux forts différents dans leurs conditions et leurs conséquences. Accorder l'un n'implique pas que l'on accorde l'autre. Pourquoi ? Tout simplement parce que les implications pratiques ne sont pas du tout les mêmes.

En 1935, Paul Valéry soulignait la diversité de la population française. « Le fait fondamental pour la formation de la France a donc été la présence et le mélange sur son territoire d'une quantité remarquable d'éléments ethniques différents. Toutes les nations d'Europe sont composées, et il n'y a peut-être aucune d'elles dans laquelle une seule langue soit parlée. Mais il n'en est, je crois, aucune dont la formule ethnique et linguistique soit aussi riche que celle de la France. Celle-ci a trouvé son individualité singulière dans le phénomène complexe des échanges internes, des alliances individuelles qui se sont produits en elle entre tant de sangs et de complexions différents. » *(Regards sur le monde actuel)*
Déjà, à l'époque, apparaissait le caractère fantasmatique de la notion de « Français de souche », catégorie de plus en plus improbable dans une population marquée par des vagues d'immigration distinctes. Valéry se contentait de pointer un fait, qu'il ne jugeait pas négativement. Il refusait tout ce qui pourrait faire naître la peur, voire la haine qui en découle sur des bases totalement irrationnelles. Pendant la Première Guerre mondiale, les immigrés espagnols, portugais et polonais, entre autres, n'avaient-ils pas fait tourner les usines pendant que tous les Français en âge de combattre étaient sur le front ? Plus tard, sous l'occupation nazie, des immigrés communistes comme Missak Manouchian n'ont pas hésité à prendre les armes pour défendre leur nouvelle patrie, comme l'ont fait des républicains espagnols exilés après la victoire de Francisco Franco, aidé par Adolf Hitler et Benito Mussolini. Louis Aragon leur rend hommage à deux reprises. Il rappelle qu'un chant révolutionnaire français *(L'Internationale)* peut relayer sans contradiction un chant patriotique français *(La Marseillaise)* :

« Une autre chanson française
À ses lèvres est montée
Finissant La Marseillaise
Pour toute l'humanité. »
(*Ballade de celui qui chanta dans les supplices*, in *La Diane française*).

Quant aux immigrés devenus résistants pour libérer leur terre d'accueil, la France, Aragon leur consacre un poème que Léo Ferré mettra en musique admirablement :

« Ils étaient vingt et trois
quand les fusils fleurirent
Vingt et trois qui donnaient
leur cœur avant le temps
Vingt et trois étrangers
et nos frères pourtant
Vingt et trois amoureux
de vivre à en mourir
Vingt et trois qui criaient
la France en s'abattant. »
(L'Affiche rouge)

Plus près de nous, l'historien Gérard Noiriel emprunte la métaphore métallurgique du creuset pour caractériser le mode d'intégration de la France. Le creuset, c'est le récipient où se mélangent les futurs composants d'un alliage. Par analogie, le principe d'union de la diversité des ethnies et des traditions doit s'affranchir de tout particularisme. C'est ce qu'a voulu la Révolution française en refondant la nation sur les droits de l'homme, bases universalistes conçues à rebours des traditions coutumières et religieuses de la France de l'Ancien Régime, supposée « fille aînée de l'Église ». Unir par ce qui émancipe, et non par des usages sacralisés, comme ceux du patriarcat et d'une hiérarchie sociale supposée naturelle : tel fut, en bref, l'apport révolutionnaire. Mais la dimension purement formelle des droits proclamés, dénoncée par Marx, allait substituer la discrimination par l'argent à la discrimination par la naissance. Seule une révolution sociale pouvait donner chair et vie à la révolution politique de 1789. Cette idée de Jean Jaurès est toujours actuelle dans la définition de l'intégration républicaine.
Pour faire vivre ensemble, en son sein, des populations d'origines et de traditions diverses, la République française se définit comme laïque. Elle n'est nullement antireligieuse. Son souci est d'affranchir les lois communes des particularismes coutumiers, souvent sacralisés par les trois monothéismes, notamment le

patriarcat qui fait de la femme « le deuxième sexe » (cf. le titre éponyme du livre phare de Simone de Beauvoir). Elle intègre donc les immigrés non par la domination d'un particularisme sur un autre, mais par des droits émancipateurs, de portée universelle.

« LA SOUVERAINETÉ POPULAIRE N'A RIEN À VOIR AVEC UN NATIONALISME D'EXCLUSION ET DE REFUS DE L'AUTRE. ELLE MET EN JEU LES CONDITIONS D'UNE INTÉGRATION RÉUSSIE, IMPLIQUANT UNE SORTE DE CONTRAT OÙ DROITS ET DEVOIRS SE CONDITIONNENT MUTUELLEMENT. »

Les religions sont libres, mais elles ne doivent engager que leurs fidèles, et non l'ensemble des habitants. Le primat de l'intérêt général profite à toutes et à tous. Nul besoin d'assimiler, c'est-à-dire d'imposer la même façon d'être à des personnes différentes. Il suffit d'intégrer, en limitant le pouvoir des lois à ce que nécessite la coexistence des différences dans le respect d'une égale liberté.

UN PEU DE **PHILOSOPHIE**

La question de l'immigration est aujourd'hui écartelée entre deux exigences humaines de nature distincte qui peuvent dans certains cas être contradictoires tout en étant aussi légitimes l'une que l'autre. Une dichotomie lumineuse nous vient du philosophe Emmanuel Kant dans le *Projet de paix perpétuelle* (1795). Il y distingue le « droit de visite » et le « droit de résidence », tous deux forts différents dans leurs conditions et leurs conséquences. Accorder l'un n'implique nullement que l'on accorde l'autre. Pourquoi ? Tout simplement parce que les implications pratiques ne sont pas du tout les mêmes. La première exigence, celle du « droit de visite », ne se réduit pas ici à son sens touristique habituel, réglé par les formalités concernant le franchissement des frontières et la durée du séjour. On le transposera aux migrations plus ou moins forcées par des situations de détresse, devenues courantes dans le contexte de la mondialisation. Il s'agit d'accueillir des personnes dont la vie, la santé ou la liberté sont menacées. Un devoir d'hospitalité doit alors être assumé, par référence à un droit cosmopolitique qui nous institue citoyens du monde pour penser les rapports entre nations selon des principes de droit. Kant affirme que ce droit n'est pas seulement philanthropique, mais comporte une portée juridique irréductible à des considérations de type humanitaire. Il devient alors un droit d'être secouru, accueilli, et hébergé dans des cas de détresse (et ce contre l'odieux « délit de solidarité » qui n'existe pas juridiquement, mais désigne par dérision l'infraction pénale infligée aux personnes qui apportent leur aide à des migrants en situation irrégulière). La seconde exigence, relevant d'une politique démographique définie souverainement, concerne un « droit de résidence », ou droit d'installation pérenne, soumis à des réquisits divers, qui mettent en jeu des considérations humaines, sociales, économiques et politiques. La souveraineté populaire convoquée ici n'a rien à voir avec un nationalisme d'exclusion et de refus de l'autre. Elle met en jeu les conditions d'une intégration réussie, impliquant une sorte de contrat où droits et devoirs se conditionnent mutuellement.

Les temporalités respectives de ces deux exigences ne sont évidemment pas les mêmes. Le droit d'être accueilli dans une situation d'urgence exige une réponse immédiate. Il est en ce sens inconditionnel, comme tout geste solidaire dont l'enjeu est de sauver. L'installation pérenne, conditionnelle, a pour enjeu d'intégrer, et ce n'est pas une mince affaire. La dichotomie kantienne entre visite et installation se justifie par un principe de précaution de type social. Pourquoi permettre une installation pérenne si les conditions d'une vie décente rendues possibles par un emploi durable ne sont pas réunies ? Le caractère conditionnel de l'intégration pérenne ne relève alors d'aucune logique

d'exclusion, mais de l'intérêt même de la personne candidate à l'installation.
L'hospitalité ne devient donc un principe politique qu'à travers la reconnaissance d'un droit souverain de maîtrise démographique, articulé au principe de responsabilité. On ne peut oublier en l'occurrence la toile de fond d'un capitalisme mondialisé, qui joue sans scrupule sur l'inégal développement des droits sociaux pour faire baisser le coût du travail. Il importe de ne pas confondre le rejet de l'immigration par pure xénophobie avec son contrôle, par souci de préserver la situation sociale des plus démunis.
Citons Kant : « L'hospitalité signifie le droit pour l'étranger, à son arrivée sur le territoire d'un autre, de ne pas être traité par lui en ennemi. On peut le renvoyer, si cela n'implique pas sa perte, mais aussi longtemps qu'il se tient paisiblement à sa place, on ne peut l'aborder en ennemi. L'étranger ne peut pas prétendre à un droit de résidence (cela exigerait un traité particulier de bienfaisance qui ferait de lui un habitant du foyer) mais à un droit de visite.[1] »
L'accueil humanitaire relève d'une finalité simple, aux limites bien définies, et sa mise en œuvre requiert une temporalité courte. Inconditionnelle, l'hospitalité offerte à l'être humain en détresse relève du réflexe. Comment pourrais-je en effet différer l'aide qui sauve ? Le ressort de l'hospitalité inconditionnelle est « la répugnance à voir souffrir mon semblable », selon l'expression exemplaire de Rousseau. Oui, il s'agit de restaurer l'humanité dans l'être humain aux confins de la mort. Oui, il s'agit de soigner, de réconforter, d'encourager. Si *l'Aquarius* navigue avec à son bord des personnes en souffrance, et se trouve proche de nos côtes, il n'y a pas à mettre des conditions pour le faire accoster, sauf à commettre un homicide involontaire. Il y a urgence à tendre la main, à nourrir et à soigner, à héberger décemment. Pourquoi ? Pour que dans un deuxième temps, sortie de la détresse et jouissant à nouveau de son libre arbitre, la personne accueillie humainement puisse faire le point et définir ce qu'elle veut, ce qu'elle demande, ce qu'elle attend. L'hospitalité inconditionnelle s'impose donc pour restaurer en chaque personne accueillie les forces physiques et morales d'une humanité blessée, sans préjuger de la suite. Elle témoigne auprès d'elle de ce que peut être le visage d'une humanité véritable. Un encouragement précieux pour reprendre espoir. Tout particulièrement en cas de migration forcée pour cause d'oppression politique, de racisme ou de conflits meurtriers. Le temps d'accueil initial permet au migrant de déverrouiller son horizon, de reconstituer sa liberté d'agir. Il l'aide à faire les démarches nécessaires à une installation conditionnelle. Celle-ci suppose que soient remplies deux conditions. La première est sociale, la seconde est laïque. D'abord s'assurer des possibilités réelles d'emploi en consultant les chiffres du chômage. Ensuite rappeler aux migrants qu'ils sont tenus de respecter les lois du pays d'accueil, comme ont à le faire les citoyens autochtones. Comme on l'a vu plus haut, ces lois sont d'autant plus respectables qu'elles ne sacralisent pas des particularismes coutumiers ou religieux, mais se fondent sur les droits de l'homme. Avec une telle exigence, il ne s'agit donc pas de protéger le pré carré d'un « nous » opposé à un « eux », mais de ménager la possibilité d'une installation éventuelle, sans aggraver les dérégulations libérales destinées à faire baisser le coût du travail. Il serait complètement irresponsable d'encourager des migrations sans débouchés à la fois humain et solidaire.◆

[1] Kant E., *Projet de paix perpétuelle*, éd. Garnier-Flammarion, p.93-94.

JÉRÔME PANCONI

Henri Pena-Ruiz
Normalien, agrégé et docteur en philosophie, il est membre du conseil scientifique de la fondation de recherche Res Publica (Paris) et l'auteur de nombreux ouvrages politiques, dont l'indispensable *Dictionnaire amoureux de la laïcité* (éd. Plon, 2014). Son dernier essai : *Marx, penseur de l'écologie* (éd. Seuil 2018).

LITTÉRATURE

QUATRE LIVRES INDISPENSABLES SUR LES IMMIGRATIONS

Faire écho à nos analyses, commentaires ou propositions, faire vivre la littérature, les essais, à travers une sélection subjective de livres, c'est l'ambition de la rubrique de Frank Lanot. Et toujours se souvenir que l'art de lire, c'est l'art de penser avec un peu d'aide.

PAR
FRANK LANOT

Professeur de lettres à Caen en classe préparatoire aux grandes écoles, il est notamment l'auteur de trois romans : *Retour à Blanchelande* (éd. Le Passeur, 2018), *Une Balle de colt derrière l'oreille* (éd. Le Passeur, 2015), *La Clef* (éd. Stock, 1997).

DICTIONNAIRE DES ÉTRANGERS QUI ONT FAIT LA FRANCE

SOUS LA DIRECTION DE PASCAL ORY,
ÉD. ROBERT LAFFONT, COLLECTION BOUQUINS

[2013]

« Parce qu'à prononcer leurs noms sont difficiles » : c'est par cette belle formule, dans son poème *Strophes pour se souvenir*, que Louis Aragon définit les membres du groupe Manouchian, ces résistants de la MOI (Main-d'œuvre immigrée) qui ont été capturés et exécutés par les nazis en 1944. Nombreux, en effet, sont ceux qui ont fait la France – en mourant pour elle, en se battant et en vivant pour elle aussi – et dont le nom porte la consonance d'une origine étrangère.

Professeur d'histoire à la Sorbonne, Pascal Ory s'est mis en devoir de répertorier un certain nombre de ces hommes et ces femmes qui ont vécu en France, sans y être tous nés, sans êtres nés Français, et qui – au double sens du verbe – « comptent » parmi les Français. Pourquoi ce dictionnaire, drôle de répertoire, qui tient du catalogue et de l'annuaire, où se succèdent, dans la rigueur de l'ordre alphabétique, plusieurs centaines de noms (près de 1 200) ? La première réponse est, tout bonnement, parce qu'il n'existait pas : jamais on n'avait eu l'idée étonnante de lister ainsi les étrangers de France. Ou plutôt, lorsque l'idée a pu germer d'un tel fichier, on se souvient qu'il s'agissait d'un recensement poursuivant des buts plus qu'hostiles, voire destructeurs.

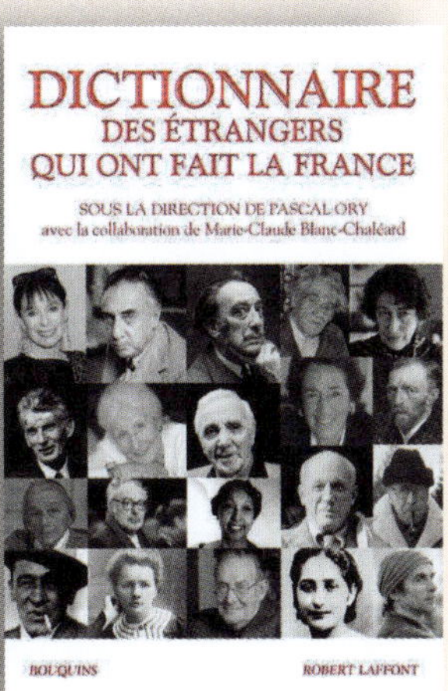

Connaissant l'œuvre de Pascal Ory, dont les travaux portent sur l'histoire politique et culturelle des sociétés occidentales modernes, on perçoit, à l'évidence, que les intentions des auteurs sont constructives et édifiantes : même si cela n'est que suggéré en préface, il est patent que ce travail vise un but clair, qui est de participer au combat, plus que légitime et hautement nécessaire, contre toute forme d'exclusion, de sectarisme et de xénophobie. En affichant combien nombreux furent ceux qui, venant d'ailleurs, ont participé à la grandeur de notre pays, Ory et ses nombreux collaborateurs font entendre un discours politique : non, la France n'est pas un pays qui fut, de toute éternité, constitué de Gaulois réfractaires et de Francs massifs ; non, la grandeur et la valeur de notre pays, l'Histoire le montre, ne tient pas aux seuls Dupont, Martin et Lemoine, pour citer les patronymes les plus typiquement français ; oui, il y a eu maints acteurs de la vie de notre douce France qui ne sont ses enfants que par adoption, parfois tardive, et qu'ils n'en représentent pas moins, comme le chantait Maurice Chevalier de sa voix gouailleuse, « d'excellents Français ».

Ce livre se veut donc aussi une réponse à ceux que les historiens d'aujourd'hui (le livre est tout récent : 2013) assimilent à la droite nationaliste, raciste et xénophobe, comprenez à ceux qui ricanent aux noms « pas catholiques », ou « à coucher dehors », comme on le disait autrefois. Mais ces adversaires sont-ils encore bien réels ?

Est-elle bien vivante, cette France rancie et sectaire, qui stigmatise le polack, dénigre le rital, conspue l'espingouin ou fourbit ses lazzis contre les bougnoules, les portos ou les négros ? Elle peut subsister çà et là, le spectateur des matches de football peut en témoigner. Qu'importe : même si le dragon est en coma avancé, il n'est pas inutile de livrer combat et de l'écraser avec un gros livre nécessaire.

Ory devance avec sagacité les questions qui s'imposent d'emblée : quel choix, et selon quels critères ? Et qu'entendre par cette énigmatique formulation « étrangers qui ont fait la France » ? L'auteur prend soin de préciser que son travail de recension ne concerne que les années qui ont suivi la Révolution française. En effet, c'est à la fin du XVIIIe siècle que la France devient cette terre d'accueil, ce rêve de paix et de liberté, cette terre promise pour les exilés et les persécutés : ne disait-on pas couramment : « Heureux comme Dieu en France ? ». Le présupposé est donc bien que la France soit une entité qui a son existence, son histoire et sa géographie, ses valeurs et ses principes, son héritage et son imaginaire, et que 1789, oserait-on dire, consacre bel et bien. Une difficulté surgit, de taille : *quid* des colonies ? En effet, on trouve fort peu de noms venant d'Afrique noire ou du Maghreb, d'Asie ou du Moyen-Orient dans ce substantiel dictionnaire. Et cela pour la raison que les peuples colonisés étant définis comme Français, faisant partie intégrante de la nation, ils ne peuvent être définis comme « étrangers ». On lira avec intérêt les articles qui, précisément, caractérisent notre lien historique (et souvent complexe) avec ce que le livre nomme des « communautés », notamment les Algériens, les Africains, les Vietnamiens.

« IL SERAIT SIMPLET DE FAIRE DE LA FRANCE UNE TERRE DE MIGRANTS, SORTE DE PAYS BIGARRÉ ET COMPOSITE. CAR IL S'EST FAIT JOUR, DANS LA DURÉE, UNE COHÉRENCE, ET SI LA FRANCE N'EST PAS NÉE FRANCE, ELLE S'EST FAITE FRANCE. »

« Faire la France » : expression hardie, que Pascal Ory assume et clarifie. Il n'y a pas une essence de la France, sorte de forme existant *in nucleo* se développant *sui generis*. La France s'est faite, des peuples se sont réunis, un pays s'est constitué. Mais il serait simplet de faire de la France une terre de migrants, sorte de pays bigarré et composite. Car il s'est fait jour, dans la durée, une cohérence, et si la France n'est pas née France, elle s'est faite France. Les territoires, la langue, la monarchie, le droit sont des productions continuées, qui s'affirment de siècle en siècle, et parfois douloureusement. Qu'ils viennent de la Russie livrée aux Soviets ou de l'Espagne franquiste, qu'ils fuient les pogroms de Pologne ou la misère de l'Italie, ces étrangers ont fait la France au sens où ils ont apporté à notre pays leur talent, leur vigueur intellectuelle, leur puissance créatrice. Il est vraiment passionnant de lire, d'une lettre de l'alphabet à l'autre, la notice sur Kosma (Ah ! *Les Feuilles mortes*...), celle sur Dalí (ah ! *les Montres molles*), celle sur Giroud (ah ! *L'Express et son J.-J.S.S.*), celle sur Kopa (Ah ! Raymond, tes dribbles et ta vista, du stade de Reims au grand Real) : souvent, on s'étonne, « Tiens, lui, c'est un étranger... Qui l'eût cru ? ». Oui, c'est là un défilé glorieux de grands noms et de grandes figures, dont on peut se dire fier qu'ils aient choisi, aimé et grandi la France.

De grands noms dont on se doit aussi se souvenir qu'ils ont « fait la France » parce que les Français les ont accueillis, reçus, intégrés, invités, reconnus, célébrés. En somme, Pascal Ory, sans le dire explicitement, a composé un *Dictionnaire de ceux que la France a faits siens* : Gary et Kessel dans la Pléiade, Zola au Panthéon, Gambetta à tous les coins de rue, Gainsbourg sur toutes les lèvres, Verneuil au box-office de la célébrité, Beckett à l'agrégation, Ionesco à l'Académie française. Tous ceux-là sont d'excellents Français qui ont apporté parce qu'ils ont d'abord reçu : amoureux de notre langue, de nos territoires, de notre tradition culturelle, ils ont donné dans la mesure où ils ont aimé.

À tous ceux qui se défient d'une France rance, étroite, frileuse et bas du front, ce message optimiste : lisez le dictionnaire d'Ory, découvrez avec joie ce Panthéon des grandes figures qui, parfaitement – et délibérément – assimilées, ont fait honneur à notre pays devenu le leur, et mesurez que notre plus grande gloire et notre plus secret bonheur sont de les avoir accueillies pour nous faire grandir, ensemble. Et, note en bas de page, à tous ceux qui se réclament naïvement, et bruyamment, des « appartenances communautaires », que ce précieux *Dictionnaire* soit le témoin de ce qu'a pu être une foule d'intégrations choisies, voulues, réussies, sans reniement d'un avant, mais sans assignation ethnique ni communautaire. Et cela se passait, il faut le dire, au millénaire dernier, dans une France universaliste et laïque, qui savait se définir et se reconnaissait pour ce qu'elle voulait être.

LES RITALS

FRANÇOIS CAVANNA, ÉD. LIVRE DE POCHE

[1978]

Fils d'un père venu d'Italie et d'une mère originaire du Morvan, François Cavanna a vécu son enfance à Nogent-sur-Marne (94). Dans ce récit autobiographique, il raconte ses jeunes années et donne à lire le portrait d'une petite communauté, celle des Italiens installés en France, exerçant les petits métiers de l'artisanat ou des services. Ils sont *les ritals*: le mot dit à la fois le mépris de certains Français envers « ces pouilleux, paresseux et voleurs » et la fierté qu'ils ont, ces immigrés pleins de vie, de se définir comme originaires de leur chère Italie.

Quand paraît le livre en 1978, Cavanna a largement dépassé la cinquantaine : l'anar iconoclaste commence à délaisser les poussives pitreries de son journal satirique et trempe sa plume dans l'encre mélancolique de ses souvenirs d'enfance, comme un Mauriac ou une Sarraute. Même si l'écriture irrite parfois par sa complicité affectée avec le lecteur, sa gouaille surjouée, il n'en reste pas moins que « l'ange tutélaire de *Charlie Hebdo* » propose un document, émouvant et intéressant, sur une tranche de vie – celle de son père, maçon singulier, jovial, véritable personnage – et sur tout un petit monde plein de couleurs, vivant chichement mais réussissant son intégration. Devenir Français en conservant la mémoire de cette Italie rêvée : voilà le trajet vécu par le fils Cavanna, qui deviendra journaliste. On découvre les liens avec les autres immigrés venant d'Afrique noire et du Maghreb, ainsi que les Russes (l'auteur donnera une suite, précisément, intitulée *Les Russkoffs*). Rivalités, racisme, xénophobie : Cavanna ne dissimule rien des difficultés à vivre, et c'est à dessein qu'il clôt son livre sur une note, dans la plus belle tradition du roman humaniste, montrant son père donnant une partie de sa paie à un Arabe sans travail avant que celui se fasse finalement embaucher. Le livre aura du succès et sera lu par les Français de tous bords.

RU

KIM THUY, ÉD. LIVRE DE POCHE

[2009]

Née à Saïgon en 1968, Kim Thuy voit le jour pendant la célèbre et douloureuse offensive du Têt. Dix années plus tard, elle fuit avec sa famille le Vietnam : ironie de l'Histoire, le pays, qui a tant combattu pour sa liberté, connaît le joug d'une dictature communiste et les dirigeants se sont mués, de révolutionnaires ardents, en bureaucrates mortifères. Kim Thuy raconte, en se remémorant son regard d'enfant, ce que fut ce départ, les fuyards cachés dans un bateau, entassés, apeurés : ils sont 200, éclairés par une pauvre loupiote, en route vers la Malaisie voisine qui les accueillera pour quatre mois. Et après, véritable terre promise, la ville de Grandy, au Canada, dans la belle province du Québec. Kim Thuy a choisi de se raconter, dans ce très bref et dense récit, en juxtaposant des courts chapitres, noyés de blanc et de silence.

Tout se passe comme si le fragment, dans sa forme aussi éclatée qu'éclatante, pouvait seul rendre compte à la fois de cette destinée brisée et du cheminement lent et patient de la construction de soi. Mais, et là réside l'originalité de cette écriture, le récit n'est pas autobiographique, mais « transpersonnel », pourrait-on dire, en empruntant ce mot à Annie Ernaux. À travers son exemple, Kim Thuy fait apparaître tous ceux qui ont vécu ce drame de l'exil et l'aventure singulière d'une installation, ailleurs. Le lecteur découvre avec quelle grâce l'auteure parle le français, l'écrit, l'invente, avec des images d'une force étrange autant qu'intense.

Le lecteur fait la connaissance de tous ceux qui ont tendu la main à l'étranger, qui ont fait signifier ce que sont les mots « asile » et « accueil ». Jusqu'à l'existence d'un personnage magnifique, initiateur, passeur, Monsieur Ming, survivant des camps de rééducation vietnamiens, grâce à qui, jolie mise en abyme, l'auteur dit que ce livre a pu voir le jour.

LA FRACTURE

GILLE KEPEL, ÉD. GALLIMARD/FRANCE CULTURE

[2016]

Au lendemain des attentats de 2015, Gilles Kepel poursuit sa réflexion sur les relations complexes qu'entretient la société française avec les représentants, sur son sol et ailleurs, d'un islam de combat. Directeur de la chaire Moyen-Orient Méditerranée à l'École normale supérieure de Paris, Kepel est un chercheur attentif et exigeant, peu enclin à souffler sur les braises ni à simplifier à outrance. Cependant, il choisit pour cet essai – qui reprend un certain nombre de chroniques tenues sur France Culture – un titre qui choque : *La Fracture*. Tout laisse à entendre qu'il existe, entre une forme (ou plutôt des formes) nouvelle(s) de l'islam et la France, plus qu'une rupture, mais une fracture. Qu'est-ce à dire ? Pour Kepel, cette fracture est voulue, construite. La société, affirme-t-il, ne s'est pas déchirée sur les termes d'un conflit entre deux cultures : le terrorisme djihadiste a délibérément installé les ferments de ce qui s'apparente, il le répète au long du livre, à une guerre, nouvelle « guerre de religions » du XXIe siècle. Il ne s'agit pas de dire que les attentats, pour meurtriers qu'ils soient, sont une guerre : par leur éclat, par leur singularité, ils viennent à révéler que deux camps sont en présence, celui d'une classe d'opprimés, enfants de l'immigration se tournant vers l'islam, et d'une partie de la France, que l'on a beau jeu de qualifier sommairement d'« islamophobe ».

« L'AUTEUR ENTEND MONTRER QU'IL EXISTE UNE SECONDE FRACTURE : CELLE DE DEUX FRANCE, CHACUNE RÉAGISSANT DIFFÉREMMENT AUX ASSAUTS DE L'ISLAMISME RADICAL. »

Mais le propos de Kepel se complique, et l'auteur entend montrer qu'il existe une seconde fracture : celle de deux France, chacune réagissant différemment aux assauts de l'islamisme radical. D'un côté, une France de la tolérance et de la bienveillance, qui applaudit à la différence, qui se réjouit d'une société aussi multiethnique que multiculturelle, et qui voit dans l'islam une religion de paix et d'amour, sans commune mesure avec la dérive violente, politique de l'islamisme. On a reconnu le mot clé : « pas d'amalgame ». De l'autre, une France qui se raidit sur des positions identitaires, affirmant que la tolérance envers une communauté victimisée, en l'occurrence celle se réclamant du monde arabo-musulman, engendre une atteinte à la cohérence républicaine, à la laïcité. Kepel souligne que cette opposition a des incidences – ou des causes – liées à la vie politique française : les premiers, à gauche principalement, souhaitent récupérer les voix dites « communautaires », et les autres, à droite, les suffrages « identitaires ». Les musulmans de France sont tour à tour, dans ce schématisme étroit et réducteur, tantôt définis comme des victimes, tant perçus comme une menace. Kepel ne donne pas la main à la tentation du schématisme : il analyse un certain nombre de faits, de points, d'idées qui permettent de cerner cette fracture, pour qu'on puisse envisager de la réduire. On lira avec intérêt et profit les réflexions qu'il propose sur les événements de Cologne : peut-on, comme l'auteur algérien Kamel Daoud l'a fait, dénoncer les attouchements, les agressions et les viols commis par certains immigrés sur des femmes d'Allemagne ? Kepel écrit : « Nous avons là une boîte noire de la pensée. » En effet, celui qui dénonce les faits sera taxé de racisme et/ou d'islamophobie, car il jette l'opprobre sur une communauté ; et celui qui se tait vivra le dilemme de la mauvaise conscience, serré dans le double lien du devoir de condamnation du fait, et du choix de ne pas accabler l'agresseur car il est d'abord une victime.

« CELUI QUI DÉNONCE LES FAITS SERA TAXÉ DE RACISME ET/OU D'ISLAMOPHOBIE, CAR IL JETTE L'OPPROBRE SUR UNE COMMUNAUTÉ ; ET CELUI QUI SE TAIT VIVRA LE DILEMME DE LA MAUVAISE CONSCIENCE. »

Le livre se termine sur un chapitre très intéressant, qui fait rimer « fracture » et « imposture » : comment caractériser ce binôme mortel « djihadisme/islamophobie » ? Kepel n'ignore pas que le surplomb parfait et l'extraterritorialité du politologue n'existent pas. Il donne la parole à l'historien et fait comprendre ce que sont les racines culturelles, théoriques et même psychologiques de cet « islamisme », si souvent cité sur la place publique, et trop souvent sans analyse. Le « terrorisme » est un piège, dans lequel il ne faut pas tomber. Sous peine, pour citer l'écrivain Philippe Muray, de devoir douloureusement, un jour, « payer la fracture ». ◆

JEUX D'ESPRIT

JOURNAL DE L'ANAGRAMME

JACQUES PERRY-SALKOW

FP
N°4
PRINTEMPS
2021

ANAGRAMME : n. f. du grec *anagramma*, renversement de lettres. Dans son journal de l'anagramme, l'écrivain Jacques Perry-Salkow, amoureux de la langue française, digne héritier de Georges Perec, nous propose de déconstruire les mots de l'actualité et de les reconstruire pour en révéler leur sens caché. Un exercice aussi difficile que jubilatoire.

ANGLETERRE
L'ÉTRANGÈRE

LE ROYAUME-UNI
OÙ IL Y A UNE MER…

ALGÉRIE
L'ARIÈGE

LA DAME DE RANGOUN
GRAAL D'UNE MADONE

LE ZOUAVE DE LA SEINE
L'EAU DE LA ZONE VISÉE

ANTIGONE
NÉGATION

SAHEL
HÉLAS !

LES CRUES D'HIVER
LES RIVES DU CHER

LA STATUE DE LA LIBERTÉ
LE TABLEAU DE L'ARTISTE

LE CAPITOLE
ET LA POLICE

LE RÊVE AMÉRICAIN
LA VIE MERCENAIRE

DE L'URANIUM
URNE DU MALI

L'ENQUÊTE CHINOISE
INSOLENCE ETHIQUE

L'ARMÉNIE
MINÉRALE

NOS ANCÊTRES LES GAULOIS
TSIGANES SELON LA SOURCE

OCÉANS
CANOËS

VENIR SALUER À QUAI
LE NAVIRE AQUARIUS

LE CHANT DES SIRÈNES
LES TENDRES CHAÎNES

TOUCHE PAS A MON POTE !
POMPE À AUTOCHTONES

LES ÉMIGRANTS
RÉGIMENTS LAS

LES RAVES DE NUIT
ET LE VIRUS DANSE

LES DOSES DE VACCIN
LE COVID SANS DÉCÈS

ISLAMISATION
ASSIMILATION

NAPOLÉON, EMPEREUR DES FRANÇAIS
IL PRÉSUME, ORDONNE, PARAFE CÉANS

BEAUGRENELLE
UN ÂGE REBELLE

SÉCURITE GLOBALE
OBSCURITÉ LÉGALE

LA LOI SUR LES SÉPARATISMES
ISLAM, ALLURES ET PAROISSES

LES PARENTS
LÀ, PRÉSENTS

RESTAURATEURS
AUTRES RATURES

LE MALAISE ÉTUDIANT
ET LA SUITE, LÀ, DEMAIN ?

DE LA VACCINATION
COVID À LA CANTINE

LE TÉLÉTRAVAIL
L'ÉTAT VEILLERA

LES MINORITÉS
LES TIMONIERS

L'ÉCLIPSE DE LUNE
LE SPLEEN DU CIEL

LES CHAÎNES D'INFORMATION EN CONTINU
CONDITIONNER LES HUMAINS EN FACTION

LE CAVIAR
L'AVARICE

LA REVUE DE MICHEL ONFRAY

FRONT POPULAIRE

« SOYEZ RÉSOLUS À NE PLUS SERVIR ET VOUS VOILÀ LIBRES ! » LA BOÉTIE

BULLETIN D'ABONNEMENT

À retourner à :

Front populaire – Service abonnements - 32, rue du Faubourg Poissonnière, 75010 Paris

Mon abonnement commencera au n° 5 de la revue.

OUI, JE M'ABONNE À FRONT POPULAIRE, JE CHOISIS MON OFFRE :

❑ 1 an à la revue papier (4 numéros) pour 49 € au lieu de 60 €

❑ 1 an à la revue papier (4 numéros) et un accès illimité au site frontpopulaire.fr pour 59 € au lieu de 89 €

Ces tarifs sont valables pour la France métropolitaine.
Des frais d'expédition supplémentaires de 20 euros par année d'abonnement s'appliquent pour les autres pays.

J'INDIQUE MES COORDONNÉES

❑ M. ❑ Mme Prénom........................ Nom........................

Adresse..

Code postal........................ Ville........................ Pays........................

E-mail........................ Tél. ....

J'EFFECTUE MON RÈGLEMENT

Par chèque à l'ordre des Éditions du Plénître

SI JE SOUHAITE OFFRIR CET ABONNEMENT, JE NOTE ÉGALEMENT LES COORDONNÉES DU BÉNÉFICIAIRE

❑ M. ❑ Mme Prénom........................ Nom........................

Adresse..

Code postal........................ Ville........................ Pays........................

E-mail........................ Tél. ....

RETROUVEZ L'INTÉGRALITÉ DE NOS OFFRES D'ABONNEMENT SUR LE SITE FRONTPOPULAIRE.FR

UNE QUESTION, UNE REMARQUE ?

Mail : relationclient@frontpopulaire.fr • Tél. : 01 84 79 01 39

Courrier : Front Populaire - 32, rue du Faubourg Poissonnière 75010 Paris

La revue *Front populaire* est éditée par les Éditions du Plénître, 24, rue Anatole-France, 92300 Levallois-Perret, 882 677 016 R.C.S. Nanterre. Vous disposez d'un droit de rétractation de 14 jours après réception du premier numéro de votre abonnement par mail : relationclient@frontpopulaire.fr ou par courrier : 32, rue du Faubourg Poissonnière, 75010 Paris. Votre abonnement est résiliable à tout moment et les numéros non encore envoyés vous seront remboursés. En cas de litige, vous pourrez saisir un médiateur de la consommation, conformément à la réglementation en cours. https://www.economie.gouv.fr/mediation-conso

Les informations recueillies sont nécessaires pour la mise en place et le suivi de votre abonnement. Elles font l'objet d'un traitement informatisé et sont destinées au service abonnement des Éditions du Plénître ainsi qu'à ses prestataires. Vous pouvez exercer vos droits d'accès, de rectification, d'effacement, d'opposition, à la limitation et portabilité de vos données, ainsi qu'au sort de celles-ci en cas de décès, à l'adresse suivante : 24, rue Anatole-France, 92300 Levallois-Perret. Les conditions générales de ventes complètes et la charte des données personnelles sont consultables sur www.frontpopulaire.fr

FRONT POPULAIRE Une revue créée par Michel Onfray et Stéphane Simon. **www.frontpopulaire.fr**

DIRECTEUR DE LA PUBLICATION
Stéphane Simon
CODIRECTEUR DE LA PUBLICATION
Michel Onfray
ÉDITEUR
Stéphane Germain
ÉDITION DÉLÉGUÉE, ET FABRICATION
Delicity

COORDINATEUR ÉDITORIAL
Jean-Baptiste Roques
DIRECTRICE ARTISTIQUE
Constance Gournay

PHOTOGRAPHE, ILLUSTRATEUR ET RÉALISATEUR
Bernard Martinez
DESSINS
Michel Itturia

RÉDACTEUR EN CHEF WEB
Maxime Le Nagard

DIRECTRICE DE LA COMMUNICATION
Dorothée Schwartz

VENTE AU NUMÉRO
(réservé aux marchands de journaux)
Stand Up Presse :
contact@standup-presse.fr

GESTION DES ABONNEMENTS
Pour nous contacter :
• mail : relationclient@frontpopulaire.fr
• tél. : 01 84 79 01 39
• courrier : *Front populaire*
32, rue du Faubourg Poissonnière
75010 Paris

IMPRIMEUR
Aubin Imprimeur
CS 70005 - 86 240 Ligugé, France

DIFFUSION PRESSE
Messageries lyonnaises de presse

ROUTAGE
France-Routage

DIFFUSION LIBRAIRIES
Interforum

INFORMATIONS LÉGALES
Front populaire est édité par les Éditions du Plénître SAS au capital social de 1 000 euros
RCS : Nanterre 882 677 016
SIRET : 88267701600017
24, rue Anatole-France
92300 Levallois-Perret
Dépôt légal à parution
ISSN : 2729-0972
Commission paritaire
CPPAP : 0722 D 94290